Health and Productivity Management:
A Scientific Approach

健康経営を

実践を成果につなげるためのエビデンス

科学する！

森晃爾 永田智久 小田上公法 編著

大修館書店

「健康経営を科学する！」の趣旨

　2014年以降、国の政策として健康経営※が推進されており、企業等の法人に徐々に浸透してきています。その中心は、健康経営度調査に基づく健康経営優良法人等の顕彰制度であり、健康経営優良法人に対する無形・有形の各種インセンティブが拡大していることから、より高い評価を得ようと多くの法人が切磋琢磨しています。そのような実践面での努力が、健康経営がねらった「企業が従業員の健康に配慮することによって、経営面においても大きな成果が期待できる」という本来の成果につながるためには、様々なエビデンスで構成される学術面での裏付けが必要です。

　私自身は、内閣府に「次世代ヘルスケア産業協議会」が設置され、そのもとで経済産業省が事務局を務め、ヘルスケア産業の需要側創出を検討する「健康投資ワーキンググループ」の主査に任命され、これまでの期間、国の健康経営の制度設計に中心的に携わってきました。健康経営度基準検討委員会や健康経営優良法人認定委員会等の関連する委員会でも、座長を務めてきました。そこでは、国の政策意図や多くのステークホルダーの意見を汲み取って調整することが求められていたわけですが、併せて産業保健現場を理解する産業医であり、健康経営の研究者である立場として、健康経営の制度が働く人の健康課題を踏まえたものであり、また既存の産業保健と乖離しないようにすること、そして健康経営度調査票や各種ガイドラインに基づく取り組みが高い成果に結びつくために、それらの内容がエビデンスに基づくものになること、すなわち実践と科学をつなぐ役割が私にはあると信じて、積極的に関わってきました。そして、コロナ禍といった非常事態においても、健康経営の取り組みは拡大し、一方で我々の健康経営研究でも様々な成果が上がってきました。そのような状況において、健康経営の実践面と学術面の関係を整理して、健康経営に関わる多くの皆さんに知見を提供する機会を探っていました。

　本書は、2022年10月から12月にかけて、ウェビナー形式の公開講座として行われた産業医科大学大学院医学研究科産業衛生専攻の特別講義シリーズ（全6回）「健康経営を科学する！」の内容をもとに編纂したものです。私は、2020年4月から産業衛生専攻委員長を務めています。世界的にも数少ない、産業衛生を専攻する大学院に対する社会からの認知を高めるため、2021年度から特別講義シリーズを開始しました。その2年目である2022年度に、特別講義シリーズ「健康経営を科学する！」を企画し、開講しました。こ

※「健康経営®」は特定非営利活動法人健康経営研究会の登録商標です。

の特別講義シリーズは、健康経営の学術面に光を当てるとともに、政策および実践との関連を意識した内容の講義を提供することによって、健康経営に関与する様々な立場の皆さんがより高い成果を上げるために、健康経営に関するエビデンスへの理解を深めていただくことを目的としたものです。

特別講義シリーズ「健康経営を科学する！」には2,000名以上の登録があり、各回とも、ライブ放送と再放送を合わせると、約1,000名〜約1,500名の参加者がありました。また、ネットプロモータースケールを中心としたアンケートでも、高い評価をいただきました。しかし、一部の回に参加できなかった方や、特別講義シリーズの開講そのものを知らなかった方から情報提供を求める声が高かったこともあり、シリーズの講義内容をもとに加筆し、講義の中で引用された論文を整理した本書の出版を企画しました。

2 本書で扱う健康経営研究の領域

企業等の法人で取り組む健康経営は、組織の中には様々な年齢の方、色々な性格の方、男性も女性もいる状況において、「この集団をどうやって健康にしていこうか」というのが入口です。ただし、集団の健康状態の向上だけでなく、その成果が組織にとって、さらには社会にとって、どのような価値があるのかというところまで考えながら展開していくところに、大きな特徴があります。

そのような特徴を勘案すると、健康経営に関する研究で取り上げるテーマには、いくつかの領域があります。そこでまず、本書で取り上げる研究テーマの領域を整理したいと思います（図0-1）。

2.1 ▶ 健康と関連した生産性指標と介入プログラムの有効性

健康経営において、その取り組みの成果を従業員の健康増進を介した生産性の向上と位置付けた場合に、健康と関連した生産性をどのように定義し、どのような指標で評価をするかが重要となります。そして、そのような生産性の向上をさせるためには、生産性に影響する健康、生活習慣、職場環境等の要因を明らかにした上で、それらの要因に対して有効なプログラムを提供することが必要となります。

健康経営では、働く人の健康問題による生産性に関連する指標として、アブセンティーイズムおよびプレゼンティーイズムがしばしば用いられます。プレゼンティーイズムとは、

図0-1 本書で取り上げる健康経営研究の領域

1. 健康と関連した生産性指標と介入プログラムの有効性
2. 健康に影響する組織ダイナミズムおよび無形資源
3. 健康経営度と成果指標
4. 健康経営の企業価値に対する効果

「出社しているが、体調不良が原因で生産性が低下している状態」であり、働く人の健康問題による損失の多くを占めることが報告されています。そこで、プレゼンティーイズムの評価指標やプレゼンティーイズムに影響を与える諸要因とインパクトの大きさ、プレゼンティーイズムをアウトカムにしたプログラムの有効性の検証結果が、健康経営施策の企画においては重要な情報となります。

2.2 ▶ 健康に影響する組織ダイナミズムおよび無形資源

健康経営において、どんなに優れたプログラムや包括的なプログラムを提供しても、ほとんどの従業員が参加しなかったり、参加しても途中で中断してしまったりすれば、集団の健康、そして生産性の向上という成果は上がりません。健康増進プログラムの提供者は、行動科学や行動経済学の理論を考慮したプログラム設計を行い、参加率や完了率を高める努力をすることが通常です。健康経営は、職場において経営手法の一環として行われるため、それらの理論に加えて、職場に存在するダイナミズムをいかに活用するかが、成果を上げるためにより強力なポイントとなります。そのような職場に存在するダイナミズムの活用について検討した上で、実装することが必要です。

また、職場のダイナミズムを活用して継続的に健康経営に取り組んだ組織には、健康文化とも言える無形資源が蓄積します。無形資源とは、経済産業省が策定した「健康投資管理会計ガイドライン」で用いられた、健康投資の結果として組織に生じるストックの一形態のことを表す用語です。この無形資源をどのように定義し、どのような指標で測定するか、そしてその向上が組織の事業成果に与える影響を正当に評価することは、大変重要です。本書では、そのような指標が満たすべき条件として、①無形資源は、企業の価値（文化）のレベルに蓄積し、経営層の意思決定、管理職の行動、従業員の行動といった、構成員全員の行動に影響を与える、②無形資源は、プログラムへの従業員の参加や行動を促進し、健康投資の費用対効果を向上させる、③無形資源は、従業員が健康増進プログラムに参画することによって蓄積する、④無形資源は、個人の組織行動や個人間の信頼関係等を介して企業の生産性に好影響を及ぼし、そのような行動によって蓄積する、といった4つの条件を挙げ、その候補として主に「知覚された組織的支援（Perceived Organizational Support：POS）」と「職場の社会関係資本（Workplace Social Capital：WSC）」を取り上げています。

2.3 ▶ 健康経営度と成果指標

政府が進める健康経営の顕彰制度（健康経営銘柄および健康経営優良法人）では、健康経営度調査票が用いられています。顕彰制度に参加する組織は、調査票に基づく評価結果の向上を目指して取り組むことになるため、健康経営の成果が上がるような調査票の設計は極めて重要です。

健康経営度調査票の設計では、①疾病の予防や管理を目的とした疾病モデルとともに、プレゼンティーイズムの改善やワーク・エンゲイジメントの向上といったパフォーマンスモデルを導入していること、②健康増進や活力向上のためには、組織による安全・健康配

慮義務の履行や疾病管理・疾病予防といった基盤が重要であること、③組織の方針と存在する課題に応じて目標および施策の計画を立案し、計画を実行して目標の達成度を評価し、評価結果に基づき改善を図るといった、いわゆるPDCAサイクルを回すことが重要であること、④施策設計に当たっては、ハイリスク者への健康指導と改善支援（High Risk Approach）、一人ひとりの健康課題の評価と健康づくり支援（Individual Approach）、集団での健康づくりの取り組み（Population Approach）、健康的な職場環境を形成するための取り組み（Work Environmental Approach）といった様々なアプローチを組み合わせること、⑤健康経営の体制として、(a) 経営トップが従業員の健康にコミットし、リーダーシップを発揮して従業員に対しメッセージを伝えること、(b) 管理職が経営トップの方針の代弁者となり、従業員のウェルビーイングの向上を支援すること、(c) 各部署において、自発的に健康増進をリードする従業員を育成すること、(d) 産業保健専門職や専門部門が管理職の行動を支援すること、といった4つの要素を確立することが重要であること、などを基盤に置いています。

　そのような要素をもとに作成された健康経営度調査票の評価結果の高い法人が、従業員の健康度の向上といった高い成果を上げていることを確認することは、健康経営の顕彰制度の妥当性を明らかにするためにも極めて重要となります。

2.4 ▶ 健康経営の企業価値に対する効果

　日本における健康経営の生みの親である特定非営利活動法人 健康経営研究会は、「健康経営とは、『企業が従業員の健康に配慮することによって、経営面においても大きな成果が期待できる』との基盤に立って、健康管理を経営的視点から考え、戦略的に実践することを意味しています」として、健康投資によって組織の事業上の成果を上げることを視野に入れています。そして、そのような事業上の成果として、「従業員の健康管理・健康づくりの推進は、単に医療費という経費の節減のみならず、生産性の向上、従業員の創造性の向上、企業イメージの向上等の効果が得られ、かつ、企業におけるリスクマネジメントとしても重要です」として幅広い成果を想定しています。また、経済産業省の「健康投資管理会計ガイドライン」では、健康経営による経営上の成果として、「利益を稼ぐ力」と「様々な市場からの評価」を含む企業価値の向上を位置付けています。

　そのため、健康経営で導入される健康増進プログラムの投資対効果や健康経営度と事業成果との関連を明らかにすることは、より多くの企業等の法人が健康経営に取り組むことや、そのような企業への投資が促進されることにつながることが期待されます。また、様々な市場からの評価を受けるためには、健康経営およびその基盤となる労働安全衛生の取り組み情報が開示されることが不可欠です。従業員の安全や健康への配慮は、ESG投資を構成するEnvironment（環境）、Social（社会）、Governance（ガバナンス）の中ではSocialに位置付けられます。開示の現状や関連ガイドライン、今後の開示のあり方の検討も、健康経営のさらなる展開において重要な要素です。

3 本書の各章のねらい

本書では、特別講義シリーズ「健康経営を科学する！」の各回を1つの章としてまとめています。特別講義シリーズは、各回に学んでいただきたい明確なねらいを設定して企画を行いましたが、先に紹介した健康経営に関する研究の1つの領域でこのねらいを表現できるわけではなかったため、4つの領域に関する実践面と学術面の知見が複数の回にわたって提供される場合がありました。読者の皆さんにとっては、4つの領域別よりも各回のねらいをそのまま表現した方がわかりやすいと考え、本書においては、第1回＝第1章、第2回＝第2章といったように、各回の内容を1つの章として構成するとともに、より理解を深めていただきやすくするための加筆を行いました。併せて、その中で取り上げた論文等の情報を章末に整理することにしました。

本書の執筆者は全員、特別講義シリーズで講師を務めたメンバーです。このうち、産業医科大学の教員が5名、元大学院生や元産業医学修練医が4名といったように、私と一緒に健康経営の研究に取り組んできた仲間が中心です。さらに、第1章の岡田邦夫氏（特定非営利活動法人 健康経営研究会）、第2章の藤岡雅美氏（経済産業省）、第6章の山本勲氏（慶應義塾大学）といった、「健康経営を科学する！」にどうしても欠かせない先生方に講師および執筆をお願いしました。そのため、外部専門家のみ「先生」といった敬称を付けさせていただき、以下に各章（各回）のねらいを概説します。

3.1 ▶ 第1章　健康経営のはじまり

第1章は、「健康経営のはじまり」と題して、日本における健康経営の生みの親である特定非営利活動法人 健康経営研究会理事長の岡田邦夫先生に、なぜ健康経営を始めたのか、そしてその後の健康経営の展開を通じて、現在の健康経営をどのように捉えているかといった、健康経営の歴史や理念について解説していただきました。

3.2 ▶ 第2章　健康経営の政策と健康経営度調査

第2章では、健康経営が始まった当初から経済産業省商務情報政策局ヘルスケア産業課の課長補佐として政策立案に関わり、その後厚生労働省健康局への出向期間を経て、ヘルスケア産業課の総括課長補佐に復帰されたように、健康経営の行政に最も長く関わってこられた藤岡雅美先生に、「政府が進める健康経営政策のこれまでとこれから〜『健康』という価値の再定義〜」と題して、日本の健康経営政策について解説していただきました。その上で、健康経営度調査票の内容を検討する委員会である「健康経営度基準検討委員会」の座長を務めてきた私（森晃爾）が、「健康経営度調査票の開発」と題して、健康経営度調査票が何を意図して開発され、また毎年改訂されてきたのかについて解説しました。そして、各社の健康経営度調査の回答内容は、研究目的で利用できるように公開されていますが、このデータを用いた研究成果、主に健康経営度調査票の分析結果から見える健康経営の重要項目について、永田昌子が解説しました。具体的には、健康経営度は、従業員

の健康度や組織の新型コロナウイルス感染症対策への対応力と関係するのか、つまり健康
経営度調査の妥当性などについてです。

3.3 ▶ 第3章　成果の上がる健康経営の進め方

　健康経営度には、経営理念・方針、組織体制、制度・施策実行、評価・改善の4つの要
素がありますが、第3章では、このうち制度・施策実行と評価・改善に焦点を当てて、成
果の上がる健康経営の進め方を検討しています。健康経営で実践する施策は、組織および
その構成員である従業員のニーズに合ったものである必要がありますが、併せて効果が確
認されている必要もあります。さらに、その効果の確認、すなわちエビデンスには、施策
の背景理論のエビデンスと施策自体のエビデンスがあります。健康経営の担当者がどのよ
うなプログラムを利用し、施策を企画すべきかについて、永田智久が解説しました。

　次に、どれだけよい施策であっても、従業員の参加率が高まり、継続利用されなければ
健康投資が無駄になってしまいます。健康経営の施策の利用率には、多くの組織的要因が
大きく影響します。そこで、小田上公法が、最も影響が大きい要因の1つであるリーダー
シップ支援について、その価値と実践について解説しました。そして、健康経営の評価改
善を含むPDCAサイクルの運用の具体的な方法論を、梶木繁之が解説しました。

3.4 ▶ 第4章　プレゼンティーイズムの価値と限界

　第4章は、プレゼンティーイズムに焦点を当てています。健康経営は、従業員の健康度
の向上による生産性の向上を目指しますが、生産性自体を測定することは極めて困難です。
そのため、評価では、健康状態の不良による労働損失といった代理指標を用いることにな
ります。そのような代理指標には、体調不良で欠勤している状態であるアブセンティーイ
ズムと、出社はしているが生産性が低下している状態であるプレゼンティーイズムを用い
ることが一般的です。このうち、プレゼンティーイズムによる労働損失は、健康問題によ
る損失の約3分の2を占めることがわかっています。このようなプレゼンティーイズムを
改善するためには、その原因や背景を明らかにする必要があります。

　そこで、プレゼンティーイズムの定義や測定手法、そしてプレゼンティーイズムを引き
起こす要因について、これまでの知見を整理して、私（森晃爾）が解説しました。集団の
プレゼンティーイズムを改善するために、組織の支援や上司の支援、仕事の形態など、仕
事の要因を改善する必要があることがわかってきています。一方、それぞれの従業員に焦
点を当てたプレゼンティーイズムの改善には、それぞれが抱える健康問題に対する個別対
応も必要です。前者は健康増進におけるポピュレーションアプローチ、後者はハイリスク
アプローチに相当します。そこで、ハイリスクアプローチに関する知見として、森貴大が
糖尿病によるプレゼンティーイズムの成因について、酒井洸典がプレゼンティーイズム評
価を用いたスクリーニングプログラムと、その結果で明らかになったプレゼンティーイズ
ムの背景について、楠本朗がメンタルヘルス不調者の職場復帰支援にプレゼンティーイズ
ム評価を使用した研究結果について解説しました。

3.5 ▶ 第5章　健康経営戦略マップと無形資源

　第5章は、無形資源に焦点を当てています。無形資源という用語は、経済産業省が作成した「健康投資管理会計ガイドライン」において、健康投資の結果組織に蓄積される健康資源（ストック）の1つの形態として定義されたものです。そこで、健康投資管理会計ガイドラインの策定に、経済産業省の非常勤職員の身分を得て、専門家として関わった岡原伸太郎が、健康投資管理会計ガイドラインとその開発過程で行われた議論について解説しました。さらに、このような無形資源のうち、2.2（p.v）で挙げた4つの条件を満たす指標の候補として、「従業員の貢献を組織がどの程度評価しているのか、従業員のウェルビーイングに対して組織がどの程度配慮しているのかに関して、従業員が抱く全般的な信念」と定義される「知覚された組織的支援（Perceived Organizational Support：POS）」と、社会的関係やネットワーク、互酬性の規範、信頼等を含む社会関係資本（ソーシャル・キャピタル）の概念を職場に応用した「職場の社会関係資本（Workplace Social Capital：WSC）」の知見と健康経営における可能性を、それぞれ小田上公法と大森美保が解説しました。

3.6 ▶ 第6章　健康経営と事業価値創造

「健康経営を科学する！」の最終回に当たる第6章は、より経営学的、経済学的な内容について展開しています。最初に労働経済学者で、健康経営の経営側面の研究をリードする慶應義塾大学商学部の山本勲先生に、健康経営と企業業績との関係、そしてその関係に健康指標の改善がどのように影響しているかなど、この分野の主要な研究成果を解説していただきました。次に、健康経営はESG投資の中では「S」すなわち「Social」、さらに国連のSDGs（持続可能な開発目標）の中では「目標3（すべての人に健康と福祉を）」および「目標8（働きがいも経済成長も）」と関連する取り組みの1つとして位置付けられますが、その動向や情報開示のあり方について、対象を労働安全衛生全般に広げて、永田智久が解説しました。

　そして最後の話題として、中小企業の健康経営を取り上げました。経営トップの意思が従業員に浸透しやすい中小企業では、健康経営の導入によって健康文化を短期間で変革させることが可能です。そのような健康文化は、業績にも人材の獲得にも、高い成果につながります。そのような成果を上げている中小企業の成功事例を永田昌子が紹介しました。

4　健康経営のゴール

　健康経営においては、その組織を構成する従業員一人ひとりが健康になっていくことが基本となります。しかしそれは、会社等の組織に属して、その中で継続的なサポートがあるから健康を維持できるという状態を目標とするのではなく、従業員一人ひとりが自立して健康行動をとれるように、意識やリテラシーを高めていくことが目標となります。変化

図0-2　健康経営と関連する3つのサステナビリティ

社会のサステナビリティ
社会の安定・発展
健康な国民・活力ある社会

企業のサステナビリティ
組織の存続・発展
健全な労働力・活力ある組織

働く人のサステナビリティ
充実した職業人生
健康維持・キャリア形成

が激しく、ストレスも多い現代で、1日24時間という限られた時間をコントロールして、健康管理を自立してできるような人は、おそらく高い生産性を発揮する有能な従業員とみなされると思います。

　健康経営を通じて、そのような働く人が増えることは、本人にとっては健康維持やキャリア形成を通じて充実した職業人生の実現につながりますし、健全な労働力や活力ある組織を基盤として企業等の組織にとっても存続・発展の可能性が高まります。これらを働く人のサステナビリティ（持続可能性）と企業のサステナビリティと名付けた場合、この2つのサステナビリティ向上を基盤として、健全な国民や活力ある社会を通じて社会の安定・発展、すなわち社会のサステナビリティの向上につながることが期待されます（**図0-2**）。

　このように、健康経営は日本の大きな社会課題を解決するための社会実験の1つと言えるかもしれません。本書の読者の皆さんには、そのプレイヤーとして我々執筆者と一緒に、日本の活力を維持するために、それぞれの立場で貢献していただきたいと思います。本書がそのような皆さんの「成果の上がる健康経営」の実践に結びつくことを願っています。

2023年8月
編者を代表して
産業医科大学 産業生態科学研究所 産業保健経営学 教授

森　晃爾

CONTENTS

第 4 章 ▶ プレゼティーイズムの価値と限界 ···· 81

1 プレゼンティーイズムの概念と要因 ························ 82

2 プレゼンティーイズムの要因に関する研究例 ················ 93

第 5 章 ▶ 健康経営戦略マップと無形資源 ······· 109

第 1 章

▼

健康経営のはじまり

はじめに　健康経営という考え方が出てきた背景

1.1 ▶ 経営者と従業員の健康

　アダム・スミスがその著書『国富論』[1] において、「親方たちがつねに理性と人間性の命じるところに耳を傾けるならば、自分たちの職人たちの多くの熱意をかきたてるよりは、むしろそれを緩和することがしばしば必要になるだろう。」と、経営者として従業員の健康に配慮することの必要性を記載しています。また、大阪高裁の判決文において、裁判官が経営者について言及しているところがあります。24歳の従業員が過労死した損害賠償事件において、裁判官は、「責任感のある誠実な経営者であれば自社の労働者の至高の法益である生命・健康を損なうことがないような体制を構築し、長時間勤務による過重労働を抑制する措置を採る義務がある」（大阪高裁、平成23年5月25日判決）[2] と判示しています。いずれにしても、経営者は、会社に利益をもたらすとともに従業員の生命と安全を守る立場にあることがわかります。

　わが国の歴史を顧みると、1903年に発行された『職工事情』[3] という書物の中に、健康経営の本質たるべきことが記載されています。とある工場において、腸チフスにかかった従業員に対して十分な対応をせず放置したことによって、事業主の家族にまで伝染してしまったというのです。つまり、経営者にとって従業員の健康は自身の健康と密接な関係があり、企業経営を進めていく上で従業員の健康、特に感染症対策は重要であるということを示しています。

1.2 ▶ 従業員の健康づくり対策のはじまり

　さて、私は大阪ガスという会社で約40年間、産業医・顧問を勤めました。その間にあった大きなイベントの1つとして、創業70周年を迎えた1975年に二大長期経営方針というものが出されました。当時の社長が、これからは従業員の健康が重要な時代になるとの予測のもとに、技術開発と健康開発を長期経営方針として定めたのです。

　健康開発では、第1に、若い社員は必ず1つのスポーツに取り組むこととし、社長自らがこの活動を支援する会の長となりました。第2は、中高年の健康体力づくりを進めることで、新たに健康開発センターを設立しました。そして、スポーツ医学を活用して安全かつ安心して健康体力づくりを進めるために専門医が招集され、私が糖尿病、肥満、脂質異常などを担当し、他に循環器専門医、呼吸器専門医、そして整形外科医が配置されました。1976年秋には、経営トップの経営方針に則って、定期健康診断に加えて（後に、定期健康診断を兼ねることになりました）「健康づくり健診」がスタートしました（**図1-1**）。「健康づくり健診」の内容は、生活習慣調査、医学的検査（運動負荷試験を含む）、体力診断テスト、個別健康指導などで、1日20人の対象者に、約20人のスタッフで対応する、手厚い健康づくりプログラムでした。私は会社の休日である土曜日に、大学病院で外来診療をしていましたが、それに比べて一人ひとりにかけられる時間的なゆとりがあり、従業員が

図1-1 「健康づくり健診」

1975（昭和50）年、創業70周年時、二大長期経営方針発表

・技術開発　・健康開発

その具体策として、中高年従業員の「健康づくり健診」が1976年にスタート

定期健康診断項目に加えて皮下脂肪厚、呼吸機能などを追加して実施し、その後、運動負荷試験（マスター2階段試験、後、多段階エルゴメーター運動負荷試験）、体力診断テスト、健康づくり教室（個別健康指導）を実施

健康づくり健診 ⇨ 一次診察 ⇨ 自転車エルゴメーターによる運動負荷試験 ⇨ 体力診断テスト ⇨ 総合診断 ⇨ 健康づくり指導

図1-2　SHPからTHPへ

SHP（Silver Health Plan）	1979（昭和54）年労働省提唱
35歳以上の中高年齢労働者の健康づくり運動を企業内において推進	

事業内容	1. ヘルス・チェック実施体制の整備 2. 健康づくり運動を担う指導者の養成 3. 健康づくりプログラムの作成と提供 4. ヘルス・ケアトレーナーによる事業場への出張指導 5. 健康づくりに必要な施設の整備	中高年齢労働者の体力

THP（Total Health Promotion Plan）	1988（昭和63）年改正労働安全衛生法
すべての年齢の労働者を対象とした心とからだの健康づくり	

事業内容	1. 健康保持増進のための6種類のスタッフの養成 2. 事業者による各種健康指導など 3. 労働省の助言、指導および援助	全労働者の心身の健康

ストレス関連疾患の増加

多種多様な健康問題を抱えていることを把握することができた健診でもありました。こうした取り組みを続けることにより、体力診断テストにおいて、暦年齢と体力年齢が一致するまでには約10年の歳月を要しました。企業での健康づくりは、かなり息長く続けていかなければならないこと、そう簡単に、また短期間に、従業員全体の健康のレベルや体力のレベルは上がらないことを実感しました。

　当時、労働省と外務省からこの仕組みについてのヒアリングがあり、1979年には、労働省提唱のSHP（Silver Health Plan）の開始につながり、35歳以上の中高年齢労働者の健康づくりが企業で実施されるようになりました。SHPは、まさしく将来の従業員の高齢化対策の一環でもあったのです（**図1-2**）。

　その後、20代、30代の労働者を中心に、いわゆるストレス関連疾患が増加したため、1988年の労働安全衛生法改正によって事業者の努力義務となったのが、THP（Total

Health Promotion Plan）です。からだだけではなく心の健康づくりも今からしっかり
やっていかなければいけないという、先見性をもった行政のプランがスタートしました。
すべての労働者の心の健康づくり、当時はストレス関連疾患が対象でしたが、心身両面の
健康づくり対策をやっていくということになったのです。当時、「健康づくり健診」時に
ストレスチェックをして、一人ひとりにその結果を説明した記憶があります。産業医がス
トレス関連疾患対策を、そして精神科医がうつ病等の精神疾患対策をするということで、
役割分担していたのがこの時代です。

1.3 ▶ Fitness in Businessでの講演とヘルシーカンパニー

　その後、1984年に、米国のポートランド州立大学から、日本で企業内フィットネスに
取り組んでいる代表的な企業として、Fitness in Businessという集会での講演の依頼が
突然来ました。この時、エアロビクス理論の創始者であるKenneth Cooper博士
（Director of the Aerobics Center）と一緒に講演できたことは非常に光栄でした。
Cooper氏と直接情報交換することができ、すばらしい経験ができました。その際、様々
な企業を訪問したのですが、とある企業の副社長から、1900年代から米国には
"Employment at will doctrine（随意的雇用原則：「期間の定めのある契約ではない労働
者は、いかなる理由によっても、あるいは何らの理由なくして解雇され得る」というも
の）"があり、「仕事ができなければすぐに解雇できる、健康状態が悪化すればすぐ解雇で
きる」という話を聞きました。私は、当時の福利部長と一緒に訪問したのですが、その話
を聞いて驚き、「日本ではそんなことできないですね」と顔を見合わせたのでした。労働
生産性の低い従業員は解雇できる（ただし、人種差別に基づく解雇は禁止されていた）と
いうことを初めて聞いたのです。

　1989年に再度、同集会から、大阪ガスのフィットネス活動の成果についての発表の要
請があり、訪米しました。この時は、有名なRoy Shephard博士（トロント大学教授）が
講演され、健康づくりプログラムの有効性についての発表を聞くことができました。また、
前回同様、米国やカナダの企業を見学し、米国ではHMO（Health Maintenance
Organization）という民間の医療保険の仕組みについての様々な情報を得ることができ
ました。このHMOという保険機関に入ると、病気になった時には、まずここに電話をし
て医療機関の受診の許諾を求め、もし担当医が許可しなければ受診できない仕組みになっ
ており、わが国の健康保険制度とはまったく違うことを知りました。

　当時、私は健康保険組合連合会から様々な調査研究事業の委員、研修事業の委員や委員
長を拝命し、その経験から、日本の健康保険制度はすばらしいものと感じていました。一
方、米国のこのHMOは、加入してもすべての疾病について病院で診てもらえるわけでは
なく、後で出てきますが、いわゆる「ヘルシーカンパニー」という考え方が日本では当て
はまらないことをレポートとして、帰国後に人事部長に報告しました。

　その後、Robert H. Rosen著『The Healthy Company』（1991年）[4]の翻訳書『ヘル
シー・カンパニー：人的資源の活用とストレス管理』（1994年）[5]が出版され、そこには、
従業員の働きがい、ならびに企業の生産性向上と利益をもたらす戦略として、8つの項目

図1-3　『ヘルシー・カンパニー』で示された8つの戦略（文献5より）

Eight Strategies to Develop People, Productivity, and Profits
8つの戦略によって従業員の働きがいならびに企業の生産性向上と利益がもたらされる

1. **The power of respect is greater than the power of money**
   人を大切にする力は金銭の力よりも大きい

2. **Wise leaders know how to follow**
   賢明な管理職は、部下のフォローの仕方を知っている

3. **If you don't manage change, it will manage you**
   変化を自分のものにしないなら、変化に支配されてしまうことになる

4. **Lifetime learning pays lifelong dividends**
   生涯の学びが終生の配当を生み出す

5. **Healthy people are appreciating assets**
   健康な従業員が、価値あるものを得る

6. **Sick jobs sabotage long term investments**
   出勤しても仕事が十分できないことは、長年の企業投資が無駄になる

7. **Our strengths lie in celebrating differences**
   私たちの強みは個性を尊重するところにある

8. **Work and Family are partners for life**
   仕事と家族は人生の伴侶である

が記載されていました（**図1-3**）。日本でもこの8つの項目それぞれは当てはまるのですが、基盤となる制度が異なっているのです。なぜかというと、先述したように、米国では、健康を害した途端に休業期間なく解雇されることがあるからです。元気なうちは働けますが、病気になると解雇される、あるいは仕事ができなくてパフォーマンスが落ちれば解雇される、ということになっていたのです。日本と米国における従業員の健康に対する考え方は、大きく違うと感じました。

　そういったことから、このヘルシーカンパニーに準じて、わが国独自のより積極的な従業員の健康づくりの推進、皆保険制度と終身雇用、そして健康診断に基づく健康管理、というこの3つの大きな違いを生かして、働く人が元気に豊かなセカンドライフを送れるような社会がつくれるのではないかと考えたわけです。

1.4 ▶ 社会の高齢化が企業経営にもたらす影響への危惧

　1995年に公布、施行された高齢社会対策基本法の前文には、わが国では急速に高齢化が進んでいるが、その進展の速度に比べて国民の意識や社会のシステムの対応は遅れており、早急に対応すべき課題は多岐にわたるが、残されている時間は極めて少ない、と記載されています（**図1-4**、次頁）。少子高齢化の進展により、労働人口に占める高齢労働者の数が増加し、従業員の健康や体力に関する課題が顕在化することも予測されていました。こうした社会状況の中で、労働者の健康が企業経営に及ぼす影響はますます深刻になるで

図1-4　高齢社会対策基本法（前文）（1995年11月15日公布、1995年12月16日施行）

我が国は、国民のたゆまぬ努力により、かつてない経済的繁栄を築き上げるとともに、人類の願望である長寿を享受できる社会を実現しつつある。今後、長寿をすべての国民が喜びの中で迎え、高齢者が安心して暮らすことのできる社会の形成が望まれる。そのような社会は、すべての国民が安心して暮らすことができる社会でもある。

しかしながら、我が国の人口構造の高齢化は極めて急速に進んでおり、遠からず世界に例を見ない水準の高齢社会が到来するものと見込まれているが、高齢化の進展の速度に比べて国民の意識や社会のシステムの対応は遅れている。早急に対応すべき課題は多岐にわたるが、残されている時間は極めて少ない。

このような事態に対処して、国民一人一人が生涯にわたって真に幸福を享受できる高齢社会を築き上げていくためには、雇用、年金、医療、福祉、教育、社会参加、生活環境等に係る社会のシステムが高齢社会にふさわしいものとなるよう、不断に見直し、適切なものとしていく必要があり、そのためには、国及び地方公共団体はもとより、企業、地域社会、家庭及び個人が相互に協力しながらそれぞれの役割を積極的に果たしていくことが必要である。

ここに、高齢社会対策の基本理念を明らかにしてその方向を示し、国を始め社会全体として高齢社会対策を総合的に推進していくため、この法律を制定する。

あろうとの危惧が、そこには表れています。そこで、当時の厚生省、労働省、通産省において委員会が設置され、それぞれ、医療経済研究機構、中央労働災害防止協会（以下、中災防）、余暇開発センターが事務局となり、職場における健康づくりに関する研究事業が行われることになりました。幸いにして、私はこれらの研究事業に関与することができ、多くの情報を得ることができました。

　その中で、中災防の事業の1つである「小規模事業場における健康づくり手法と評価に関する研究」において、経営者の健康習慣と従業員の健康意識との間には、大きな関係があることがわかりました。そうした結果から、私たちが現在周知、啓発しているように、経営者のヘルスリテラシーが従業員のヘルスリテラシーと密接に相関することから、経営者自身の健康づくり、ヘルスリテラシーを高めることによって、労働生活を通じて、従業員の健康づくり意識も同時に高めることができる可能性がある、と考えたのです。そこで、委員会において「THPステップアッププラン」について提言し、労働省の主導で展開されることになりました（**図1-5**）。このプランは、中災防が事務局となって、中小企業の経営者にTHPを体験して健康の大切さを学んでいただき、自社で健康づくりに取り組んでいただくために、4年間にわたって国が支援をするというものでした。

　しかし、残念なことに、差し迫る日本の少子高齢化時代をまったく意に介さなかったと言っては失礼ですが、多くの中小企業の経営者に関心をもっていただくことはできませんでした。大きな事業であったにもかかわらず、参加者が少ないという結果となってしまったのです。遠い先のことを心配しても、経営者には関心をもってもらえない、ということを強く感じました。当時は、会社の未来のために従業員の健康に投資する、という考えはほとんどなかったのだろうと思います。

図1-5　THPステップアッププラン（中央労働災害防止協会、2000年）

2000年度から中小企業の健康づくりを直接支援する事業

経営者健康づくり体験セミナー

事業場トップの方にTHPの健康づくりメニューをフルセットで体験

ねらい　経営者の方々に、THPの体験を通じて、企業内の健康づくりを検討いただくため生活状況調査、問診・診察、医学的検査、運動機能検査⇒健康指導体験、実践活動体験

対象者　従業員50人以下の事業場の経営者、またはこれに準ずる方

職場健康づくり支援サービス

会社の実情に応じた計画的な健康づくりを、4年間にわたり支援し、支援サービス終了後に自主的健康づくりを進めていただくためのもの。従業員300人以下で、健康づくりに積極的な企業が対象。

ねらい　中小企業におけるTHPの実施を4年間支援し、5年目以降の自主的健康づくりを進めていただくためのもの。

対象者　○従業員300人以下で、対象者の定期健康診断結果を活用できる企業
　　　　○THPの導入に積極的な企業

1.5 ▶ 従業員のライフスタイルと健康との関連を検討する研究の蓄積

　その後、大阪ガスでは、健康情報管理システムが立ち上がり、健康保険組合と事業主の連携事業として、事業場ごとに従業員のライフスタイルと医療費、健康診断の結果を突合することができるようになりました。今から考えるとコラボヘルスですし、データヘルスの先駆けかもしれません。そこで、健康診断、医療費、休業率等すべてを突合していくと、健康診断をきちんと受診している事業場は、肥満者は少なく、休日をアクティブに過ごす人や運動習慣のある人が多く、休業率も医療費も低い、という興味深い結果が出ました。組織（集団）と個人とで、まったく同じような結果が得られたのでした。

　こうした結果から、それぞれの事業場を担当する産業保健スタッフが、これらの問題点をどのように解決していくかを検討し、事業場ごとにポピュレーションアプローチをかけることになりました。会社全体ではなく、事業場ごとのポピュレーションアプローチ、つまり、サブポピュレーションアプローチにより、最も波及効果のある健康づくり事業を実施することで対策を講じることにしたのです。

　また、全国労働衛生週間に毎年開催される全社健康講演会において、この結果を発表したところ、大きな反論があり、最下位の事業場が出てきたところで議論となりました。このように事業場名を明確に出したことによって、「人事部の人員配置が悪いのではないか」「わが事業場の従業員の平均年齢が高いのではないか」「地域に医療機関が多いからではないか」と様々な問題が噴出し、それぞれの事業場の支店長、工場長等に健康への関心をもっていただくことになり、非常に大きなインパクトがありました。

　さて、従業員から健康診断の時に様々な質問が出ていたということもあり、そうした質問に対して企業の健診データを使ってフィードバックする「大阪ヘルスサーベイ」という研究を開始することになりました。約1万人のデータを16年間追跡しながら、そのライフ

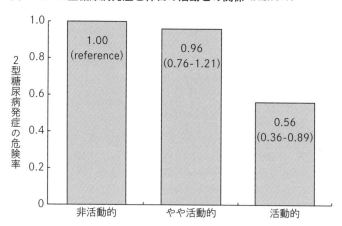

図1-6　2型糖尿病発症と休日の活動との関係（文献6より）

スタイルがどのような生活習慣病と関係するのかを研究したわけです。端的に言いますと、通勤で歩く時間が長い従業員（片道20分以上歩く従業員）は、高血圧の新規発症リスクが低いことが明らかになりました。また、休日に運動している人は、2型糖尿病の新規発症リスクが低いということも明らかになりました[6]（図1-6）。これは2000年の*Diabetic Medicine*誌に採択された論文ですが、裏返すと労働生活と健康は関係が深いことを示す結果で、要するに「休日は、仕事をするより汗を流してスポーツをしている方が健康によい」ということでした。

　それに続いて、労働安全衛生総合研究事業の研究費をいただきまして、健康意識が健康診断結果に影響を及ぼすかという研究を行いました[7]。1996年の健康診断の際に、「日常生活で意識的に体を動かしていますか」の問いに対して「はい」と答えた約1,000人の従業員のうち、1998年（2年後）、2000年（4年後）の健康診断でも「はい」と答えた人をA群、当初からずっと「いいえ」と答えた人をB群として、その後の経過を調査しました。「意識的に体を動かしている」で「はい」と答えた群では、通勤時における歩行時間が、2年後、4年後も増えていましたが、「いいえ」と答えた群は変わりませんでした。これが果たしてどのような影響を及ぼすかといいますと、例えばTHPの健康測定ではエルゴメーターにより最大酸素摂取量を推定していましたが、「はい」と回答した群では、この最大酸素摂取量の落ち方が、緩やかだったのです。意識的に体を動かしている人であっても、加齢とともに当然体力は落ちていきますが、その落ち方が緩やかで、「いいえ」と回答した群との間で統計的に有意な違いが出たのです（図1-7）。

　医療費については、「意識的に体を動かしている」群は、2年後、4年後の変化に有意差はなかったのですが、一方、「いいえ」と答えた群は、もともと健康だったのでしょうか、当初は医療費が少なかったのですが、2年後、4年後には有意に増加したのです（図1-8）。さらに、高額医療費（年間10万円超の医療費）の出現率を調べると、「いいえ」と答えた群の増加率が有意に高くなっていました。

　これらの結果から、どのような意識をもつのかも健康に影響を与えるのではないかと考

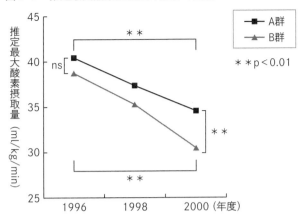

図1-7 推定最大酸素摂取量の推移の比較 (文献7より)

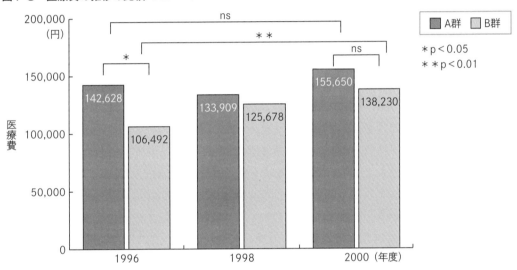

図1-8 医療費の推移の比較 (文献7より)

え、今でいうナッジ理論も踏まえて、いかに自分の健康に対するリテラシー（知識と実践能力）を高めることが重要であるかを示す研究を、2000年代にすることができました。

2 健康経営研究会の設立と健康経営の普及

2.1 ▸ 健康経営研究会の設立とその経緯

前述のような研究活動をしつつ海外誌にも論文を発表していましたが、それと並行して2003年から、労働衛生コンサルタント、弁護士、健康保険組合の理事、中小企業の社長、健診機関の事務長等の有志が集まり、約3年半にわたって毎月1回例会を開き、「これからの企業における健康づくりはどうしていけばいいのか」ということについて、様々な側面

から議論を重ねました。

　この「効果的な企業における健康づくり」の普及について議論している中で、ある事件の報道がありました。十二指腸潰瘍の既往症のあるサラリーマンが激務の末に再発したことが労災となるのかどうかが最高裁まで争われ、結果、労災と認定されたのです。つまり、持病が業務によって悪化した場合に、業務起因性、業務遂行性が認定され、労災となったのです。このような判例から、今後、働く人の業務に起因する健康問題が大きくなっていくだろうと議論したのが、2004年のことでした。

　ちなみに、特定非営利活動法人 健康経営研究会の現在の副理事長は法律の専門家（弁護士）ですが、その理由は、産業保健は労働法上の問題、労働判例も含めきちんと理解しておく必要があるからです。もともとそうした課題があり、サンユー会という専属産業医の組織において、私は研修委員会に属し、委員長のもと判例研究を開始したのです。その時に来ていただいた弁護士が、現在の健康経営研究会の副理事長であり、設立以来、法令や労働判例についてのご指導をいただいております。

　そうこうしている間に、長時間労働による従業員の心身の健康問題が社会的にクローズアップされ、大きく報道されるようなこともあり、2005年に「健康経営」という言葉を、ダメ元で、商標として登録申請をしてみました。すると、何とこれが認められ、登録商標になったのです。そこで、社会に対する普及啓発活動を拡大するため、2006年に健康経営研究会を設立し、「健康経営」の考え方、つまり経営者が健康づくりに対して関心をもってこれを従業員にも普及させていくという考え方を社会に広めていく活動を開始しました。当時は、理事がすべて私費を出して健康経営研究会を設立し、しかも会員がいませんので講演や出張、啓発活動もすべて自費でした。しかし、一般財団法人日本予防医学協会の支援により、活動を継続することができました。健康経営研究会設立前の2004年には「第1回　健康経営フォーラム」を開催し、「健康経営」の普及啓発に努めていました。また、人をマネジメントする新しい経営戦略の啓発として、中小企業の方を対象にした、15回コースのプログラム「健康経営塾」を開きました。健康経営の普及実践には、「人財」が必要不可欠な存在だからです。

2.2 ▶ 健康経営の定義の作成とその背景

　このような状況の中で「健康経営」の定義を検討し、2006年の設立当時は、「『企業が従業員の健康に配慮することによって、経営面においても大きな効果が期待できる』との基盤に立って、健康管理を経営的視点から考え、戦略的に実践することを意味している。」としました。

　この時期には各省庁の委員会でも、「わが国の人口の変化は、少子高齢化が急速に進み、労働生産人口の減少が予測されることから、現状の55歳定年では明らかに労働者不足に陥ることが危惧され、高齢であってもそれまでに培ってきた技術、経験、知識等を生かしてより長く働けるよう対応しなければいけない。そのためには、経営戦略として従業員の健康づくりに投資する必要がある」「55歳定年では社会保障の制度が立ち行かなくなるとともに、日本経済の先行きも危惧される」といった話が出ていました。定年は今後、60、

65、70歳になるのではないか、そうしないと社会保障が崩壊してしまうといった考えから、当時は「医療費亡国論」についての記事[8]が掲載され、厚生労働省の方の「将来、医療費が増加し大変なことになる」との意見がありました。

　法律に基づき事業者の責任で健康診断が実施されていましたが、当時は「ほったらかし健診」「やりっぱなし健診」といって、従業員に健康診断を受診させることが目的となり、事後措置としての異常所見者を改善するための取り組みは十分に行われていませんでした。その結果、高額の健康診断の費用を拠出しているにもかかわらず、費用対効果が十分に得られているとは、まったく言い難い状況でした。当時、「半殺し会社」「全殺し会社」という産業医の間でささやかれていた言葉があり、退職したらすぐに重い病気になったり、亡くなったりする人がいることが話題になっていました。しかし、そうした状況はすべて、経営者の意識によって大きく変えられるのではないかと考え、当初、私たちは健康経営に求められる6つの軸を定め、「コンプライアンス」「リスクマネジメント」「ヘルスマネジメント」「健康づくり」「社会的責任」「事業者意識」の視点から「健康経営」を啓発していくこととしました（図1-9）。企業内での健康づくり事業の取り組みを推進することが、

図1-9　健康経営に求められる6つの軸

1. 従業員の健康にかかわるコンプライアンス
2. 従業員の健康にかかわる経営上のリスクマネジメント
3. 従業員のヘルスマネジメント
4. 従業員に対する健康づくり事業の取り組み
5. 企業の社会的責任（CSR）
6. 事業者の意識

評価　経営者の評価と従業員の評価の整合性（一致度）

6つの軸において、経営者側と従業員側の回答に乖離があるかを検討した。
同時に、健康保険組合の回答も評価することにした。

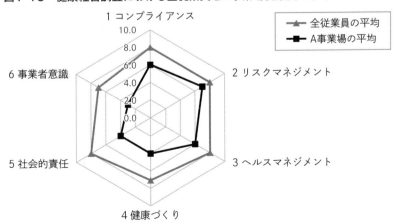

図1-10　健康経営調査における全従業員とA事業場従業員の平均

健康経営調査は、事業者、健康保険組合、従業員の3者に同時実施し、結果を比較検討。
事業者回答は、ほとんどが良好と回答。A事業場は、事業者の意識と最も乖離があった。

企業の社会的責任を果たすことになる、つまり、退職した従業員が地域で元気に活躍できることは、企業が社会に対して大きく貢献していることになる、と考えたのです。そして、この6つの軸に基づいて質問票を作成し、中小企業において経営者と従業員、健康保険組合に回答してもらい、評価をしました。

　この時に、とある大手企業から相談を受け、事業場ごとに上記の6つの軸で調査した結果が残っています（図1-10、前頁）。それぞれの軸についての経営者の回答は、すべて満点に近いものでした。健康保険組合の回答も、すべて満点に近い回答でした。ところが、全従業員の回答と経営者の回答の間には、乖離があることが明らかになりました。特に、A事業場において、乖離が大きかったことから、この結果を最終報告書の中で「問題のある事業場」として報告しました。そこで、「この事業場には何か問題があるのですか？」と伺ってみたところ、人事部長から「この事業場はメンタルヘルス不調者が多い」という話がありました。従業員50人未満の事業場なので産業医は選任されておりませんし、当時は保健師も派遣されていませんでした。それでも、様々な問題があり、結果としてA事業場も手厚く対応する必要があるということで保健師を雇用して対応され、その後少しずつ改善していったという経過をたどりました。

2.3 ▸ 健康経営銘柄と健康経営優良法人認定制度の創設

　2014年に閣議決定された「日本再興戦略―未来への挑戦―」の中に、「健康経営」という言葉が盛り込まれることになりました。すでに商標登録していましたので、経済産業省（以下、経産省）からその使用許可について電話で問い合わせがあり、「問題ありません」と回答したのですが、政府が使う限りは使用に関する許可を理事長名での文書で提出していただきたい、とのことで、書類を作成したのを覚えております。

　日本再興戦略の中では、東京証券取引所において新しいテーマ銘柄、「健康経営銘柄」の設定を検討することが明記され、2014年に経産省が「健康経営度調査」を実施して、「健康経営銘柄」（当初は銘柄だけでしたが）を選定することになりました。これは、健康経営の優れた取り組みをしている企業が社会で評価される枠組みとして創設されたもので、経営者に対するインセンティブという位置付けのものです。

　当時、政府は許認可についてはほとんど撤退しつつありました。私もしばらく講師を務めた健康運動指導士についても、当初は厚生大臣認定でしたが、その後民間団体の認定となりました。そのような情勢の中で、政府が優良な企業を認定するということについては、逆行しているのではないかと違和感がありました。とはいえ、世の中には「ブラック企業」や労働訴訟の問題がいろいろあり、優良な企業をつくらないとますます労働生産性が低下してしまうといった危機感が醸成され、健康経営銘柄が創設されることになったのだろうと思います。その後、東証一部上場企業のみですが、海外からも、「なぜこのような取り組みをするのか」ということで視察団が来て、それに対応したと、経産省の担当者から聞くことになりました。

　2016年には「健康経営優良法人認定制度」が創設され、大規模法人に加えて中小規模法人も対象となりました。2022年度からは認定申請料が必要になりましたけれども、申

図1-11　健康経営都市宣言認定証（岩見沢市）

請数は年々増加しており、中小規模法人部門においても多くの企業が申請しており、制度として着実に発展をしてきております。

2.4 ▶ 健康経営都市の認定

　我々健康経営研究会は、健康経営のさらなる普及というミッションがあると考え、3つの柱を立てておりました。もちろん、健康経営の取り組みについては企業がベースではありますが、健康経営都市、健康経営大学もつくりたいという思いがありました。大学、学校法人にもアプローチをしましたが、ほとんど反応はありませんでした。健康経営都市については、神戸大学大学院経営学研究科教授の金井壽宏氏（当時）のご指導のもと、研究会を開催しました。その際、鎌倉市長が参加されたこともあって、わが市（町）の健康づくり、住民、職員の健康づくりをやってみたいという思いをもっておられることがわかりました。「健康経営宣言都市」として、健康経営研究会による第1号の認定を受けたいということで、北海道岩見沢市長から依頼がありました。この市長は、これを選挙公約として、健康なまちをつくる、職員のみならず住民や小さな子どもの健康づくりを進めたいということを述べておられました。2016年に「健康経営都市宣言」認定式を行いました（**図1-11**）。さらに、2017年には「いわみざわ健康ひろば」がオープンし、その開所式にも招待され、テープカットをさせていただきました。その後も、子どもが楽しんで遊べるような木づくりの施設をつくられるなど、健康経営都市の構築を進められております。

2.5 ▶ G20 Officials and Industry Round Tableの開催

　2019年6月30日に、大阪で開催されたG20に連動して、"G20 Officials and Industry Round Table"を、健康経営研究会の主催により東京で開催しました。これは、民間主導型のヘルスケアに関するラウンドテーブル会議の開催についての、経済産業省からの依頼

図1-11　健康経営都市宣言認定証（岩見沢市）

請数は年々増加しており、中小規模法人部門においても多くの企業が申請しており、制度として着実に発展をしてきております。

2.4 ▶ 健康経営都市の認定

　我々健康経営研究会は、健康経営のさらなる普及というミッションがあると考え、3つの柱を立てておりました。もちろん、健康経営の取り組みについては企業がベースではありますが、健康経営都市、健康経営大学もつくりたいという思いがありました。大学、学校法人にもアプローチをしましたが、ほとんど反応はありませんでした。健康経営都市については、神戸大学大学院経営学研究科教授の金井壽宏氏（当時）のご指導のもと、研究会を開催しました。その際、鎌倉市長が参加されたこともあって、わが市（町）の健康づくり、住民、職員の健康づくりをやってみたいという思いをもっておられることがわかりました。「健康経営宣言都市」として、健康経営研究会による第1号の認定を受けたいということで、北海道岩見沢市長から依頼がありました。この市長は、これを選挙公約として、健康なまちをつくる、職員のみならず住民や小さな子どもの健康づくりを進めたいということを述べておられました。2016年に「健康経営都市宣言」認定式を行いました（**図1-11**）。さらに、2017年には「いわみざわ健康ひろば」がオープンし、その開所式にも招待され、テープカットをさせていただきました。その後も、子どもが楽しんで遊べるような木づくりの施設をつくられるなど、健康経営都市の構築を進められております。

2.5 ▶ G20 Officials and Industry Round Tableの開催

　2019年6月30日に、大阪で開催されたG20に連動して、"G20 Officials and Industry Round Table"を、健康経営研究会の主催により東京で開催しました。これは、民間主導型のヘルスケアに関するラウンドテーブル会議の開催についての、経済産業省からの依頼

によるものでした。ハーバード大学教授のRifat Atun氏に座長をしていただき、Health and Productivity Managementの視点から、これからの企業のあるべき姿について活発な議論が行われました。Atun氏は、日本はなぜ、政府が優良企業の認定をするのだろうか、という疑問をもっておられました。本来、企業は独自で従業員の健康づくりを推進し、自らの価値を高めて優秀な従業員を集めるのであって、政府が推進し、認定するのは米国では考えられないことだ、とのことでした。しかし、日本のオリジナルということで、その成果を期待したいというお話をいただきました。

3 健康経営が必要である理由

3.1 ▶ 企業に対する従業員の信頼度の低さと中間管理職への投資の重要性

さて、ここで健康経営がなぜ必要なのかという点について述べたいと思います。まず、Edelman Trust Barometer[9] として、世界各国の従業員の自社に対する信用度について調査したデータが公表されています。そこでは、ロシア、日本そして韓国は、「Distrust」に位置付けられていて、これらの国の従業員は「自社を信用していない」という結果となっています。このことを中小企業の経営者の方にお話ししましたところ、多くの反論をいただきました。しかし、残念なことに、日本において、企業に対する従業員の信頼度は低いというのが現状なのではないでしょうか。もちろん、信頼度の高い企業はたくさんあることは事実ではありますが。

最近の若い人たちは、自分の成長が感じられない企業からは、早々に離職すると考える方が多くなっているように思います。「この会社にいても自分は成長しない」と思った場合には、すぐに辞めてしまうということも実感しています。また、後述する「Quiet Quitting（物言わぬ離職者）」、つまり、頑張っても仕方がないから頑張らない、残業もしない、言われたことだけはする、という従業員が米国でかなり増えており、約半数に上ると報告（2022年）されています。こうしたことが日本にも伝染してくることはまず間違いありませんので（すでに伝染しているようでもありますが）、わが国のように企業に対する従業員の信頼度が低い国においては、大きな脅威になるでしょう。

もう1つは、「物言わぬ従業員」です。厚生労働省委託事業「職場のハラスメントに関する実態調査報告書」が明らかにしていますが、パワハラ、セクハラを受けた後の行動として「何もしなかった」と回答した従業員が最も多く、さらにその理由として最も多かったのは「何をしても解決にならないと思ったから」となっています。そこには、大きな諦め感が漂っているように感じられます。要するに、「この会社ではもうどうすることもできない」「会社を信頼することができないし、改善も望めない」という思いをもっている従業員が多いのだろうと思われます。

ただ1つの救いは、多くの従業員が、経営者は信頼しているという、企業に対する信頼度の低さとの乖離があることです。このことから何が問題なのかを考える必要はあります

が、この点について、すでに指摘している報告があります。米国のコンサルタント会社が、日本における従業員の中間管理職のリーダーシップに対する評価が、世界の中でかなり低い、というデータを2006年に発表しています。そのデータを見た時から、健康経営を進めるためには経営者の指導力のみでは不十分で、焦点は中間管理職の育成にあると感じるようになりました。健康経営の普及のために、2015年に経団連出版から発行した『「健康経営」推進ガイドブック』[10]の中で、健康経営の柱として次の3つを提唱しました。第1の柱が「経営者が進める健康経営─トップダウンで進める戦略構想」、第2の柱が「管理監督者が進める健康経営─職場の快適化」、そして第3の柱が「働く人が進める健康経営─自ら築く健康と体力」です。

　労働生産性の問題は、従業員一人ひとりの能力に行き着くわけですが、現実には管理職の指導力、部下の育成能力にかかっています。ところが、中間管理職に対する教育について、政府の統計資料によれば、日本では新入社員に対する投資は重点的に行う一方で、管理職に対してはあまり行っていないということがあり、このことが様々な裁判や労災と認定される精神障害、メンタルヘルス不調の原因として「上司とのトラブル」が上位に出てきている背景にあるのではないかと思います。精神障害に係る労災の請求件数が増加している理由として、「上司とのトラブル」や「ハラスメント」の問題があることは、厚生労働省の発表資料から明らかとなっています。そこには管理職のゆとりのなさ、いらだち（閉塞感、孤立感など）があるように推察されます。そこに「アンガーマネジメント」を導入しても、それは表面的な対策でしかなく、こうした状況を改善するには、そもそも管理職が怒るような環境をつくらないことが重要であり、そのための組織づくりが課題と言えます。企業経営を戦略的に考えると、どんなにトップが優秀であっても、各局地戦ですべて負け続ければ、最終的には負けることになるので、現場で陣頭指揮を執るマネージャークラス（指揮官）のクオリティをもっと高めていかなければいけない、ということになります。もちろん優秀な方は多いのですが、プレイングマネージャー化していることによって、その能力が発揮できないのだろうと思います。もしくは、もっと多く学びたいけれども現状に甘んじるしかないという、ここでも「諦め感」が管理職に大きくのしかかっているように感じます。管理職の育成に投資しなければ健康経営は形骸化するリスクを、実は多くの高ストレス者の面接指導において感じています。つまり、管理職の育成に投資しなければ、彼らは十分な知識・技術、知見などをもつことができず、自信をもって部下を育成することができなくなってきているのです。そのため部下も自信をもって仕事ができず、その結果、業務遂行能力が低下することになっているのです。

　現在は、この管理監督者の空洞化が大きな問題となっていますが、今後すぐに経営者の空洞化が控えていることは、「2025年問題」からも明らかです。ヒエラルキーのそれぞれの層を構成する人たちが自らのミッションを果たせなくなっていることが、わが国の企業における大きな課題であり、また企業の将来的なリスクとして危惧されるところです。

3.2 ▶ 長時間労働、労働生産性の問題

　長時間労働者の割合は、最近の調査結果では、多い方から1位が韓国、2位が米国、そ

して3位が日本です。そこで、米国も長時間労働国であるので日本と同じように労働生産性が低いのかというと、そうではなく、米国は1人あたり1時間あたり80ドルですが、わが国は49ドルです。睡眠時間を惜しんで長時間働いても、1時間あたりの労働生産性は極めて低いという結果です。これはOECDからのデータですが、これも経営者の方にお話すると多くの反論が寄せられることになるのかもしれませんが、現実にはこのような結果が出ているのです。その理由の1つとして、米国の睡眠時間は531分であるのに対し、日本は442分と、約90分短い点が挙げられます。これをどう考えるのかということです。米国は長時間労働であっても睡眠時間は長いということですから、この両立が結果として労働生産性に大きな影響を及ぼす1つの要因と考えられるのではないでしょうか。働き方が違うのか、あるいはオンとオフの切り替えができているのか、とわが国の職場の実態を思いめぐらすことができます。

　最近の論文で、長時間労働が心身のストレスの反応を惹起するのではなく、長時間労働が食生活の乱れや短時間睡眠を経由して、心身のストレス反応を引き起こしているという報告がありました。わが国の労働者は、長時間労働によって夜遅くに食事をとり、朝食を食べないという食習慣を余儀なくされています。まさしくこれによって長い空腹時間の後に昼食をとることになり、それによって急激な血糖上昇が起こり、高インスリン血症がもたらされ、電解質バランスを乱し、不整脈など（refeeding syndrome）が起こることになるのでしょう。これは、長時間の絶食後の食事摂取によって健康問題が発生するということですが、わが国の働き方については、それに加えて長い座業時間、短い睡眠時間等が心身の大きなストレスになっていることは明らかです。長時間労働と健康問題について、ライフスタイルの視点から改めて見直す必要があります。

　わが国の高齢化がさらに進み、現在問題となっている「プレゼンティーイズム・アブセンティーイズム」が企業にさらに大きくのしかかってくることになると、わが国の労働生産性は一体どうなるのでしょうか。医療費も増え、定年が65歳、70歳になったとして、安定した企業経営は可能なのだろうかという不安が大きくなるばかりです。労働生産性については、わが国の製造業は過去に高い値でしたが、昨今のデータを見ると、全体的にわが国の労働生産性は極めて低いのが現状です。健康保険制度などすばらしい制度があるにもかかわらず、なぜ労働生産性が低いのでしょうか。おそらく、わが国の働き方に由来する睡眠慣性の問題、ヘルスリテラシーの低さによる健康づくり意識の低さ、旧態依然とした企業風土、そういったものが大きく影響しているように思われます。

3.3 ▶ 人財への投資

　2021年に閣議決定された「成長戦略実行計画」では、第5章として「『人』への投資の強化」が盛り込まれました。高齢化で「人生100年時代」が進む中、ロンドン大学教授のリンダ・グラットン氏が『LIFE SHIFT』[11]の中で述べられているように、人生が長くなると、1つの専門能力だけではもう間に合わなくなってくるのです。専門とするものを複数もたないと、人生100年時代を快適に過ごすことはできなくなるということです。つまり、長寿は「人」を不幸にする危険性を孕んでいるとも言えるのです。長寿が社会の禍になる

ことは阻止しなければなりません。

　ご存じのように、昔あった仕事が、今やなくなっているものがたくさんあります。私は一時ある組織体の健康管理医をやっておりましたが、IT化によって電話交換業務がなくなり、担当者が総務へ異動するとともに抑うつ状態に陥り、その対応をした経験があります。「私は交換手以外の仕事はできません。事務職はできません。」と言い続けておられましたが、どうすることもできませんでした。「職種限定雇用」であっても、限定された仕事がすでに存在しないのですから。結果として、職務不適応、つまり適応障害となって、異動先の仕事ができなくなってしまったのです。おそらく、これからこのような問題がもっと表面化してくるのではないかと、当時から危惧していました。

　ということは、新しい時代に向けて、人をいかに育てていくかという視点で、企業は「人」に対して新たに投資し続けなければならないのです。子どもの教育において親は、学習塾、ピアノ、スイミング、英会話などに投資をしますが、何を目的にしているのでしょうか。最初からピアニストにすることを目指しているのでしょうか。未来を見越して、もてる才能を開花させるために色々なことを学ばせ、その中から自分に合ったものを見つけ出し、自らの能力を開拓していくことが必要です。さらに、そうした多くの学びが、自分が進むべき道を照らしてくれることになるのです。

　前述したように、2022年9月のGallup社のレポート[12] において、「物言わぬ従業員」から「Quiet Quitting（物言わぬ離職者）」、つまり会社は辞めないけれども、しっかりと働かない人が増えてきている、エンゲイジメントが低い人が増えてきている、との記事が掲載されていました。このGallup社の調査によると、米国において少なくとも労働者の約50％は「物言わぬ離職者」であるとのことです。彼らにとって、仕事は給料を得るため（＝生活のため）のジョブであって、自分の成長のためのキャリアでも、やりがいや使命感をもったコーリングでもないのです。つまり、従業員のエンゲイジメントは、企業が投資して手に入れるものであって、従業員自らが最初から高いエンゲイジメントを有しているわけではないのです。これはまさに"poor management"によって起こっている問題であり、従業員は結局、「この会社では、あるいはこの上司では自分は成長しない」と思った時点で、この「物言わぬ離職者」になってしまうのだということです。つまり、健康経営のポイントは、私たちの考えでは、「働きがいをもって、元気に働けること」が「健康を増進させる」ということであり、元気だから働けるということだけではなく、元気に働けるから健康になるのだという経営の視点が必要なのです。したがって、マネージャークラスもしくは経営者が、働きがいのある職務、従業員がその意気を揚げるような職場環境をつくっていくことがとても重要になるのです。

3.4 ▶ VUCAの時代を生きる

　さて、日本社会において今後何が起こるのかを考えてみましょう。「感染症パンデミック」は、すでに新型コロナウイル感染症（COVID-19）で経験しました。わが国も多大な犠牲を強いられることになりましたが、特に自殺者が増えたことは、わが国の大きな弱点が明らかにされたと言っていいのではないでしょうか。デュルケームは、その著書『自

殺論』[13] において、「その病弊（すなわち自殺：筆者注）を防ぐには、社会集団を十分強固にして、個人をもっとしっかりと掌握できるようにするとともに、個人自身を集団にむすびつくようにさせること以外に方法はない。」と述べています。わが国において、この個人を結び付ける絆は、すぐに切断されるようなものだったのでしょうか。さらに、デュルケームは、他の雑誌に「未婚者は既婚者よりも自殺にさらされやすく、子どものない父親は子どものある父親より自殺しやすく、離婚や別居の多いところほど自殺が発生しやすい。」と記しています。COVID-19パンデミックが誘発した自殺者の増加は、社会的な孤立の問題の解決が重要であることを物語っているのです。

　また、社会の高齢化がさらに進展することで、近い将来、認知症、ロコモティブシンドローム、フレイルのパンデミックが起こってくるでしょう。健康教育などにより認知症患者が減少することが発表されるようになりましたが、それに代わってフレイルが増加し、介護費用が増加することが危惧されるようになってきました。それらに加えて、メンタルヘルス不調のパンデミックによって「Quiet Quitting（物言わぬ離職者）」のクライシスが起こり、皆がもう元気に働かない、若い人は会社にいるけれども希望もなく就業時間内の職務をこなして創造性は喪失、となった時に、果たして経営者はどうするのでしょうか。

　こうしたことが想定される、先行きが不透明なVUCA（Volatility：変動性・Uncertainty：不確実性・Complexity：複雑性・Ambiguity：曖昧性、の頭文字を取った造語）の時代において、経営者はいかにして従業員のクリエイティビティ（創造性）やプロダクティビティ（生産性）を上げるのか、考えておかなければなりません。学校を卒業して、入社した時には多くの方が健康ですが、定年を迎えた時には約25％の人が再雇用できないほどの健康状態に陥っているのです。労働安全衛生法66条の健康診断や69条の健康の保持増進対策を、経営者が義務もしくは努力義務で履行しているにもかかわらず、労働生活において心身の健康状態が悪化し続けている現状を放置すると、今後大変なことになるのは目に見えています。

　そこに、介護パンデミック、つまり1人っ子の場合には、両親が認知症になると「介護離職」をしなければならなくなり、労働力はさらに減少することになります。将来にわたって海外から多数の労働者を雇用する必要があるわが国の現状から考えると、今元気で働けている人がこれからもさらに元気で働き続けられるような施策、対策を練っていかなければいけないのです。

　私は、企業の将来性において重要な「価値の連鎖」（図1-12）について啓発しています。企業の業績の向上のためには、働いている人の健康の質を高めることが必要です。従業員の健康の質が高まれば、それによって労働の質が高まり、労働の質が高まれば労働によって生み出される商品の質も高まります。これらが連鎖することによって、企業の価値が高まり、それが社会の発展につながっていくのです。つまり、人づくり、ものづくり、企業づくり、そして社会、国づくりをしていかなければならないわけですが、その基盤として労働の「安全性」（図1-13）が確保されなければ、この連鎖はうまくつながりません。そして、これらのどこか1つが崩れると、この連鎖はドミノ式にすべて崩れてしまいます。例えば、業務に起因した健康問題が起こると労災となり、企業の価値は低下することにな

図1-12 価値の連鎖

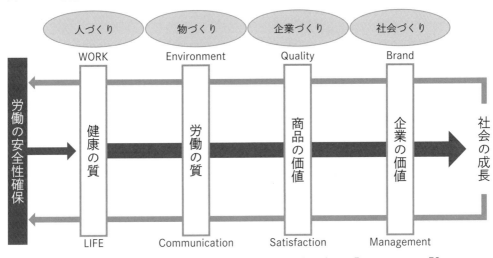

図1-13 労働の安全性

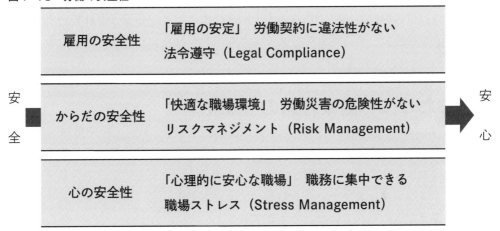

ります。つまり、「心理的安全性」[15] のみならず「雇用の安全性」と「からだの安全性」も確保されなければ、健康経営は成立しないわけです。したがって、安心して働ける、生きがいや働きがいをもって働くことができる、そのためには何を実現しなければならないのか、それぞれの経営者がしっかりとした理念をもってこれを確立していかなければいけない問題であろうと思います。

　企業の成長は社会の発展を促します。企業が社会から評価をされるためには、法令を遵守すること、安全配慮義務を履行すること、社会的責任を果たすことの3つが必須ですが、社会の高齢化が急速に進むわが国においては、さらに健康経営を進めていくことが必要です（図1-14、次頁）。手遅れになると、労働生産性がさらに低下していくことになります。労災によって裁判沙汰となり、刑事罰、損害賠償など企業価値を喪失するようなことにならないよう、先手を打つことが必要です。

　さらに、現在では「パーパス経営」という概念も注目されています。そこでは、わが社

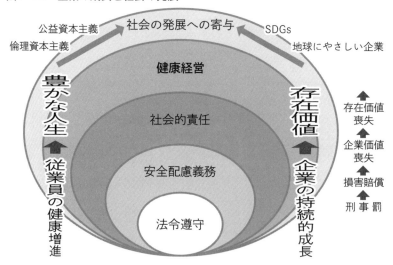

図1-14　企業の成長と社会の発展

の果たす役割は、営利以外にどのようなものがあり、また、わが社の社会的存在価値はど
こにあるのか、社会的役割は何であるのかを明確にすることが必要とされています。そし
て、そのような視点で、企業経営を考えることも求められるようになってきたのです。

4　おわりに　健康経営の「深化」

　企業の持続的成長はその企業の存在価値を高め、従業員の健康増進は彼らの豊かな人生
を約束することになります。この両立ができない企業は、社会の発展に寄与しているとは
言えないのではないでしょうか。まさしく、倫理資本主義社会、公益資本主義社会を創造
する企業の役割が求められていると考えます。
　最後に、2021年に健康経営研究会が提言した「健康経営の深化」[15]について触れたいと
思います（図1-15）。これは、マズローの五段階欲求階層のようにピラミッド構造になっ
ていますが、その基盤を構築するものとして「経営者の倫理」が必要になるのではないか
と考えました。その上に「労働安全衛生」「心と身体の健康づくり」「働きやすさ」「働き
がい」「生きがい」が積み上がり、企業の成長につながります。さらに、この企業の成長
の集積が、社会の発展に寄与するのです。社会の発展によるリターンは企業の成長を加速
させ、働く人のウェルネスを形成し、このウェルネスが集結してウェルビーイング社会に
近づくことになります。経営に関して、経営学や経済学といった様々な利益を創出するた
めの学問はありますけれども、それだけではありません。従業員が健康で働けることによっ
て経営が成り立つ、ということが経営学の前提であると考えますと、元気で職務を遂行で
き、会社で自分が成長したことを実感でき、そして定年後も豊かなセカンドライフを送る
ことができるような企業を創造することが、重要となります。企業の健全な成長が、社会
の発展に寄与し、さらに社会の発展が多く企業をバックアップするようになる時代をつく

図1-15　健康経営の深化（文献15より）

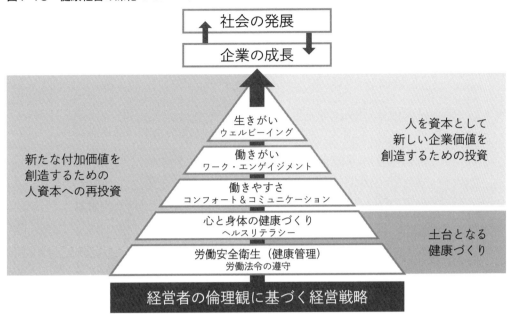

り出すために、健康経営を1つの推進力としてお考えいただければいいのではないかと思います。

（岡田邦夫）

参考文献

1) アダム・スミス（著），水田洋（監訳）. 国富論1. 岩波書店，2000.
2) 控訴審判決「大庄ほか事件」労働判例. 1033号24頁.
3) 犬丸義一（校訂）. 職工事情 上. 岩波書店，1998.
4) Robert H. Rosen, Lisa Berger. The Healthy COMPANY. Tarcher, 1991.
5) ロバート・H・ローゼン（著），宗像恒次（監訳）. ヘルシー・カンパニー：人的資源の活用とストレス. 管理産能大学出版部，1994.
6) Okada K, et al. Leisure-time physical activity at weekends and the risk of Type 2 diabetes mellitus in Japanese men: the Osaka Health Survey. Diabet Med. 2000; 17(1): 53-58.
7) 岡田邦夫，他. 健康診断事後措置としての保健指導に関する研究（その2）―運動習慣による健康診断結果ならびに医療費の推移. 平成14年度厚生労働科学研究費補助金（労働安全衛生総合研究事業）報告書. 2004.
8) 吉村仁. 医療費をめぐる情勢と対応に関する私の考え方. 社会旬報. 1983; 1424: 12-14.
9) EDELMAN. 21st Annual Edelman Trust Barometer Global Report 2021.
https://www.edelman.com/sites/g/files/aatuss191/files/2021-01/2021-edelman-trust-barometer.pdf（2023年4月13日アクセス）
10) 岡田邦夫. 健康経営推進ガイドブック. 経団連出版，2015.
11) リンダ・グラットン（著），池村千秋（訳）. ライフシフト. 東洋経済新報社，2016.
12) Jim Harter. Is Quiet Quitting Real?. WORKPLACE. 2022.
https://www.gallup.com/workplace/398306/quiet-quitting-real.aspx（2023年4月13日アクセス）
13) エミール・デュルケーム（著），宮島喬（訳）. 自殺論. 中央公論新社，1985.
14) Edmondson A. Psychological Safety and Learning Behavior in Work Teams. Adm Sci Q. 1999; 44(2): 350-383.
15) 特定非営利活動法人健康経営研究会，他. 未来を築く健康経営. 2021.
https://kenkokeiei.jp/documents/HealthManagementToBuildTheFurure.pdf（2023年4月13日アクセス）

第 **2** 章

▼

健康経営の政策と
健康経営度調査

政府が進める健康経営政策のこれまでとこれから

1.1 ▶ 「健康」を再定義する

　本節では「政府が進める健康経営政策のこれまでとこれから」というテーマで、健康経営の政策的位置付けなどを紹介します。副題は「『健康』という価値の再定義」としましたが、健康経営を紹介するに当たって、健康というものに対し、どのように向き合っていくのかも含めて考える必要があると思ったからです。より実効的な健康づくりを実現していくためには、経済原理や社会全体の構造の中に健康をうまくビルトインしていくことにより、ヒト・モノ・カネを循環させることが必要です。ここでは、そういった健康経営の背景にある考え方やねらいなども含めて紹介します。

1.1.1　健康とは

　健康寿命と平均寿命は年々のびていますが、平均寿命と健康寿命の差、いわゆる不健康期間は、ほとんど変化はありません。この不健康期間をどのように短縮するのか、そのために健康寿命をどのように延伸するのかは、非常に難しい課題ですが、ヘルスケア政策を考えて行く上での重要な起点です。

　健康寿命の定義は様々存在しますが、健康増進法に基づき策定されている「健康日本21」では、国民生活基礎調査をもとに算出された「健康上の問題で日常生活に影響がない期間」が主指標として扱われています。この指標は、主観的な部分も含めて内包されているものであり、「客観的に健康を評価すべき」という議論もありますが、そもそも健康とは主観的なものであり、また世界的にも様々な分野で主観が重要視される中で、シンプルに主観を客観的に測定できているという意味でも、非常に優れた指標だと考えています。この他にも、要介護度を活用した指標などもあり、悉皆性のあるデータを使うことができるため、市町村単位での政策評価などに力を発揮しますが、その性質上、「身体的健康」に比重があるとされています。「精神的健康」や「社会的健康」をバランスよく表しているという意味では、国民生活基礎調査を活用した指標の方が適しており、目的に応じて適切な指標を選択していく必要があります。

　世界保健機関（WHO）の健康の定義は、"Health is a state"ということで、いわゆる一点を切りとった「静的な状態」を表すものです。加えて、"complete"ということで、「完璧」に身体的にも精神的にも社会的にもwell-beingな状態という定義になっており、少し現実離れしているようにも思えます。

　それが近年だと、WHOの執行理事会では、"Dynamic state"ということで、「動的」なものとして再定義されるなど、世界的に様々な検討や改善がされてきていることがうかがえます。さらに、Machteld Huber氏（オランダ）は「How should we define health？」というレポートにおいて、健康を「Health as the ability to adapt and to self manage, in the face of social, physical and emotional challenges（社会的・身体的・感情的課題に直面した際に適応し、自ら管理する能力）」と定義しており、私個人としてこの捉

図2-1 健康観の移り変わり

過去の健康観	近年の健康観
静的 「Health is a <u>state</u> of complete, physical, mental and social well-being and not merely the absence of disease or infirmity」（1946:WHO憲章）	**動的** Health is a **dynamic state** of complete physical, mental, spiritual and social well-being and not merely the absence of disease or infirmity.との変更提議がなされる。（1998:WHO執行理事会）
状態 「Health is a <u>state</u> of complete, physical, mental and social well-being and not merely the absence of disease or infirmity」（1946:WHO憲章）	**資源・能力** 身体的・精神的・社会的に完全に良好な状態に到達するためには、個人・集団は成したい事を定義し、実現し、ニーズを満たし、周囲の環境を変えたり対処することが出来なければならない。そのため、健康は目的ではなく日々の生活の**資源**と見なされる（1986：オタワ憲章） WHO憲章（1946）における健康の定義を批判した上で、健康を「社会的・身体的・感情的課題に直面した際に適応し、自ら管理する**能力**」と定義（2009:Machteld Huber「How should we define health?」（オランダ））
目的 身体的・精神的・社会的に完全に良好な状態に到達するためには、個人・集団は成したい事を定義し、実現し、ニーズを満たし、周囲の環境を変えたり対処することが出来なければならない。そのため、<u>健康は目的ではなく日々の生活の資源と見なされる</u>（1986:オタワ憲章）	**手段**
生物学的側面 健康領域における伝統的な見方は、<u>医療レベルと健康のレベルを同一視</u>するもの（1974:ラロンドレポート）	**全人的側面** 健康とは、<u>人の身体的能力（capacities）に加え、その人の持つ社会的および個人的なリソースにも重点を置く、ポジティブな概念</u>（2010:Adelaide Statement on Health in All Policies）

え方に最も注目しています。健康は「目的」ではなく「資源」や「能力」であるという視点は、国際的な公衆衛生の領域での議論の潮流であり、ヘルスケア政策を考える上で重要な視点だと考えます（**図2-1**）。

1.1.2 これからの健康づくりとは

こうした健康の概念整理に加えて、新たな健康づくりのアプローチとして注目されているのが、「Inclusion」と「Implementation」です。より個別化された対応が求められるとともに、その実行可能性をどう高めていくかが鍵となります。個別化と実行可能性は、ある意味で表裏一体になってくるものですが、デジタル技術などをどう使いこなしていくか、あるいは社会環境をどう整えていくのかが重要となります。いわゆる現役世代の健康づくりでは、職域が果たす役割も大きくなります。

日本でも、厚生労働省を中心に検討が進められてきました。第1次国民健康づくり運動から始まり、第3次国民健康づくり運動では、「健康日本21」として計画が策定され、健康増進法が施行されるなど、今の形ができました。現在は「健康日本21（第2次）」ですが、2024年から第5次の国民健康づくり運動が予定されており、その検討の中で、職域での健康づくりなども含めて、議論が重ねられています。

ここまで、健康や健康づくりに関する国内外での議論を紹介してきましたが、ポイントをまとめると次の3つになります。1つ目は、「健康は本人の責任ではない」ということです。例えば、生活習慣病について、本人の「意志」の問題、つまり自己責任だと指摘されることもありますが、その「意志」についても幼少期の経験や生活環境など、様々な因子が関わっており、本人だけの責任とは言えないものです。そうした中で、2つ目として、「Social Determinants of Health（健康の社会的決定要因）」として様々な議論もされていますが、健康の社会的・環境的要因に注目していく必要があります。3つ目は、先ほど紹介しましたが、健康は能力であるという視点です。今後の健康づくりを考える上で、この3つのポイントを踏まえた検討が必要だと考えています。

1.1.3　個人の行動変容に向けて

　健康施策の実効性という観点からも、個人の行動変容を促していくことが重要です。近年では、ナッジ理論をはじめとした行動経済学が注目されています。その中でも個人的に注目しているのが、「現在割引価値」、つまり「将来得るものの価値が低くなる」という概念です。

　例えば、今すぐに100万円をもらうことと、50年後に100万円をもらうこと、どちらが嬉しいかと聞かれれば、もちろん「今」です。仮に、年金利5％で運用できるとすれば、今9万円もっていれば50年後には100万円になります。これを健康に置き換えると、将来糖尿病にならないために、今から健康的な生活を心がけるべきだとしても、その時の趣味嗜好などに比して健康に対する価値は相対的に低下し、生活の中で優先される行動が変わってしまいます。

　そのような中で、健康的な行動を促すためには、2つのポイントがあります。1つが、健康を別の価値（今求めているもの）に置き換えることです。例えば、「営業成績を上げたい」や「美しくなりたい」など、最近ではライフスタイルそのものに価値を感じる方もいます。もう1つは、意識せずに健康になれる環境をつくることです。

1.1.4　健康経営を通じた健康という価値の再定義と新たな健康づくりの形

　社会システム全体を「個人」「企業」「社会」という視点で見た際に、個人の行動変容を促すための社会環境整備を進める上では、多くの時間を過ごす職場、つまり企業を変えていく必要があります。企業による従業員の健康への投資を促していくためには、もちろん医学的なエビデンスも大切ですが、それ以上に、その投資がどれだけ企業の成長につながるのかという視点でのデータやエビデンスが必要となります。つまり、健康の価値を、企業が求めているものに置き換えることが必要です。また、個人同様に、企業を取り巻く外部環境を整えること、つまり社会を変えていくことにより、企業の行動変容を促すことも重要です。ここで言う社会とは、資本市場や労働市場になります。資本市場では、健康投資が企業の持続的成長や株式にどの程度影響するのかを見ることができます。労働市場では、健康投資が従業員のパフォーマンス、あるいは企業の採用力やリテンションにどの程度影響するのかを見ることができます。

　このように、個人、企業、社会の関係性を理解し、それぞれのステークホルダーが重視する価値や行動原理を踏まえ、健康という価値を再定義していくことや、その根拠となる

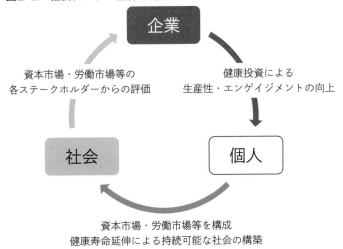

図2-2　社会システム全体を踏まえたアプローチ

企業

資本市場・労働市場等の
各ステークホルダーからの評価

健康投資による
生産性・エンゲイジメントの向上

社会

個人

資本市場・労働市場等を構成
健康寿命延伸による持続可能な社会の構築

データを分析・提示していくことで、行動変容の連鎖を生み出していくことが大切です（**図2-2**）。

1.2 ▶ 「健康経営」の今後の取り組み

1.2.1 健康経営の定義と顕彰制度

　健康経営とは、「従業員等の健康保持・増進の取組が、将来的に収益性等を高める投資であるとの考えの下、健康管理を経営的視点から考え、戦略的に実践すること」です。つまり、従業員の健康保持・増進に係る費用をいわゆる「コスト」と捉え、法令遵守のための最低限の対策だけ行うのではなく、従業員のパフォーマンスやエンゲイジメントを向上し、人的資本を形成していくための「投資」として捉え、経営戦略として、組織的・継続的に取り組みを進めていくことを推進しています。この定義は、経済産業省における健康経営政策の立ち上げの際にも、森晃爾氏（産業医科大学教授）をはじめとして様々な専門家の方々と議論を重ねて整理したものです。健康経営という制度を社会全体にビルトインし、継続させていくためにも、これまで首尾一貫してこの考え方を徹底しています。

　これらの取り組みを推進していくため、経済産業省では、「健康経営銘柄」および「健康経営優良法人認定制度」といった顕彰制度に取り組んでいます（**図2-3**、次頁）。先ほど紹介した行動変容の連鎖でいうと、企業の行動変容を促すために、社会環境を変えていくというアプローチです。そのためには、金融、労働者、取引相手、消費者、地域など、企業を取り巻く各ステークホルダーとの対話を促していくことが重要であり、そのための環境整備を進めています（**図2-4**、次頁）。資本市場の関係では、現在6割の上場企業が、健康経営の取り組み状況を投資家向けに積極的に発信しています。女性活躍やDX（デジタルトランスフォーメーション）など、企業と投資家の対話を促すための様々な軸が存在しますが、それらと同等以上の広がりをみせています。また、機関投資家も、投資方針などに健康経営を組み入れるなど、双方での取り組みが加速しています。そして、労働市場の関係では、2022年6月から、ハローワーク求人票の中で健康経営優良法人ロゴマークが

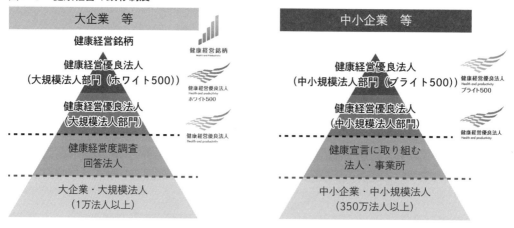

図2-3　健康経営の顕彰制度

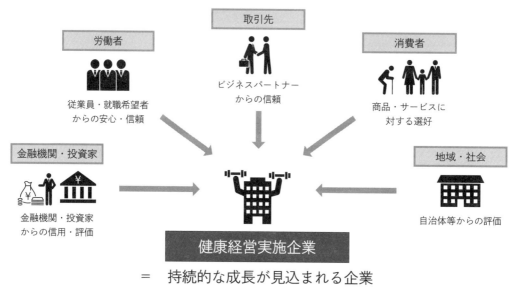

図2-4　各ステークホルダーからの評価

利用可能になりました。また、大手就職・転職サイトでも、健康経営の特設ページやウェビナー等による普及啓発が開始されています。その他、サプライチェーンで取引先の健康経営を支援する企業が出てきたり、自治体が顕彰制度を設けたり、金融機関が様々な金利優遇を行ったりと、その取り組みの輪は日々拡大しています。

1.2.2　今後の健康経営関連政策

　健康経営をさらに普及していくために、主に3つの政策に取り組んで行く予定です。

　1つ目は、「新たなマーケットの創出」として、健康経営を支える産業の創出と国際展開の推進に取り組んでいきます。効果的・効率的な健康経営を実践していくためには、適切な外部サービスを活用していくことも重要です。健康経営の拡大に伴い、様々な関連サービスが創出され、玉石混淆の状態となっています。健康経営に取り組む企業が、適切なサービスを選択できるような環境を整備するとともに、健全な産業発展のためのルール整備が

図2-5 健康経営の効果分析

健康経営の実践	健康のアウトカム	業務パフォーマンス	企業価値
(例) • 健診受診率 • ストレスチェック受検率 • 喫煙率 • 運動習慣者比率	(例) • 適正体重維持者率 • 血圧リスク者率 • 糖尿病管理不良者率 • ストレスチェックの結果	(例) • アブセンティーイズム • プレゼンティーイズム • ワーク・エンゲイジメント	(例) • 株価・時価総額 • 営業利益率

※働きがい、信頼関係、仕事に対する対価等、健康に関する要因以外も関与。

必要です。また、日本発の概念として、健康経営を海外に発信し、投資の好循環を実現していくことも、持続可能な制度としていくためには必要です。

2つ目は、「健康経営の高度化」として、健康経営の効果分析と適切な指標の検討を進めていきます（**図2-5**）。企業の健康経営理念に基づく「①健康経営の実践状況」（組織体制、制度・施策の実行、評価・改善など）を評価・分析するとともに、「アウトカム（成果）」として、「②健康への影響」や「③業務パフォーマンスへの影響」などの従業員個人への効果、さらには、「④企業価値への影響」を評価・分析していくことで、健康経営を高度化していくことが求められています。このような評価・分析は、各企業内において関連部署が有するデータを連結分析しながら、その企業として掲げる健康経営の目的に応じた指標による分析を進めていくことが有用です。経済産業省においても、各企業の取り組みや分析の参考になるよう、特に「健康経営の実践」とプレゼンティーイズムやワーク・エンゲイジメントのような「業務パフォーマンス」の関連について、アカデミア（学術界）や健康経営支援サービス事業者等と連携して、重点的に分析を行っていきます。

3つ目は、「健康経営の自立化」として、民営化による民間ノウハウ活用や持続可能なファイナンスを実現していきます。理想としては、国として推進せずとも、健康経営が社会的に当たり前になっていくことが望まれます。

1.2.3 ヘルスケア政策全体での健康経営の位置付けや関連政策

これまでは、ある意味で「健康・医療」と「日常」が分断されていたと言えます。例えば、健診を受け、「適切な食事と適度な運動を心がけるように」と指導を受けたとしても、それを自らの生活や行動に具体的に落とし込み、さらにそれを継続していくことは、多くの方にとって困難です。そのため、「健康・医療」と「日常」を一体化し、多くの方が健康的な生活習慣を得ることができるようにするための政策が必要です（**図2-6**、次頁）。経済産業省では、供給面、需要面の双方からアプローチすることで、こうした社会を実現していこうとしています。

健康経営は、需要面での課題を解決する政策として取り組んでいます。働く人を取り巻く環境を変えていく、あるいは個人による健康への投資を促すことが難しい中で、企業という第三者に投資をしてもらう仕組みづくりとして位置付けています。

一方で、供給面での課題を解決する政策として、パーソナルヘルスレコード（Personal Health Record：PHR）の推進やヘルスケアサービスの信頼性確保等に取り組んでいます。

図2-6　これからのヘルスケア政策

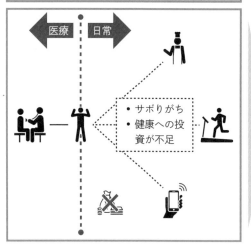

これまで
～「健康・医療」と「日常」の場が分断～

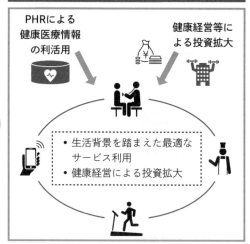

これから
～「健康・医療」と「日常」の一体的提供～

　PHRについては、健診、レセプト、電子カルテなどの健康医療情報が、「マイナポータル」を通じて本人が見ることのできる環境が整備されつつあります。また、様々なウェアラブルデバイスを通じて、バイタルデータやライフログなども取得可能となってきました。これらを活用することで、個人の健康状態や趣味嗜好に合わせた診療や健康支援が可能となります。生活に関連する産業を巻き込み、日常生活動線で様々なヘルスケアサービスを提供することが可能となれば、自然と健康になれる社会環境整備の実現が近づきます。

　ヘルスケアサービスの信頼性確保については、国民が安全安心にサービスを活用できるようにするためにも、医学会と連携したエビデンスの構築や整理を進めています。医薬品等の場合は、薬機法等の制度も整備され、医学会でも臨床評価ガイドラインや診療ガイドラインなどが策定されており、エビデンスの構築から社会実装に至るまでの環境が整備されています。一方で、予防・健康づくりの分野では、それらの環境が整っておらず、それゆえ、ヘルスケア事業によるエビデンス構築に向けた投資も十分に進んでいない現状があります。そのため、関連する疾患分野の学会と連携し、予防・健康づくりに関するエビデンスの整理や、それを整理した指針等を策定していきます。また、予防・健康づくりは、その性質上、RCT（ランダム化比較試験）などが困難な場合も多いため、先ほどのPHRのようなリアルワールドデータ等を活用した後ろ向き研究などを、一定程度エビデンスとして認めていくための研究デザインに関する研究や、行動変容指標の整備などにも取り組んでいきます。

1.3 ▶ まとめ

　国民生活を取り巻く環境は、多種多様になってきました。これまでのように、医療機関や保健所等の機関のみが健康づくりの担い手として取り組むだけでは、解決できない課題が山積してきます。健康づくりを社会システムに組み込み、様々なステークホルダーが協

力して取り組んでいける環境整備が必要不可欠です。産学官が連携し、新しい健康社会の実現に向けて、様々なチャレンジを行っていきたいと思います。

（藤岡雅美）

2 健康経営度調査票の開発

2.1 ▶ 健康経営度調査票の価値

　国の健康経営の施策は、2014年に初めて「健康経営度調査票」を作成し、それを用いた調査結果に基づく「健康経営銘柄」の選定から始まりました。最初の年に健康経営銘柄に選ばれた上場企業は、それ以前から従業員の健康課題と人材に関連した経営課題が密接に関連することを意識して、従業員の健康に投資をしてきた企業なのだと思います。今後働く世代の人口がやせ細っていく日本において、従業員の健康の重要性を認識して投資をするような企業が、何もしなくても徐々に増えていけばいいのですが、健康課題と経営課題を結び付けて考えることが自然にできる企業経営者は多くはないと思います。そこで、健康経営の顕彰制度のような触媒が必要になってくるわけです。

　その後、国による健康経営の顕彰制度は、健康経営銘柄に加えて「健康経営優良法人」に広がり、それが自治体や民間の様々なインセンティブに広がっていき、この触媒が少しずつ大きくなってきており、その動きに乗る企業が増えてきているのが現状です。

　健康経営の施策の中心である健康経営銘柄や健康経営優良法人といった顕彰制度では、健康経営の取り組み状況を評価し、優れた企業を選出するために、健康経営度調査票を用いています。健康経営度調査票には、健康経営優良法人の大規模法人部門用および中小規模法人部門用のそれぞれがありますが、中小規模法人部門用は認定基準をチェックするためのものであり、多くの皆さんの関心は、優劣を評価し、健康経営銘柄や「ホワイト500」の選定に用いられる大規模法人部門用の健康経営度調査票に向けられています。

　健康経営度調査票で高い評価を受けることは、企業にとって有形のインセンティブを受けるだけでなく、従業員を大切にしていることを社会にアピールする機会につながるため、触媒と評したこの施策は、企業に「ニンジン」をぶら下げている状況とも言えます。企業は、このニンジンを得ようと健康経営に取り組むことになるため、ニンジンをぶら下げる方向、健康経営において企業の取り組みを向かわせる方向は、各社の健康経営の取り組みが、働く人の健康、生産性、従業員の創造性、企業イメージなどの向上の効果が得られる方向でなければなりません。この方向が間違っていると、せっかくホワイト500の認定を受けても、従業員は健康にならず、生産性も上がらないということになり、「何のための健康経営施策か？」という事態になってしまいます。

　この方向を決めるものが健康経営度調査票ですので、その策定は、明確な方針と十分な知見に基づいたものでなければなりませんし、時代を反映したものでなければなりません。すなわち健康経営度調査票は、健康経営の施策の根幹をなすものと位置付けることができ

ます。

2.2 ▶ 健康経営度調査票の構成

健康経営度調査票は、平成26年度版（健康経営度調査票は、設問への回答を求めた和暦年号が付けられている）から、①経営理念・方針、②組織体制、③制度・施策実行、④評価・改善、という4つの領域で評価することになっています。

当初から、健康経営においても、安全衛生法令の順守やリスクマネジメントが基盤であって、そのことも評価すべきではないかという議論がありました。しかし、適用される法令や存在するリスクは業種ごとに大きな差があり、また比較対象となる同業種の企業で状況が大きく異なっているため、⑤法令順守・リスクマネジメントを大きく取り扱っては不公平であるという議論がありました。また、健康経営が目指す従業員の健康保持・増進や活力向上に、よりフォーカスしたいということもあり、⑤は評価対象とせず、①から④で評価することになりました。とはいえ、重大災害が発生したり、労働基準監督署から安全・衛生管理特別指導事業場に指定された事業場があったりする場合には、基盤に問題があるとして、健康経営度調査票で高い評価を得たとしても、健康経営優良法人の認定を受けられないという、ネガティブ項目の位置付けとする運用がされています（**図2-7**）。

大規模法人部門用の健康経営度調査票の評価は、基本的に設問ごとに「1点」を割り振り、回答状況で加点されることになります。例えば、「経営理念・方針」が8問で構成されていれば、満点は「8点」ということになります。そして、参加企業全体の中での偏差値を①から④の領域ごとに算出して、最終的に総合評価を行う方式が採用されています。また、総合評価においては、領域の偏差値に重み付けすることになっており、「①：②：③：④＝3：2：2：3」でスタートし、途中で「③制度・施策実行」の努力をより評価するために「3：2：3：2」となり、令和4年度版の段階では、「③制度・施策実行」の数の競争ではなく、継続的改善によって健康経営の取り組みがより成果が上がるように導くために、「3：2：2：3」に戻っています。

図2-7　健康経営度調査票の領域構成

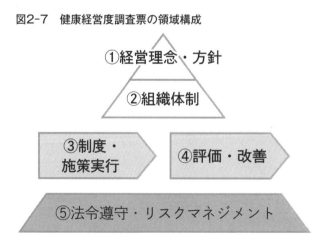

2.3 ▶ 健康経営度調査票の基盤理論

　健康経営の設計によっては、企業がいくら従業員の健康に投資したとしても、成果が上がらない可能性があることを、2.1（p.31）で言及しました。その点について、論文をもとに少し解説をします。ここで取り上げた論文は、2019年に出版されたLierらの論文です[1]。ドイツで様々な企業に提供されている従業員向け健康増進プラットフォームについて、その利用企業である61社を対象に、参加率と各種要因との関係を分析したものです。これらの利用企業の従業員の利用率には、何と、0.7％から100％までの大きな差がありました。同じプログラムが乗った、同じプラットフォームを提供しているにもかかわらずです。利用率との関係を重回帰分析という手法で検討したところ、検討した3つの要因のうち、企業規模は小さい方が利用率が有意に高く、従業員の負担額が1ユーロ増えるごとに参加率は0.2％低下するという結果でした。また、提供会社と連携してプロモーション活動を行っていたり、職場内で利用支援を行ったりするといった組織的支援を0～10の11段階で評価したところ、組織的支援が1段階上がるごとに利用率が5.1％上がるという結果でした。このことから、健康経営においても、単にプログラムを充実するだけでは効果が上がりにくく、しっかりとした体制を組み、組織的支援を行うことが重要であり、そのためには企業としての理念や方針が前提になるということがわかります。

図2-8　ベストプラクティスの多側面（文献2より）

■**リーダーシップ**
・健全な文化への組織のコミットメント
・企業のミッション、ビジョン、事業目的と関連するプログラム
・適切なリソース
・戦略的計画（目標と目的）
・リーダーのエンゲイジメント
・多レベルのリーダーシップ
・プログラムに対する説明責任

■**関係性**
・利用が容易なプログラムの選択肢
・効果的なプログラムの選択肢
・個人向けにカスタマイズされた解決策
・セルフケアと自己管理のサポート
・複数のプログラム提供オプションと様式

■**パートナーシップ**
・参加型の慣行
・労働者の関与と代表
・コミュニティとのつながり
・パートナーシップとチーム指向（内部および外部）

■**包括性**
・支援的な物理的環境と組織的施策
・支援的な心理社会的環境と組織的施策
・健康リスクの評価の実施とフィードバック
・組織的な環境と施策の評価

・プログラムおよびベンダーの統合意識向上と教育プログラム
・行動変容プログラム
・マルチレベルを対象とした計画

■**実践**
・運用作業の計画
・実践管理システム
・集団の優先順位付けとセグメンテーション
・対象を絞ったアウトリーチ
・職場に駐在する専任スタッフ

■**エンゲイジメント**
・人間中心の文化
・健康とウェルネスに関する職場委員会
・ウェルネスチャンピオンのネットワーク

■**コミュニケーション**
・プログラムのブランディング
・通年にわたるプログラムの包括的なコミュニケーション

■**データ主導**
・継続的改善モデル
・データセキュリティ
・データの整合性
・データの統合

■**コンプライアンス**
・データの機密性

職場の健康増進プログラムの成果に関係する要因については、2000年代から様々な研究が行われています。そのような要因について、2014年にPronkがまとめて一覧表にして公表しています[2]（**図2-8**、前頁）。学術論文というよりもエッセイに近いような内容ですが、非常に多くの要因が検討されてきたということが見て取れます。

　当然、それらの中でも、どのような結果と関連するか、どの程度の効果があるのか、それぞれ重みが異なっています。これらのエビデンスをうまく組み合わせることによって、エビデンスに基づくベストプラクティスモデルを基盤とした調査票を作成することが可能になります。健康経営度調査票には、そのようなベストプラクティスの概念を取り入れています。米国で最も有名な職域健康増進を支援する団体であるHealth Enhancement Research Organization（HERO）のチェックリストも、同様の考え方で作られたものと考えられます[3]。以下では、健康経営度調査票の基盤理論について説明していきます。私たちも、これまでの研究を詳しく調べて、日本語の総説論文を発表していますので、参考にしてください[4]。

2.3.1　健康経営が想定する推進体制

　基盤理論の1つ目は、健康経営の推進体制に関することです。企業で健康経営が推進され、成果が上がるためには、経営トップのコミットメントとリーダーシップの発揮が極めて重要であり、さらにトップの方針を受けて、管理職それぞれがリーダーシップをしっかり発揮している状況が重要です。職場の中にも、リーダーシップを発揮する健康経営の担当者やチャンピオンのような存在も効果的です。そして、これらの豊富なリーダーシップを、健康経営推進部門または産業保健専門職が専門的にサポートしている、そのような推進体制を確立することが何よりも重要です。

2.3.2　健康づくりの2つのモデル

　2つ目は、健康づくりのモデルです。健康経営は、ただ単に従業員が健康になるだけではなく、それが組織の価値にどのように結び付くかという要素も含めて評価をする取り組みです。これまでの産業保健では、一次予防、二次予防、三次予防といった、疾病を予防することを目的としてきました。予防といっても疾病を常に意識していることから、「疾病モデル」と呼ぶことができます。健康経営では、併せて、従業員の健康が業務遂行能力にどう関係しているのか、また従業員の生活や人生にどのように影響するか、ウェルビーイング（well-being）の要素も取り入れたモデルが必要で、これを「パフォーマンスモデル」と呼びます。健康経営では、これら2つのモデルを取り入れた施策を想定しています。

2.3.3　健康経営の「お城」

　3つ目は、取り組みの優先順位です。従業員の健康増進や活力向上は、健康経営施策の主な目的です。しかし、事業主として、まずは職場に存在するけがや疾病のリスクを管理して、従業員に対する安全配慮義務や健康配慮義務を果たすこと、次に、疾病が見つかった場合に適切な治療を支援したり、疾病の治療をしながら働き続ける従業員を支援したりする、疾病管理や治療と仕事の両立支援が重要な基盤になります。これらを確実に実施した上で、健康増進や活力向上のためのプログラムを行うことにより、初めて成果が出てきます。この基盤を石垣に例えて、その上に順番に階層を重ねていくことの重要性をわかり

図2-9　健康経営の「お城」

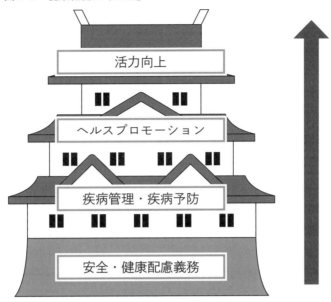

活力向上

ヘルスプロモーション

疾病管理・疾病予防

安全・健康配慮義務

やすく示したものが**図2-9**で、私たちはこれを健康経営の「お城」と呼んでいます。

　なお、健康経営度調査票では、法令順守やリスクマネジメントの部分が評価対象外と前述しましたが、長時間労働やストレスといった問題への対応は、どのような業種でも共通ですので、しっかり評価対象としています。

2.3.4　健康づくりの4つのアプローチ

　施策の内容として、様々なアプローチを組み合わせることも推奨しています。アプローチには、特定の人を健康診断等でスクリーニングして、その一部のリスクの高い人に介入をするHigh Risk Approach、一人ひとりの健康状態や価値観に合わせて個別の対策を支援するIndividual Approach、ウォークラリーなど集団で取り組む健康づくりであるPopulation Approach、さらに健康的な職場環境を形成するための取り組みであるWork Environmental Approach、といった4つがあります。こういった幅広いアプローチを考え、プログラムや施策の選択をしていくことが、4つ目のポイントになります。

2.3.5　健康経営のPDCA

　1つ目の健康経営の推進体制と併せて最も重要なのが、PDCA（Plan-Do-Check-Act）サイクルを回すという考え方です。事業者が健康経営の方針を表明し、方針に沿った形で各職場における課題を明確にし、具体的な制度および施策を立案して実施することが基本となります。しかし、方針の中で表明された目標を、1年や2年といった短期間で実現することは困難です。PDCAサイクルとは、1サイクル（通常は1年）ごとに課題解決のための目標を設定し、一定期間の取り組み後に目標の達成度を評価し、評価結果に基づき改善計画を立てることを繰り返すことを意味します。その際、設定した目標の達成を評価するためのデータを、活動経過の中で計画的に取得することが大変重要となります。また、改善においては、方針を述べた経営トップが実施状況や目標達成状況を確認して、改善に向けた投資や組織改編等の意思決定を行うプロセスを入れておくことも、重大なポイント

と想定しています。

2.4 ▶ 健康経営度調査票の開発と設問項目の変遷

　健康経営度調査票は4つの領域で構成され、2.3（p.33）で解説した基盤理論をもとに設計されています。平成26年度版の健康経営度調査票は、経済産業省や運営事務局の方々に産業医科大学に集まっていただき、合宿形式で時間をとって議論をして作成しました。しかし、その時点では、健康経営施策が展開される前であり、十分なエビデンスが蓄積されていない段階のものでしたので、基本は同じでも、改めて確認してみると、未成熟な内容であったと思います。その後、少しずつ修正をしながら、令和3年度版以降の2年ほどは、新型コロナウイルス感染症に関する設問以外は、ほぼ安定した内容となり、さらに健康経営の取り組みの情報開示やパーソナルヘルスレコード（Personal Health Record：PHR）に関する項目など、次のステージに向けた健康経営に関する政策を盛り込めるようになってきました。

　その過程では、毎年、設問項目数が多過ぎるという指摘をいただいています。運営側も、できれば回答の負担を減らして多くの企業に参加してもらいたいと、項目数を減らす努力は常に行っています。平成26年度版は75問あったものを、平成28年度版では60問にまで減らしました。しかし、項目の追加に対する圧は常に高く、項目数は徐々に増加し、新型コロナウイルス感染症対策に関わる項目を追加した令和2年度版では86問まで増加しました。その後、項目数を減らす議論をしながら、令和4年度版は74問になっています（**図2-10**）。

　項目追加に対する圧には、経済産業省内だけでなく、他省庁からの要望も含まれます。健康経営が普及するにつれて、健康経営度調査票に項目を入れることは、各省庁にとっても政策課題の解決に多少なりとも結び付くことになります。さらに、追加の圧は、政策上の要望だけではありません。本書のコア部分である健康経営の有効性に関するエビデンスが明らかになった、最近の出来事や社会変化を盛り込む必要が生じた、前年の調査結果に

図2-10　健康経営度調査票の総質問数の変遷

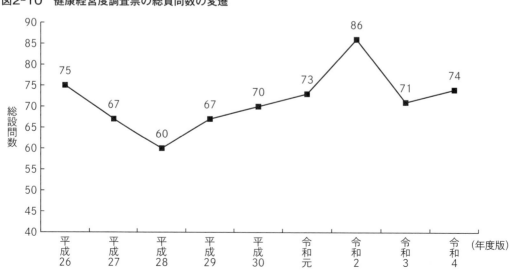

基づき改善の必要や問題削減の余地が生じた、数値化した成果指標を徐々に拡大する必要性、といったものも含まれます。

このような検討は、健康経営度基準検討委員会を毎年数回開催して行っており、その結果を受けて健康経営度調査票が改訂されてきました。そこで、以下では、その具体的な変遷について、健康経営度調査票の4つの領域に分けて解説していきます（**表2-1**、次頁）。

2.4.1　経営理念・方針

経営理念・方針では、初年度である平成26年度版から「方針の明文化と周知」が置かれ、コア項目として現在まで継続しています。追加されたり削除されたりした項目は、経営トップの行動に関するものです。当初は、経営トップ自身が健康行動をとっていることを重視していましたが、平成28年度に一度削除され、令和2年度版からは経営トップの個人としての健康行動ではなく、リーダーシップ行動が追加されました。

平成28年度版から、投資家との関係に関する項目が追加されています。これは、経営者が従業員の健康に投資しやすくなる環境として、投資家からの評価が重要であるとの考えに基づくものです。投資家からの評価のためには、情報開示が不可欠です。そこで、2020年に健康経営の取り組みの開示方法の参考資料として「健康投資管理会計ガイドライン」が発行されましたので、その中で基盤となっている「戦略マップ」をどのように策定しているか、さらに、戦略マップが経営層のレベルで承認されているかを確認しようということで、項目が追加されています。

また、健康経営が自社の中だけでとどまるのではなく、社会に広まるための貢献をどのようにしているかについても、この領域の重要項目となっています。例えば、サービスの購買時に取引先を選定するに当たって、健康への取り組みを考慮しているか（平成26年度版から）、グループ企業への普及の取り組みをしているか（平成30年度版から）、社会全体への広がりに貢献しているか（令和3年度版から）、などです。

2.4.2　組織体制

組織体制の項目についても、様々な変遷があります。平成26年度版では「最高責任者の役職が高いこと」「健康経営の統括組織があること」「専門職が配置され意思決定に関与していること」「企業側の健康経営の担当者が医療保険者（健康保険組合）の役職も兼務していること」が置かれています。医療保険者との関係は、健康経営の基盤としてコラボヘルスが重要とされているためですが、役職の兼務は、個人情報管理の視点から考えて必ずしも望ましいことばかりでないということになり、「医療保険者との協議や会議といった連携の場の設置」に置き換えられています。

また、「役員が参加する取締役会や役員会レベルの会議で、しっかり健康経営に関する議題が取り上げられていること」が、平成28年度版から追加されました。この項目は、健康経営の成果とかなり関連することがわかってきています。さらに、産業保健では必須である労働者の参画を、健康経営においても意識すべきであるとの考えから、平成29年度版から「労働組合や従業員代表の参画」が追加されました。令和2年度版においては、管理職への取り組みに関する項目が追加されるとともに、併せて、「職場単位の推進者の設置」も追加されました。このあたりは、健康経営において、経営層だけでなく、多層の

表2-1　健康経営度調査票の項目の変遷

項目	平成26年度（初年度）	（追加/削除）	平成27年度	平成28年度	平成29年度	平成30年度	令和元年度	令和2年度	令和3年度	令和4年度
1. 経営理念・方針	方針の明文化と周知、サービス等購入時の考慮、経営トップの健康行動／社内発信	追加	経営トップの健康行動	投資家との対話		グループ企業等への普及	経営課題解決の目的	戦略マップ作成、経営トップの取組	戦略マップ承認、経営レベル、社会への貢献	
		削除		経営トップの社内発信						
2. 組織体制	最高責任者の役職、健康経営統括組織／関与、専門職配置／関与、保険者役職の兼務／連携主体	追加	保険者との協議／会議	経営レベルでの会議	労働組合等の参画			管理職への取組、職場単位の推進者	保険者へのデータ提供	
		削除	保険者役職の兼務	保険者との連携主体						
3. 制度施策・実行	健康診断および事後措置、管理職／従業員教育、労働時間管理、コミュニケーション促進、食生活改善、運動促進、喫煙ルール、派遣社員支援、健康課題注力度	追加	保健指導、感染症対策、担当者研修、扶養者プログラム	両立支援、特定保健指導促進、女性向け（プログラム、課題に対する施策計画）		ストレスチェック／集団分析	禁煙プログラム、高齢者対策、生産性低下防止対策	新型コロナウィルス対策		
4. 評価・改善（プロセス）	施策の効果検証	削除　追加	施策の改善事項	職場復帰支援	経営への影響指標	参考とする法人		担当者研修		経営課題の解決状況
4. 評価・改善（指標）	適正体重・生活習慣、労働時間、休職・退職・在職死亡	追加　削除	血圧・血糖管理不良	対象者・参加率（管理職教育、感染症対策）	対象者・参加率（コミュニケーション促進）		血圧適正受診者率、血圧適正管理率／在職死亡		ストレスチェック平均、アブセンティーイズムの把握、プレゼンティーイズムの把握、ワークエンゲージメントの把握	組織活性化や風通しの把握

リーダーシップが重要であるとの考えを反映したものです。

　なお、令和3年度版での「医療保険者への健診データ提供」の追加は、パーソナルヘルスレコード普及の政策に関連したものです。

2.4.3　制度施策・実行

　制度施策・実行の項目は、徐々に増えていく傾向がありますが、途中から、政策による影響が大きくなっています。平成28年度版では、働き方改革関連法案が通った際に、「職場復帰支援」が「治療と仕事の両立支援」に変更になり、また「特定保健指導の実施率向上のための促進策」が追加されています。平成30年度版では、ストレスチェック制度が義務化されたタイミングで、「ストレスチェックおよび集団分析」が追加されています。

　また、特別な出来事が発生した場合には、適宜、評価項目またはアンケート項目として加えられています。令和2年度版には、新型コロナウイルス対策関連の項目が追加され、令和3年度以降も内容をブラッシュアップしています。

　従業員の多様性に関しても、職場での女性の活躍が大変重要なテーマですので、平成28年度版では「女性の健康プログラム」が追加され、令和元年度版においては「高齢者特有の健康課題対策」が追加されています。

　平成27年度版で「担当者の教育研修」が追加された背景には、2016年に健康経営アドバイザー制度が始まったことがあります。一方で、削除された項目として、「担当者の教育」がありますが、これは担当部門の設置が組織体制の領域の項目として追加されたことを反映したものです。

2.4.4　評価・改善

　評価・改善には、PDCAサイクルを回すためのプロセスと、効果検証の指標の2種類が含まれます。このうち、PDCAプロセスにおける検証の対象として、企業経営への影響を意識してもらうために、平成29年度版に関連項目が追加され、また令和4年度版には「経営課題の解決状況の検証」が追加されました。それらの項目を含めて、PDCAサイクルが回っているかを確認するために、項目構成の変更が頻繁に行われています。一連のPDCAサイクルに関して、確認したい内容には基本的に変更はありませんでしたが、確認方法に試行錯誤があったためです。具体的には、個別の施策の取り組み状況、取り組みによる生活習慣の改善状況、健康経営全体の目標達成に向けた見直しのためのレビューの実施、レビュー結果の経営層との共有、改善方針と改善策の検討、目標や計画の見直し、という基本的な流れです。

　一方、効果検証の指標では、2020年に「健康投資管理会計ガイドライン」が出され、この中で健康投資のフローとしての効果は、取り組み状況の指標、意識・行動変容の指標、最終的な目標指標の3つで定義されましたので、それらと関連する指標を徐々に追加しています。このうち、意識・行動変容の指標としては、「適正体重者率」や「各種生活習慣」、「労働時間」があります。また、健康診断の事後措置としてHigh Risk Approachが確実にできているか確認するために、「血圧・血糖管理不良率」の指標が平成27年度版に入りました。その際の管理不良レベルの値は、就業制限を検討する健康配慮義務のレベルに設定されています。さらに、令和元年度版では、血圧の治療が必要と判断される従業員のう

ち医療機関を受診して管理している割合（適正受診者率）、医療管理の結果、適切にコントロールできている割合（適正管理者率）が追加されました。令和3年度版では、「ストレスチェックの平均得点」も追加されています。このように、徐々に意識・行動変容の指標をレベルアップしていきました。

　最終的な目標指標についても、健康問題による「休職者」および「退職者」の指標を継続的に取っています。加えて、生産性と関係する指標として、アブセンティーイズム、プレゼンティーイズム、ワーク・エンゲイジメントの把握状況を、令和3年度版から確認するようになりました。これらの指標は、企業によって定義や測定ツールが大きく異なるため、データ自体は評価対象になっていません。

　効果検証の指標として、令和4年度版には、「組織全体の活性化や風通しのよさ」といった、健康投資の効果のうち、無形資源に関する指標の把握状況が追加されています。

2.5 ▶ 健康経営度調査の結果の活用

2.5.1　フィードバックシートと調査結果の開示

　健康経営度調査票に回答した企業には、当初から、経営トップ宛に、経済産業省の局長名でフィードバックシートが送られています。このフィードバックシートのフォーマットもかなり練られたもので、特に多くの経営者の関心事である同業他社との比較が可能な内容となっています。

　前述の通り、経済産業省は2020年に「健康投資管理会計ガイドライン」を公表しましたが、このガイドラインだけで健康経営の取り組み内容の情報開示が進むとは考えられません。しかし、情報開示が進まなければ、例えば就職活動をしている大学生が就職先を選ぶための参考になりません。そこで、健康経営度調査に参加している企業に関しては、フィードバックシートにある項目は原則、開示していただくという基本的な方針の下、令和3年度版から開示の同意を得て、健康経営のポータルサイトで開示していく方針になっています。さらに、令和4年度版からは、フィードバックシート等の開示がホワイト500の認定を受けるための必須条件となっています。

2.5.2　データの研究活用

　健康経営の有効性は、各組織だけでなく日本全体で検証することによって、大きな価値をもつものです。そこで、健康経営度調査票の個票データを用いた学術研究が促進されるように、学術研究機関が申請によって利用できる枠組みが整備されました。現在は、参加企業には、回答時に研究目的の利用について同意を求める仕組みになっていますし、経済産業省は過去に遡って同意を取得する努力も行いました。

　その成果として、医学分野や経済学分野の研究成果として、徐々に国際雑誌に掲載される論文が出てきています。我々も、そのような健康経営度調査票の研究利用を積極的に行っています。その主なものは、本章の第3節で紹介しています。健康経営度調査票を用いた我々の研究は、大きく2つに分けられます。1つは、健康経営度調査票の体制や施策に関する項目の中で、成果指標と関連する項目を検証する研究です。成果指標との関連が強い項目については、今後の健康経営度の評価においても強調して利用されるべきであると考

えられます。もう1つは、この調査票を用いて評価した健康経営度、すなわち偏差値と各種成果指標やその他の取り組みとの関連に関する研究です。健康経営度調査票は、過去の研究成果や専門家の経験をもとにしたベストプラクティスモデルによって作られています。そのため、健康経営度が高い法人では、そこで働く従業員の健康度は本当に高いのか、新型コロナウイルス感染症のような危機事象が発生しても従業員の健康を守るための施策を適切に行えているのか、そのような関係を検証する研究が必要となります。

　健康経営度調査票は自記式の調査票であるため、健康経営優良法人の認定を上手に獲得させるため、健康経営の取り組みではなく、調査票の書き方をコンサルティングしている事業者があることは承知しています。そのような限界はありながらも、高い健康経営度が医学的、経済学的な成果に結び付くことを確認していくことが、制度の発展のためには大変重要と考えています。

（森晃爾）

3 健康経営度調査票を用いた研究

　本節では、産業医科大学のチームが中心になって行った、健康経営度調査票を用いた研究を4つ紹介します。調査票の記載内容を分析する企業単位の研究で、研究の主な限界は、健康経営度調査票が自記式であることです。はじめの2つは健康経営における重要な要素を示唆するような研究で、残りの2つは健康経営度調査票の妥当性を一定程度示す研究です。これらはいずれも、問いを立てて検証した研究です。
「説明変数」と「結果変数」という言葉が出てきますが、説明変数は結果変数と関連することが考えられる要因となる変数のことです。結果変数は、説明変数により値が決まり、他にも従属変数やアウトカムと言い換えられることがあります。

3.1 ▶ 健康経営に取り組んでいる企業の組織体制

　最初の我々の問いは、「"ちゃんとした"健康経営をやっている日本の企業には、どんな組織的要因があるのだろうか」というものです[5]。前述のように、米国のHealth Promotion Managementに関わる研究においては、組織サポートとリーダーシップサポートが最も重要な要素と考えられています。そこで、健康経営にとって、組織サポートとリーダーシップサポートが重要であることが、日本でも確かめられるかを検証したいと考えました。また、日本は米国と異なり、従業員に対する健康診断が法令上義務付けられ、健康診断の結果に基づいて個別に対応することも求められています。そのため、そもそも健康経営を進めるに当たっては、健康診断の結果を解釈し、活用することができる専門家の関与は欠かせないと考えられました。

　調査票の項目の中から、組織サポート、リーダーシップサポート、専門家の関与を示す項目を選びました。リーダーシップサポートとして「全社方針があること」「経営レベルの会議の議題になっていること」、組織サポートとして「管理職に教育もなされていること

と」、専門家の関与として「常勤の産業保健スタッフがいること」を選びました。常勤の産業保健スタッフの有無は、産業医のみ、産業看護職のみ、産業医と産業看護職どちらもいるところを分けて集計しています。

　次に、結果変数について、これは「"ちゃんとした"健康経営をやっていること」を示す項目を選ぶ必要がありますが、この時点で1つの項目で妥当性や信頼性がある項目はありませんでした。そこで、私たちは「"ちゃんとした"健康経営をやっていること」を示していると言える、説得力のある調査項目として、「健康課題をしっかり把握していること」を選択しました。課題を把握していなかったら対策も打てないですし、プログラムの効果評価もできません。さらに、"ちゃんと"健康経営に取り組んでいる企業は、プログラムを実施してやりっぱなしということはなく、プログラムの参加率を高める活動を行い、プログラムの参加率も高いと考えられるので、「健康課題の把握」と「プログラムの参加率」を結果変数として選択しました。具体的に、健康状態や課題の把握については、「運動習慣」「血圧の高リスク者」「精密検査の受診率」、そして「メンタルヘルス不調による長期休職者」を把握しているかです。そして、プログラム参加率については、「対象者の8割以上である」という選択肢がありましたので、「8割以上」と回答した企業を"ちゃんとした"健康経営をやっている、とそれぞれ定義しました。

　メンタルヘルス不調による長期休職者の把握を除き、組織的要因と3つの健康課題の把握は、「全社方針があること」「経営レベルの会議の議題になっていること」「管理職に定期的な教育がなされていること」「常勤の産業看護職がいること」と有意な関連を認めました（**表2-2**）。具体的には、経営レベルでの会議で議題になっている企業は、議題になっていない企業と比べて、運動習慣の把握のオッズ比は2.47、血圧の高リスク者の把握のオッズ比は2.92、精密検査受診率の把握のオッズ比は1.69となりました。常勤の産業看護職がいると、運動習慣の把握のオッズ比は1.96、血圧の高リスク者の把握のオッズ比は1.71、そして精密検査の受診率の把握のオッズ比は1.98でした。メンタルヘルス不調による長期休職者の把握については、95％以上の企業が実施していたためか、組織的要因との関連は認めませんでした。

　組織的要因とプログラムの参加率の関連は、健康課題の把握との関連に比べて有意な差を示したものもあれば、そうでないものもありました（**表2-3**, p.44）。プログラムの参加率と有意な相関があった組織的な要因は、「経営レベルの会議の議題」と「管理職に定期的な教育」がなされていることでした。一方、産業保健スタッフの有無は関連がないとの結果でした。予想とは違っていましたが、よく考えてみると納得できる結果かもしれません。プログラムに参加するためには、労働時間を調整する必要があり、管理職や経営層が理解を示し、「皆で参加しよう」という雰囲気がある企業であれば従業員は参加しやすいと考えられます。また、産業保健スタッフがいてプログラムの必要性を伝えても、それだけではプログラムへの参加率は上がらない可能性も示唆されました。

　以上から、「"ちゃんとした"健康経営をやっている日本の企業には、どんな組織的要因があるのだろうか」との疑問に対して、関連する組織的な要因としてリーダーシップサポートと組織的サポートが認められ、また専門家の存在も示唆されました。

表2-2　健康課題の把握と健康経営の組織的要因（文献5より改変）

	N	運動習慣			血圧高リスク者		
		調整オッズ比	95%CI	P value	調整オッズ比	95%CI	P value
全社方針の明文化							
なし	205	reference			reference		
あり	1,593	2.67	1.80, 3.96	<.001	2.89	1.95, 4.28	<.001
経営レベルでの会議の議題							
なし	240	reference			reference		
あり	1,544	2.47	1.70, 3.59	<.001	2.92	2.02, 4.22	<.001
常勤の産業保健スタッフ							
いない	328	reference			reference		
産業医のみ	10	4.96	0.48, 51.65	0.18	3.39	0.32, 36.19	0.31
看護職のみ	302	1.96	1.29, 2.99	<.05	1.71	1.08, 2.72	<.05
両方いる	1,160	1.29	0.95, 1.75	0.1	1.3	0.93, 1.82	0.12
管理職への定期的な教育							
なし	451	reference			reference		
あり	1,333	2.19	1.64, 2.92	<.001	2.52	1.85, 3.43	<.001

	N	精密検査受診率			メンタルヘルス不調による長期休職者		
		調整オッズ比	95%CI	P value	調整オッズ比	95%CI	P value
全社方針の明文化							
なし	205	reference			reference		
あり	1,593	2.07	1.39, 3.09	<.001	1.6	0.68, 3.77	0.28
経営レベルでの会議の議題							
なし	240	reference			reference		
あり	1,544	1.69	1.19, 2.40	<.05	2.78	1.23, 6.26	<.05
常勤の産業保健スタッフ							
いない	328	reference			reference		
産業医のみ	10	1.15	0.31, 4.23	0.83	0.16	0.02, 1.71	0.13
看護職のみ	302	1.98	1.41, 2.79	<.001	1.43	0.34, 5.93	0.63
両方いる	1,160	1.38	1.05, 1.81	<.05	0.67	0.26, 1.69	0.39
管理職への定期的な教育							
なし	451	reference			reference		
あり	1,333	1.77	1.37, 2.29	<.001	2.86	1.30, 6.26	<.05

2018年度健康経営度調査票利用。多重ロジスティック回帰分析。調整変数：業種、従業員数。太字は有意差があることを示す。

3.2 ▶ 健康経営に取り組んでいる企業における従業員の健康

　次に2つ目の問いです。「健康経営に取り組んでいる企業の従業員は本当に健康なのか？」という問いを立てて行った研究結果[6]を紹介します。皆さんもこうした疑問は感じたことがあるかもしれません。"本当に健康なのか"を示すことができる項目として、この研究では生活習慣と血圧の管理状態を取り上げました。生活習慣は、特定健康診査の問診票にある項目で「適正体重を維持している割合」「運動習慣率」「良好な睡眠がとれている

表2-3　健康プログラムの参加率と健康経営の組織的要因（文献5より改変）

	N	健康教育			運動プログラム		
		調整オッズ比	95%CI	P value	調整オッズ比	95%CI	P value
全社方針の明文化							
なし	205	reference			reference		
あり	1,593	0.93	0.54, 1.60	0.78	1.57	0.90, 2.75	0.11
経営レベルでの会議の議題							
なし	240	reference			reference		
あり	1,544	1.58	1.02, 2.43	<.05	0.91	0.57, 1.44	0.68
常勤の産業保健スタッフ							
いない	328	reference			reference		
産業医のみ	10	1.67	0.40, 6.93	0.48	0.93	0.23, 3.83	0.92
看護職のみ	302	0.8	0.56, 1.14	0.21	0.74	0.51, 1.08	0.12
両方いる	1,160	1.09	0.81, 1.47	0.56	0.77	0.57, 1.05	0.1
管理職への定期的な教育							
なし	451	reference			reference		
あり	1,333	1.58	1.19, 2.10	<.05	1.22	0.88, 1.68	0.23

	N	食事プログラム			インフルエンザワクチン		
		調整オッズ比	95%CI	P value	調整オッズ比	95%CI	P value
全社方針の明文化							
なし	205	reference			reference		
あり	1,593	0.95	0.45, 2.00	0.89	0.81	0.50, 1.31	0.39
経営レベルでの会議の議題							
なし	240	reference			reference		
あり	1,544	1.3	0.70, 2.41	0.4	1.63	1.01, 2.65	<.05
常勤の産業保健スタッフ							
いない	328	reference			reference		
産業医のみ	10	0.48	0.05, 4.39	0.51	0.55	0.07, 4.56	0.58
看護職のみ	302	0.98	0.65, 1.50	0.94	0.86	0.56, 1.33	0.5
両方いる	1,160	1.06	0.75, 1.50	0.75	1.27	0.91, 1.78	0.16
管理職への定期的な教育							
なし	451	reference			reference		
あり	1,333	1.53	1.04, 2.24	<.05	1.28	0.92, 1.77	0.14

2018年度健康経営度調査票利用。多重ロジスティック回帰分析。調整変数：業種、従業員数。太字は有意差があることを示す。

割合」「喫煙率」を用いました。適正体重維持者割合はBMIが18.5～25未満の者の割合、喫煙率は健康診断において「喫煙あり」とした者の割合、運動習慣者割合は「1週間に2回、1回あたり30分以上の運動を実施」している者の割合、睡眠良好者割合は健康診断において「睡眠により十分な休養が取れている」とした者の割合です。適切な生活習慣を有する者の割合の値の上位25％を、「生活習慣がよい企業」としました。喫煙率のカットオフ値は下位25％を使っています。

　血圧の管理状態については、40歳以上の集計を利用し、管理状態を「Crude coverage」「Effective coverage」「コントロール不良群」の3つに定義しています（**図2-11**）。

図2-11　血圧の管理状態

$$\text{Crude coverage（CC）} = \frac{\text{治療中の人}}{\text{治療が必要な人（治療をしている人を含む）}}$$

$$\text{Effective Coverage（EC）} = \frac{\text{収縮期血圧140未満かつ拡張期血圧90未満}}{\text{治療が必要な人（治療をしている人を含む）}}$$

コントロール不良群率
収縮期血圧180以上または拡張期血圧110以上（Ⅲ度高血圧）

Crude coverage、Effective coverageとは、健康サービスが普及しているかどうかを表す、公衆衛生で使われる指標です。Crude coverageは、医療サービスが必要な要受診者が適切に医療機関を受診しているかどうかを表す指標であり、治療が必要な人と治療している人を分母にして、治療中の人が分子となります。Effective coverageは、治療を受けて効果的に疾患が管理されているかどうかまでを評価するもので、血圧の場合は収縮期血圧が140、拡張期が90未満である人を分子としています。そして、コントロール不良群率は、日本高血圧学会の血圧分類のⅢ度高血圧以上の人をコントロール不良群としています。

　説明変数は1つ目の研究とほぼ同じで、「リーダーシップサポート」「常勤の産業保健スタッフ」「組織的サポート」です。1つ目の研究と異なるのは、リーダーシップサポートの評価方法です。1つ目の研究は2018年度の健康経営度調査票を、2つ目の研究では2019年度のものを、それぞれ用いていますが、2019年の調査では、方針の明文化をしている企業がほとんどでした。そこで、さらに進んだレベルを評価することにしました。具体的には、「明文化している健康経営の推進の方針について、従業員の理解を促進するためにどのような取り組みを実施していますか」という設問で、「経営トップ自ら理念・方針を定期的に伝える」という選択肢に「Yes」と答えた企業を、「リーダーシップサポートがある」と定義しました。

　良好な生活習慣と関連があった組織的要因の組み合わせは、「禁煙」と「管理職への教育」と「常勤の産業保健スタッフ」でした（**表2-4**、次頁）。「適正体重維持」や「運動習慣率」は、組織的要因と相関関係は認めませんでした。最後に、「良好な睡眠が取れている」者の割合は、有意水準には達していませんでしたが、リーダーシップサポートと傾向性が観察されました。時間外労働の長さと睡眠時間が関連すると考えると、リーダーシップサポートにより時間外労働が削減され、睡眠時間が確保できる可能性もあると考えられました。

　血圧の管理状態は、上記の生活習慣とは異なり、「常勤の産業保健スタッフがいる」企業でオッズ比が有意に上がり、管理状態がよいという傾向が示され、予想通りの結果でした（**表2-5**、p.47）。一方、良好な生活習慣の獲得（禁煙と適正体重を除いて）には関連を認めませんでした。産業保健スタッフが担当している業務のうち、健康診断の結果に基づいた指導や受診勧奨は、禁煙指導も含めてハイリスクアプローチを目的としたものです。これらの結果から、産業保健スタッフの業務は、ポピュレーションアプローチよりハイリ

表2-4　健康課題の把握と健康経営の組織的要因（文献6より改変）

	N	%	禁煙者率			適正体重維持		
			調整オッズ比	95％CI	P value	調整オッズ比	95％CI	P value
従業員トップが方針を伝えている								
No	311	35.1	Reference			Reference		
Yes	576	64.9	1.17	0.77, 1.77	0.465	0.83	0.57, 1.21	0.34
管理職への教育								
No	122	13.8	Reference			Reference		
Yes	765	86.3	5.28	2.08, 13.35	<0.001	0.93	0.51, 1.68	0.804
常勤の産業保健スタッフ								
いない	212	23.9	Reference			Reference		
産業医のみ	9	1	0.39	0.03, 4.43	0.453	2.08	0.33, 13.31	0.438
看護職のみ	310	35	2.24	1.22, 4.13	0.009	1.89	1.08, 3.30	0.025
両方いる	356	40.1	2.03	1.11, 3.74	0.022	1.49	0.85, 2.63	10.159

	N	%	運動習慣			良好な睡眠		
			調整オッズ比	95％CI	P value	調整オッズ比	95％CI	P value
従業員トップが方針を伝えている								
No	311	35.1	Reference			Reference		
Yes	576	64.9	0.82	0.57, 1.19	0.31	1.41	0.95, 2.07	0.08
管理職への教育								
No	122	13.8	Reference			Reference		
Yes	765	86.3	1.7	0.88, 3.29	0.111	1.27	0.67, 2.41	0.462
常勤の産業保健スタッフ								
いない	212	23.9	Reference			Reference		
産業医のみ	9	1	¶			¶		
看護職のみ	310	35	1.37	0.81, 2.31	0.245	1.35	0.78, 2.20	0.26
両方いる	356	40.1	1.25	0.75, 2.11	0.394	1.17	0.70, 1.97	0.537

2019年度健康経営度調査票利用。従業員数：1,000〜30,000人。多重ロジスティック回帰分析。調整変数：産業分類、平均年齢、女性比率。太字は有意差があることを示す。

スクアプローチに多く費やされていることを示しているとも言えるでしょう。

3.3 ▶ 健康経営度調査の妥当性①

　3つ目に、健康経営度調査票の妥当性に関する研究を紹介します。「健康経営度調査の点数が高い企業の従業員は、本当に健康なのか？」という問いに対する研究です[7]。健康経営度調査では偏差値が付くので、その偏差値を説明変数としました。2つ目の研究の問いと似ていますが、その研究での説明変数は健康経営の取り組み自体であり、健康経営度調査票の一部の項目でした。一方、この研究は、健康経営度調査票を利用した偏差値の妥当性を検証することを目的としています。偏差値は五分位に分け、「Very High」「High」「Moderate」「Low」、そして「Very Low」の5群に均等に分けました。

　結果変数は、「適正体重の維持」「喫煙率」「運動習慣者割合」「睡眠良好者割合」「飲酒習慣者割合」といった生活習慣の割合を採用しました。適正体重維持者割合はBMIが18.5

表2-5　血圧の管理状態と健康経営の組織的要因（文献6より改変）

	N	%	高リスク者が少ない 調整オッズ比	95%CI	P value	CC 高い 調整オッズ比	95%CI	P value
従業員トップが方針を伝えている								
No	311	35.1	Reference			Reference		
Yes	576	64.9	1.06	0.71, 1.59	0.775	1.2	0.78, 1.85	0.399
管理職への教育								
No	122	13.8	Reference			Reference		
Yes	765	86.3	0.88	0.46, 1.67	0.696	0.73	0.35, 1.51	0.398
常勤の産業保健スタッフ								
いない	212	23.9	Reference			Reference		
産業医のみ	9	1	3.31	0.56, 19.49	0.185	2.85	0.44, 18.3	0.268
看護職のみ	310	35	1.64	0.87, 3.06	0.122	2.12	1.01, 4.48	0.047
両方いる	356	40.1	2.98	1.61, 5.49	<0.001	2.49	1.20, 5.19	0.014

	N	%	EC 高い 調整オッズ比	95%CI	P value
従業員トップが方針を伝えている					
No	311	35.1	reference		
Yes	576	64.9	1.35	0.88, 2.07	0.169
管理職への教育					
No	122	13.8	Reference		
Yes	765	86.3	0.89	0.43, 1.89	0.782
常勤の産業保健スタッフ					
いない	212	23.9	Reference		
産業医のみ	9	1	2.93	0.44, 19.32	0.265
看護職のみ	310	35	2.1	1.02, 4.35	0.045
両方いる	356	40.1	2.3	1.13, 4.71	0.022

2019年度健康経営度調査票利用。多重ロジスティック回帰分析。調整変数：産業分類、平均年齢、女性比率。太字は有意差があることを示す。

～25未満の者の割合、喫煙率は健康診断において「喫煙あり」とした者の割合、運動習慣者割合は「1週間に2回、1回あたり30分以上の運動を実施している」者の割合、睡眠良好者割合は健康診断において「睡眠により十分な休養が取れている」とした者の割合、飲酒習慣者割合は頻度が「時々」または「毎日」かつ飲酒日の1日あたりの飲酒量が清酒換算で「2合以上」の者の割合です。

　偏差値が最も低い「Very Low」を基準にした場合のそれぞれの群の標準化係数を計算したところ、それぞれ有意差は出ていますが、適正体重維持者は「Low」から「Very High」にかけ標準化係数も有意に高くなっている傾向が見られ、最も高い群では3.52でした（表2-6、次頁）。喫煙率は、低い方がよいので、標準化係数はマイナスを示しています。これは「Very High」のみ有意な結果でした。運動習慣割合と睡眠良好者割合も、「Very High」のみですが有意な傾向が見られています。飲酒習慣割合については、「Very High」と「Low」も有意という結果が得られました。

表2-6　健康経営度調査票の偏差値と生活習慣割合の関連 （文献7より改変）

		多変量調整後			
		標準化係数	標準誤差	95％CI	P value
適正体重維持者割合 （reference：Very Low）					
N=1,630	Low	1.17	0.58	0.04, 2.30	0.042
	Moderate	2.41	0.57	1.30, 3.52	<0.001
	High	2.95	0.57	1.83, 4.06	<0.001
	Very High	3.52	0.58	2.39, 4.66	<0.001
喫煙率 （reference：Very Low）					
N=1,664	Low	0.44	0.69	-0.92, 1.80	0.524
	Moderate	0.48	0.68	-0.87, 1.82	0.486
	High	-0.92	0.69	-2.27, 0.42	0.178
	Very High	-2.54	0.7	-3.91, -1.16	<0.001
運動習慣者割合 （reference：Very Low）					
N=1,553	Low	1.81	0.99	-0.13, 3.74	0.067
	Moderate	0.52	0.96	-1.37, 2.42	0.588
	High	1.31	0.96	-0.58, 3.21	0.173
	Very High	3.61	0.98	1.69, 5.52	<0.001
睡眠良好者割合 （reference：Very Low）					
N=1,555	Low	-0.89	1.13	-3.10, 1.32	0.429
	Moderate	0.29	1.1	-1.87, 2.44	0.792
	High	1.54	1.1	-0.61, 3.70	0.16
	Very High	2.46	1.11	0.28, 4.64	0.027
飲酒習慣者割合 （reference：Very Low）					
N=2,493	Low	-0.85	0.37	-1.7	0.021
	Moderate	-0.58	0.36	-1.29, 0.13	0.108
	High	-0.58	0.36	-1.29, 0.14	0.113
	Very High	-1.12	0.37	-2.24	0.003

2020年度健康経営度調査を利用。重回帰分析。2,523企業を対象に調整変数の項目の記載もれがある企業を除外した2,493社のうち、各項目の記載があった企業を対象とした。調整した変数：女性割合、40歳代割合、業種、企業規模。太字は有意差があることを示す。

　五分位にしていますので、健康経営度調査の上位20％の企業ではすべての生活習慣においてよい傾向が見られました。健康経営度調査における上位の優良法人は「ホワイト500」として認定されていますが、本研究でも「Very High」の企業は477社だったということで、評価基準の妥当性が一定程度示されたのではないかと考えられます。

3.4 ▶ 健康経営度調査の妥当性②

　4つ目は、新型コロナウイルス対策について取り上げ、「健康経営を行っている企業は、新型コロナウイルス感染症対策をしっかり行っているのか？」という問いに対する研究です[4]。新型コロナウイルス感染症対策は、企業規模により対策の実施に差があることがわかっていました。新型コロナウイルス対策は従業員を守るための施策であり、危機管理でもあります。そのため、健康経営を行っている企業は新型コロナウイルス感染症対策にも取り組んでいると想定されますが、実際にはどうなのかを調べました。

説明変数は、健康経営度調査の偏差値を使い、三分位で計算をしています。結果変数は、新型コロナウイルス感染症対策の実施状況です。なお、本研究は2020年の秋に行われた調査ですので、結果の解釈には注意を要します。まだワクチンは国内にない状況であったため、職場での感染対策として基本的な感染症の対策が行われていた状況を尋ねています。また、この実施状況に関してのアンケートには、「この項目は評価対象ではありません」との記載がありました。そのため、回答者には、実態よりよく見せようという意図は働きにくいと想定されました。

表2-7（次頁）は、「通常時と異なるシフトを敷くなど接触機会の低減」「通勤時の感染リスクの低減」など数ある対策に関して、偏差値が低い「Low」を基準とした場合の、それぞれの群のオッズ比を示しています。すべての項目が有意な結果となり、さらに、健康経営度調査の偏差値の上昇と連動して、段階的にオッズ比も高まっていることがわかります。「席の間隔を空けるなどの空間の工夫」「換気状態の確認と改善」「感染予防策に関する情報提供」と、すべての項目で同様の傾向を示しました。

健康経営度調査の偏差値が高い群は、新型コロナウイルス感染症対策に十分取り組んでいること、つまり従業員の健康を守る取り組みや、危機管理もしっかりしていることがわかりました。自記式であることなど、健康経営度調査票を用いた研究には限界もありますが、これらの研究から考えると、一定程度の妥当性が示せたのではないかと考えられます。

3.5 ▶ まとめ

本節では、健康経営度調査票を用いた4つの研究を紹介しました。最初に紹介した2つの研究は、健康経営を進めていくヒントとも考えられ、健康経営に組織的に取り組んでいる企業の従業員は健康状態がよいことを一定程度示しているので、ぜひ健康経営を進める際にこれを1つのエビデンスとして使っていただければと思います。

3つ目と4つ目の研究は、健康経営度調査票の妥当性が一定程度示せた結果ではないかと考えられます。

今後は、やはり因果関係を証明する研究が求められます。ここで紹介した4つの研究はすべて断面研究であり、健康経営に取り組んだことで従業員の健康状態がよくなったのかを示すものではなく、健康経営に取り組んでいる企業では従業員の健康状態はどうなのかという相関関係を示しているに過ぎません。したがって、今後は因果関係を示す研究が求められるとともに、健康経営の効果をより大きくする取り組みや要素を分析する研究が必要だろうと考えられます。

さらには、健康経営による企業業績への効果に関する研究結果も求められますが、これに関しては本書の第6章にて紹介していますのでそちらを参照してください。

（永田昌子）

表2-7　健康経営度調査票の偏差値と新型コロナ対策の実施割合 （文献8より改変）

	N	%	オッズ比	95%CI	P value
通常時と異なるシフトを敷くなど接触機会の低減					
Low score	473	60	reference		
Moderate score	607	77	2.04	1.62, 2.56	<.001
High score	711	91	5.1	3.80, 6.84	<.001
通勤時の感染リスクの低減の方策					
Low score	610	77	reference		
Moderate score	674	86	1.53	1.15, 2.05	0.004
High score	740	94	3.6	2.46, 5.27	<.001
必要なマスクの配布					
Low score	672	85	reference		
Moderate score	738	94	2.84	1.97, 4.08	<.001
High score	743	95	3.63	2.43, 5.42	<.001
健康状態の確認					
Low score	690	87	reference		
Moderate score	753	96	3.17	2.08, 4.83	<.001
High score	769	98	6.09	3.42, 10.85	<.001
重症化しやすい従業員への特別な配慮					
Low score	317	40	reference		
Moderate score	469	60	1.95	1.58, 2.41	<.001
High score	624	80	4.59	3.62, 5.82	<.001
席の間隔をあけるなどの空間の工夫					
Low score	676	86	reference		
Moderate score	751	96	3.12	2.09, 4.67	<.001
High score	775	99	9.81	4.87　19.77	<.001
手すりなど多くの人が触れる場所の消毒					
Low score	576	73	reference		
Moderate score	721	92	3.89	2.87, 5.27	<.001
High score	762	97	11.73	7.35, 18.72	<.001
換気状態の確認と改善					
Low score	636	81	reference		
Moderate score	714	91	2.53	1.85, 3.45	<.001
High score	758	97	7.55	4.81, 11.84	<.001
在学中の子を持つ従業員に対する、学校の休校に伴う特別休暇の付与					
Low score	462	59	reference		
Moderate score	571	73	1.64	1.31, 2.04	<.001
High score	651	83	2.46	1.92, 3.15	<.001
感染症予防策に関する情報提供					
Low score	673	85	reference		
Moderate score	772	98	8.63	4.87, 15.29	<.001
High score	780	99	23.75	8.61, 65.49	<.001

2020年度健康経営度調査を利用。多重ロジスティック回帰分析。2,359社対象、各項目の記載があった企業を対象とした。調整した変数：業種、企業規模、営業利益率。太字は有意差があることを示す。

参考文献

1) Lier LM, et al. Organizational-level determinants of participation in workplace health promotion programs: a cross-company study. BMC Public Health. 2019; 19: 268.

2) Pronk N. Best practice design principles of worksite health and wellness programs. ACSM's Health Fitness J. 2014; 18: 42-46.

3) The HERO Health and Well-Being Best Practices Scorecard in Collaboration with Mercer. Version 4. https://hero-health.org/wp-content/uploads/2017/01/US-Scorecard-V4-writable_1.2017.pdf（2023年4月14日アクセス）

4) 森晃爾，他．職場における健康増進プログラムの効果的な実践に影響する組織要因．産業医学レビュー．2020; 33: 165-204.

5) Takahashi H, et al. Association of organizational factors with knowledge of effectiveness indicators and participation in corporate health and productivity management programs. journal of Occupational Health. 2021; 63(1): e12205.

6) Nagata M, et al. Association of organizational factors with the proportion of healthy behaviours and control of blood pressure at a company level. Journal of Occupational and Environmental Medicine. 2022; 64(1): 34.

7) 藤原ら．健康経営度調査による企業評価と生活習慣関連指標との関連．第32回日本産業衛生学会全国協議会．札幌．2022.

8) Nagata T, et al. Corporate health culture promotes infection control measures against COVID-19 in the workplace. Journal of Occupational Health. 2022; 64(1): e12373.

第 3 章

▼

成果の上がる
健康経営の進め方

健康プログラムの有効性の確認と品質管理

　職域では、様々な健康管理・健康増進プログラム（以下、健康プログラム）が行われます。このプログラムは、健康管理や健康経営の担当者が何を行うかを選定し、実施します。時には外部事業者のヘルスケアサービスを利用することもありますが、その場合でも担当者がプログラムの選定に関わります。従業員は、準備されたプログラムの中から受けたいプログラムを選択します。健康プログラムは人の健康に関わるものであるため、有害事象が起こらないよう細心の注意を払う必要があります。そのため、プログラムを選定する担当者の責任は重いと言えます。本節では、担当者がプログラムを選定するために必要なポイントをまとめ、解説します。

1.1 ▶ ニーズに基づいたプログラムにするために

1.1.1　2つの視点

　担当者がまず考える必要があることは、職域で展開するプログラムがニーズに基づいているか、という点です。ニーズに基づくプログラムとするためには、顧客の視点と専門家の視点の2つの視点が必要となります。

　まずは顧客の視点についてですが、会社における健康プログラムの顧客は、主に2つです。1つは従業員であり、もう1つは経営者です。健康プログラムを主に利用するのは従業員です。そのため、従業員のニーズに合わないプログラムを展開しても、そもそも利用されない可能性が高くなります。ただし、担当者が健康保険組合に所属する場合や、会社の所属であった場合でも健康保険組合とのコラボヘルスとしてプログラムを展開する場合には、従業員の家族（被扶養者）も顧客になる場合があります。

　また、会社の中で健康プログラムを展開しようと思った場合には、予算を確保し、会社の承認を得て活動することになります。そのため、経営者を含めた健康プログラムに関する意思決定者も大切な顧客となります。そこで、経営者が健康プログラムに何を求めているのかについて、把握することが必要となります。

　一方で、従業員や経営者は、その時点では自分たちに必要だと感じていないけれども、専門家の視点から見ると、優先順位が高い健康プログラムであると判断される場合があります。例えば、睡眠問題に対する関心が社内で高まっていない一方で、同業他社と比べて睡眠が不良な人が明らかに多いため、睡眠に関するプログラムが必要であると産業医が判断した場合です。専門家は専門知識や背景となる情報量が多いため、健康プログラムを俯瞰的に選定することができると言えます。

1.1.2　ニーズの把握

　顧客の視点と専門家の視点の両軸でニーズを捉え、健康プログラムの優先順位を付けます。とはいえ、ニーズの把握は簡単なことではありません。従業員や経営者から、担当者に対して「こんな健康プログラムをしてほしい」と言われることは多くはないと思います。したがって、担当者は、普段から従業員や経営者のニーズの把握に努めることが必要です。

従業員や経営者と対話する場面は、その絶好の機会です。安全衛生委員会や職場巡視、健康教育などの通常の産業保健活動も、ニーズを把握する機会であると考えると、普段とは違った気持ちで参加することができるでしょう。

　一方、健康データからニーズが浮かび上がることもあります。会社には、健康診断やストレスチェック等の多くの健康データが存在します。健康保険組合であれば、診療報酬明細書（レセプト）のデータから受療行動や医療費を把握することができます。これらの健康データを解析することにより、どのような健康プログラムが必要であるかを分析することができます。

1.2 ▶ 健康プログラムの品質評価

1.2.1 有効性のエビデンスの確認

　健康プログラムの品質を評価する上で、健康プログラムが有効であるというエビデンス（科学的根拠）は欠かせません。例えば、睡眠の改善を目的として認知行動療法を行うプログラムを考えた場合には、「睡眠改善のために認知行動療法が有効か」というエビデンスが必要となります。さらに、認知行動療法を、インターネットを利用して遠隔で行うプログラムを考えた場合には、「睡眠改善のためにインターネットを介した認知行動療法が有効か」ということが、確認すべきエビデンスとなります。この疑問には、メタ解析という複数の研究結果を統合する研究が行われており、インターネットを介した睡眠に対する認知行動療法は、不眠の改善に有効であることが示されています[1]。エビデンスは常にアップデートされるため、最新の知見を確認するよう心がけます。

1.2.2 安全性の確認

　健康プログラムは人の健康を取り扱うため、何らかの介入により有害事象が発生することは極力避けなければなりません。そのため、プログラムの安全性は不可欠です。医薬品や医療機器では、使用による健康被害を報告する仕組みが整っており、情報も豊富です（例えば、「医薬品、医療機器等の品質、有効性及び安全性の確保等に関する法律」が制定されています）。一方で、予防的な健康プログラムではそのような仕組みや情報が不足しているのが実状です。そのため、有効性のエビデンスを調べた際に、参照した論文に健康被害が記載されていないかを確認します。

1.2.3 品質マネジメントの仕組みの確認

　健康プログラムの多くは、人を介して行われるプログラムが大半です。例えば、睡眠改善のための認知行動療法では、誰が介入を行うかによって結果が異なることも考えられます。優秀な人が介入すれば効果がある一方で、経験の乏しい人が介入してもあまり効果が出ない、というように、介入者の属人的な要素が結果に影響します。そのため、介入者となるための知識・技術の要件が明確であるか、健康プログラムのプロセスや効果が評価されているか、また、その結果が介入者にフィードバックされ、介入者に対して必要な教育が行われているのか、といった点の確認が必要です。つまり、健康プログラムの品質マネジメントの仕組みを確認します。

1.3 ▶ 外部のヘルスケアサービスの活用方法

1.3.1 外部ヘルスケアサービスの種類とその選定

　健康プログラムを積極的に進めようとした場合、多様なニーズに合わせて複数のプログラムを行う場面が出てきます。担当者は、健康の専門家とはいえ、幅広い予防医療分野のすべてにわたって高度な専門知識をもっているとは限りません。また、社内の人員も限られており、外部ヘルスケアサービスを利用した方が有効である場合もあります。

　外部ヘルスケアサービスは大きく、評価系サービスと介入系サービスの2つに分類できます。評価系サービスは、データ分析を中心に、健康課題の抽出や健康施策の立案を行うサービスです。健康診断やレセプトのデータを分析し、データヘルス計画を作成するサービスがこれに当たります。一方、介入系サービスは、保健指導（食事指導、運動指導）や健康教育などのサービスがこれに当たります。

　外部ヘルスケアサービスを選定する際には、ニーズに基づいて介入内容を検討し、その目的を達成可能なサービスを選定することから始めます。その上で、エビデンス、安全性、品質マネジメントといったサービス品質を評価し、サービス品質と価格とを勘案して最終的にサービスを購入するかを意思決定します。

　サービス品質は、評価系サービスの場合は、データ分析に関しての分析技術と個人情報の保護を含めた情報管理の仕組みが重要となります。介入系サービスの場合は、エビデンス、安全性、品質マネジメントのいずれもが重要となります。以下では、介入系サービスに関する選定の実際を紹介します。

1.3.2 外部ヘルスケアサービスの選定の実際

　我々の研究室では、介入系の外部ヘルスケアサービスを選定する際に考慮すべきポイントをまとめた「サマリーシート」を作成しました（**図3-1**）。

　サマリーシートは、「プログラムについて」「プログラムの使用技術（機器、介入手法）とそのエビデンスについて」「プログラムの効果評価について」の3部構成となっています。ここでは、前述した「睡眠改善のために、インターネットを介した認知行動療法」というサービスを例に、サマリーシートの活用法について解説します。

　1つ目の「プログラムについて」には、プログラムの具体的な内容を記載します。特に大切なのが「目的」です。何を目的にしたプログラムなのかを明確にします。この例では「不眠症の改善」を目的にしています。そのため、不眠がある人が主なターゲットとなります。もし、目的が「全従業員の睡眠状態を少しでも改善すること」であった場合には、ターゲットは全従業員となり得ます。「プログラム実施に必要な資源」の欄には、プログラムにかかる費用や施設、IT環境などを記載します。今回のプログラムでは、スマートフォンを介してサービスが提供されるため、スマートフォンが必要な資源となり、スマートフォンをもっている人しか参加できない、という制約条件が課されていることになります。

　2つ目は、「プログラムの使用技術とそのエビデンスについて」です。今回のプログラムで確認すべきエビデンスの1つは、インターネットを介して睡眠改善のための認知行動療法を行うことの医学的エビデンスです。また、今回のプログラムでは、人工知能（AI）

図3-1　外部ヘルスケアサービス選定のためのサマリーシート

サマリーシート

【プログラムについて】

カテゴリー	食事　／　運動　／　睡眠　／　腰痛　／　頭痛　／受診勧奨その他（　　　　　　　　　　　　　　　　　　　　　）
プログラム名称/サービス名	インターネットを利用した睡眠改善のための認知行動療法サービス（eCBT-I）
目的	不眠症の改善
内容	介入内容：AIチャットによる認知行動療法セッション介入期間：計6回　12週間
プログラムの主なターゲット	アテネ不眠尺度　6点以上
プログラム実施に必要な資源	費用：1人あたり○○○円スペース：IT環境：スマートフォンをもっている人のみ

【プログラムの使用技術（機器、介入手法）とそのエビデンスについて】

使用技術の名称	インターネットを利用した睡眠改善のための認知行動療法（eCBT-I）AI（人工知能）が生成するチャット
エビデンスの有無とその内容	eCBT-Iはシステマティックレビューにおいて有効であるとのエビデンスありAIが生成するチャットの有効性は不明
エビデンスの公開レベル	学術論文 （査読 有 ・無）　／　学会発表　／　ホームページ・その他⇒eCBT-Iは、Sleep Med Rev. 2016; 30: 1-10

【プログラムの効果評価について】

プログラムの効果評価に関するエビデンスの有無：　有　／　無

対象者	労働者300人（男性250人、女性50人）
セッティング	日本、製造業
研究デザイン	前後比較デザイン　／　非無作為化比較試験　／　無作為化比較試験その他（　　　　　　　　　　　　　　　　　　　　　）
アウトカム	Primary endpoint：不眠スコアの改善Secondary endpoint：プレゼンティーイズムの改善
プログラムの有効性の評価	介入群で不眠スコアは改善、プレゼンティーイズムは改善なし脱落率20％（介入群150人のうち30人が途中で脱落）
エビデンスの公開レベル	学術論文 （査読 有 ・無）　／　学会発表　／　ホームページ・その他Journal of ##, 2023
可能性のある有害事象	特になし

図3-2　外部ヘルスケアサービス選定に関する担当者の役割

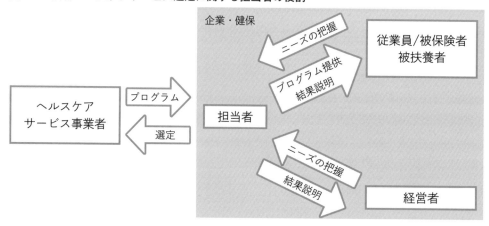

を使ってチャットボットでメッセージを出す仕組みを利用しているため、その生成された
チャットの中身がしっかりとエビデンスに基づいているかどうかを確認する必要がありま
す。前者は、学術論文を調べることによりエビデンスを確認することができます。先に示
した通り、医学的なエビデンスは存在します[1]。一方で、後者についてはエビデンスの確
認が困難です。人工知能を使用したプログラムの場合、入力から出力までのプロセスがブ
ラックボックスとなっていることが多く、その中身を検証することが特に難しい分野です。
このような場合は、次の点に着目します。

　3つ目は、「プログラムの効果評価」です。プログラムで使用している技術についての
エビデンスがあったとしても、その会社が提供するプログラムが有効であるとは限りませ
ん。そこで、提供されたプログラムが有効であったか、効果の検証がされているかを確認
します。理想的には、RCT（ランダム化比較試験）というデザインで検証が行われ、そ
の結果が査読付きの学術誌で公開されていることが望ましいでしょう。とはいえ、実際に
はこのような検証までされていることは多くないため、可能な範囲で情報を収集します。
あるいは、外部事業者に直接「プログラムの有効性の評価はしっかりされていますか」と
聞くとよいでしょう。また、有効性とともに、プログラムの安全性も同時に確認します。

1.4 ▶ 担当者の関与

　ここまで、外部ヘルスケアサービスを選定する際のサービス品質のポイントについて述
べましたが、サービス選定後も担当者の積極的な関与が不可欠です。担当者の役割を**図
3-2**にまとめました。

　有効なプログラムを展開しても、利用されなければ意味がありません。研究で実施する
介入は、対象者に参加の同意を取得した上で、計画されたデザインの中で実施されますが、
それでも介入が最後まで完遂されず途中で脱落する者も、少なからず存在します。**図3-3**
は、システマティックレビューで紹介された11の研究において、介入の完遂者と脱落者
の数をまとめたものです。全体で完遂できた者は71%であり、約3割の方が途中で脱落し
たことがわかります。プログラムに参加するように働きかけること、そして、途中で脱落

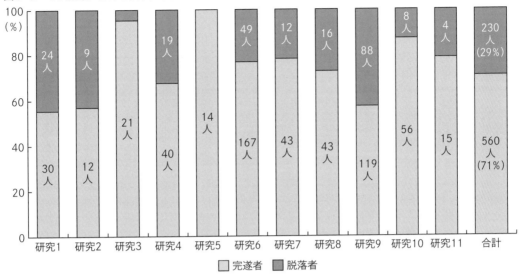

図3-3　11研究における介入の完遂者数と脱落者数〈文献1をもとに筆者作成〉

することがないよう工夫することを、社内担当者がヘルスケアサービス事業者と連携して進める必要があります。

　健康プログラムの終了後は、プログラムの参加率や当初設定した評価指標を用いて、プログラムの有効性・安全性を評価します。プログラムの効果測定は簡単なことではありませんので、外部のヘルスケアサービス事業者と担当者が協働して評価する姿勢が大切です。結果は、従業員や経営者に説明し、次のプログラムへの改善へとつなげます。

（永田智久）

2 リーダーシップサポートの価値と実践

　本書の序章で示されているように、職場内で健康増進プログラムを実施する際には、組織のダイナミズムをいかに活用するかが、成果を上げるために大事なポイントとなります。つまり、どんなによいプログラムであっても、従業員の多くが参加し、継続利用されなければ、健康投資に対する成果は期待できません。実際に、職場で実施される健康増進プログラムの参加率には、職場や場面によって大きな差異が生じています[2]。特に、職場要因のうち、管理職が支援的であると従業員が感じていることや、経営トップのサポートが高いことが、プログラムの参加につながることが報告されています[3,4]。本節では、健康経営施策の利用率に対して最も大きな影響を及ぼす要因の1つである、リーダーシップサポートの価値と実践について解説します。

2.1 ▶ リーダーシップサポートとは

　職場における健康増進プログラムについては、良好実践事例を収集し、その中から共通要素を抜き出してベストプラクティスモデルを構築するという取り組みが、様々な研究者

によって行われています。本書の第2章でも触れられているように、Pronkは、それらの健康増進プログラムのベストプラクティスモデルに関する28の文献を整理し、ベストプラクティスモデルに含まれる共通点として44項目を抽出し、これらを9つの次元に分類しています[5] (p.33、図2-8参照)。リーダーシップはこの9つの次元に含まれており、健康経営の施策として健康増進プログラムを進めていく上で、リーダーシップが職場の組織要因として重要な要素であることがわかります。また、健康経営優良法人認定制度における健康経営優良法人（大規模法人部門）の認定要件として、経営トップまたは担当役員が健康経営推進の最高責任者に就くことが求められていることも、リーダーシップの重要性を物語っています。

次に、リーダーシップとは何かについて考えます。リーダーシップに関しては、これまで多くの研究者によって多種多様な理論や考え方が提示されています。リーダーと呼ばれる人物に共通する個人的な資質や特性を探究する「特性理論」や、信頼に基づく集団の力で成果を導くスタイルの「サーバント・リーダーシップ」などが、その代表例です。本節では、リーダーシップの変遷について論じることを目的としていないため、リーダーシップの定義として「グループまたは組織の目標達成に貢献するよう人々を動機付ける方法で、グループのメンバーに影響を与えるプロセス」という、Haslam[6]やRost[7]による定義を前提として話を進めていきます。リーダーシップのうち、健康と関連したリーダーシップとして、健康促進的リーダーシップ（Health promotion leadership）があります。Skarholt[8]らは、健康促進的リーダーシップを「健康を促進するような職場や価値観のための文化を創造し、そのような文化づくりへの従業員の参加を刺激し、動機付けるように機能するリーダーシップ」と定義した上で、その特徴として、支援的、実践的、包括的、民主的であり、安全な作業パフォーマンスに焦点を当て、肉体的な消耗を防ぐために作業を工夫するなどの行動がとられるといった特徴を挙げています。また、Jimenez[9]らは、健康促進的リーダーシップを「職場での従業員のもつ資源を増やすことにより、従業員に適切な労働条件を実現するリーダーの能力と心がけ」と定義しています。

最後に、リーダーシップサポートという言葉の意味を確認しておきましょう。Milnerら[10]は、職場の健康増進プログラムには上級管理職による支援が重要であり、特に、従業員の健康を組織戦略に統合するような健康増進風土の構築を通じて、職場の健康増進プログラムを支援するようなリーダーシップが求められると考えました。そこで、リーダーシップサポートを「従業員の健康を組織戦略に統合するような健康増進風土の発展を促進する活動、方針、実践へのリーダーの関与や奨励」と定義しています。

本節では上記のような用語の定義を前提とし、健康経営の文脈において①管理職のリーダーシップが従業員の健康にどのような影響を与えるのか、②管理職がリーダーシップを発揮できるために必要な組織的な支援とは何か、について考えていきます。

2.2 ▶ 管理職のリーダーシップが従業員の健康行動に及ぼす影響

2.2.1　職場における従業員の健康に与える影響

管理職のリーダーシップは、従業員の健康に対してどのような影響を及ぼしているので

図3-4　職場における健康の決定要因としてのリーダーの行動（5つの経路）（文献11より改変）

経路1：**二者相互作用の文脈における直接的な行動を起こすリーダー**
　　　　(例) リーダーが社会的支援、業務関連のコミュニケーション、感謝フィードバック（単純な称賛と感謝）を提供すると、従業員のウェルビーイングにプラスの影響を与える
経路2：**業務の設計者としてのリーダー**
　　　　(例) 興味をそそる作業タスクをもつことは健康増進の行動・態度・価値と正の相関をもつ
経路3：**ストレス要因に対する"緩衝材"または個人・組織資源の"増幅器"としてのリーダー**
経路4：**組織風土と社会的アイデンティティ（我々は社会的に何者か？）の創造者としてのリーダー**
　　　　(例) 部下が「私たちとは何者か」という感覚をもてるよう行動することで、リーダーは部下のワーク・エンゲイジメントを促進し、燃え尽きを減らすことができる
経路5：**部下の健康行動・健康状態のモデルとしてのリーダー**
　　　　(例) リーダーの健康行動・健康状態は、リーダーの努力とは無関係に、従業員の健康を形成するモデルとして機能し得る

しょうか。リーダーシップの類型には前述の通り様々な種類がありますが、Weggeらは異なる種類のリーダーシップに関する知見をもとに、リーダーの行動が職場の従業員の健康にどのように影響するかを検討し、5つの経路から成り立つモデルを提案しています[11]（**図3-4**）。

　経路1は、二者相互作用の文脈における直接的な行動を起こすリーダーです。管理職が部下と1対1で会話をする際に、部下の困り事を確認したり、部下の貢献に対して感謝を伝えたりすることで、従業員のウェルビーイングにプラスの影響を与えます。

　経路2は、業務の設計者としてのリーダーです。管理職が業務の組み立てを工夫し、部下にとって興味をそそる作業タスクを与えることは、部下の健康増進の行動・態度・価値観に対してプラスに働きます。

　経路3は、ストレス要因に対する"緩衝材"、または個人の資源や組織の資源に対する"増幅器"としてのリーダーです。例えば、部下が顧客からのクレームを受けた際に、その部下のサポートに入ることでストレスを緩和させたり、会社が提供する健康支援施策を、管理職として自分たちの部署にとって取り組みやすい形に変えて適用させることで、その価値を増幅させたりすることが該当します。

　経路4は、組織風土と社会的アイデンティティの創造者としてのリーダーです。部下が「私たちは何者なのか」という感覚をもてるように、それらを言語化して部下に伝えることで、部下のワーク・エンゲイジメントを促進し、燃え尽き症候群を減らすことができます。

　経路5は、部下の健康行動・健康状態のモデルとしてのリーダーです。リーダーが率先して禁煙に取り組んだり、積極的に運動を行ったりすると、部下も自ずと同じ取り組みを始めるということは、職場でよく見られる光景です。これらの行動は、リーダーが意図する・意図しないにかかわらず、従業員の健康を形成するモデルとして機能する可能性があります。

このように、リーダーの行動は様々な経路を介して従業員の健康に影響していることがわかります。

　その他にも、経営層によるリーダーシップサポートの重要性を示した研究があります。Grossmeierら[12]は、組織の健康増進施策を評価する代表的なツールの1つであるHERO（Health Enhancement Research Organization）のScorecard Benchmark Databaseに登録された812の組織を対象として、①組織のサポートおよびリーダーシップサポート、②健康増進プログラムの包括性、③プログラムの統合度、④金銭的インセンティブ、の4つの要素が、従業員の行動の変化（健診の問診や採血検査等への参加率）、健康関連アウトカム（集団レベルの健康度や医療費）、従業員の認知の変化（従業員が知覚している組織からの支援）に及ぼす影響について検討しています（**図3-5**）。

　結果として、組織サポートおよびリーダーシップサポートは、従業員の行動、健康関連アウトカム、認知の変化のすべてに影響を与える要因であることがわかりました。一方で、金銭的インセンティブは、行動の変化に影響を与えるものの、健康関連アウトカムや認知の変化には影響がありませんでした。つまり、金銭的インセンティブは、プログラムの参加率を高めることはできるものの、集団の健康度や医療費、「会社から支援されている」という従業員の認知には、ポジティブな影響を与えることはできないということになります。さらに、プログラムの内容（包括性や統合度）に至っては、どの指標にも影響しないという少しショッキングな結果となっています。裏を返せば、職場で健康増進プログラムを実施する際には、組織サポートとリーダーシップサポートが極めて重要であることを、この結果は示しています。

図3-5　経営層によるリーダーシップ支援や発信の重要性（文献12より）

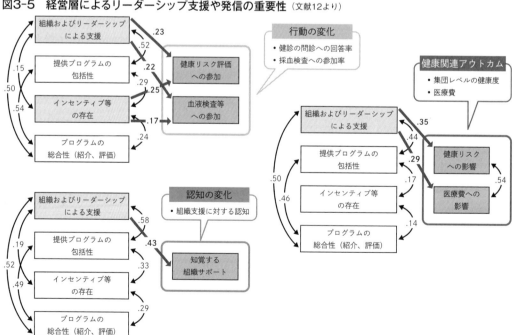

2.2.2 従業員が実感する組織や管理職による支援

前述したHERO Scorecardを使った研究の効果指標の1つに、「従業員が知覚している組織からの支援」という指標がありましたが、従業員にとって「私はこの会社からきちんと支援されている」という実感をもてるかどうかは、とても大切な指標です。この指標はPOS（Perceived Organizational Support：知覚された組織的支援）と呼ばれています（詳しくは第5章参照）。ここからは、このPOSに関連したリーダーシップサポートについて考えます。

図3-6は、会社（組織）、管理職、部下の関係を示しています。会社や管理職としては、部下である従業員たちに対し「私は組織や管理職から支援されている」と実感してもらいたいはずです。では、どうすれば部下にこのような実感をもってもらえるのでしょうか。これまでの研究から、次のことが明らかになっています。まず、会社には、管理職がその職務を遂行する上で必要な組織的な資源（サポート）があるはずです。それらのサポートが管理職に対して適切に提供されると、管理職の中に「私は管理職として組織から支援されている」という実感が湧きます（図中の①）。次に、そのような実感をもつ管理職は、会社からのサポートに報いようとして部下に対する支援を強める傾向があるため、その管理職の下にいる部下は「私はこの管理職から支援されている」と実感する（これをPSS[Perceived Supervisor Support：知覚された管理職支援]といいます）ようになります（図中の②）。そして、最終的に部下である従業員たちは「私たちはこの会社（組織）から支援されている」という実感を高めていきます（図中の③）。このように、POSとPSSは、**図3-6**の上から下の方向へ向かって、①②③の順番で高まっていくことがShanockら[13]によって明らかにされています。

また、部下がもつ「私は管理職から支援されている」という実感（PSS）は、役割内行動（自分に課せられた最低限の職務を果たす）だけではなく、役割外行動（職務の範疇外

図3-6　組織や管理職から支援されているという実感が生じる流れ（文献13より）

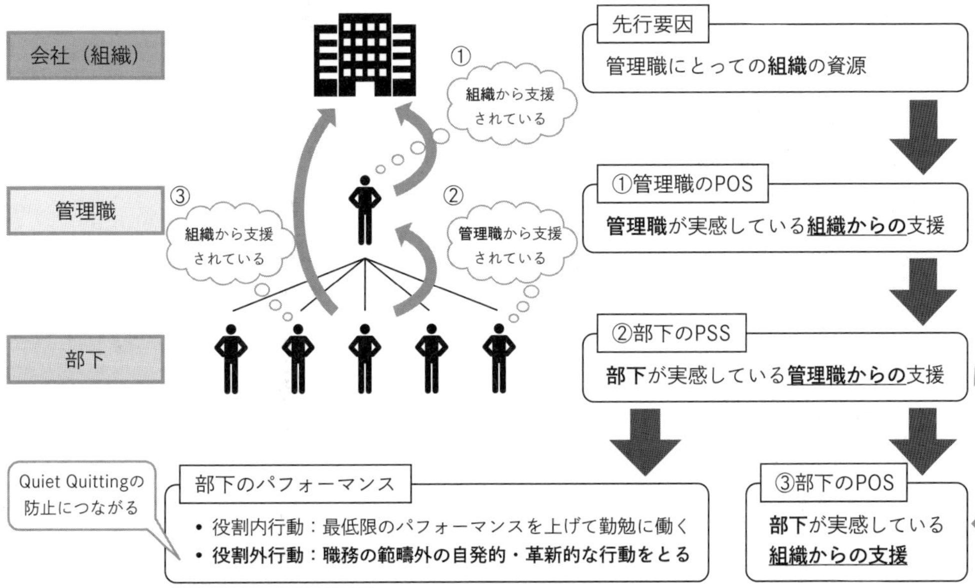

の自発的・革新的な行動）を促すことがわかっています。職場で同僚が困っていたら、「何か手伝えることはない？」と助けに行く。そういったことも役割外行動です。第1章で触れられているように、米国ではQuiet Quitting（必要最低限の仕事をこなし、それ以上は頑張らないこと）が問題になっています。PSSは部下の役割外行動を促すことから、Quiet Quittingの防止につながることが期待できます。

　その他にも、PSSは、従業員のワーク・エンゲイジメント[14]、パフォーマンス[15]、仕事満足度[16]と正の関係があり、Sickness Presenteeism（病気や体調不良で休みをとった方がいい健康状態にもかかわらず仕事をし続けること）による感情的疲労を減らし[17]、職場の健康増進プログラムへの参加率を高める[5]ことがわかっています。また、我々の研究室で実施した研究でも、管理職が健康的な生活に対して支援的であるという実感（PSS for Health）が、従業員の労働生産性を高める[18]ことがわかっています。

2.3 ▶ 管理職に提供すべき資源

2.3.1　組織的支援の実感を高める要因

　ここまで管理職によるリーダーシップの重要性について解説してきましたが、会社が管理職にとって必要な資源を提供して初めて、管理職は十分なリーダーシップを発揮することができます。管理職研修後のアンケートで、「管理職自身のケアはどうするのですか？」「管理職だってつらいです」といったコメントを多く目にすることからも、実際の現場では、管理職に対する支援が必ずしも十分ではない状況がうかがえます。そこでここからは、管理職が職場の管理者としての機能を十分に発揮するために必要な、職場が管理職に提供すべき資源について考えていきます。

　再度、図3-6を見てください。前述したように、組織や管理職から支援されているという実感（POSやPSS）は、図の上から下の方向に、①②③の順番で高まっていくことがわかっています。つまり、従業員のパフォーマンスを向上させるために有効なPOSやPSSを高めるためには、この流れの源流に位置する「管理職にとっての組織の資源」、すなわち、会社が管理職に対して提供している支援を充実させる必要があると言えます。

　具体的には、上級管理職（「CxO」と呼ばれる人たち）からの支援を得られること、管理職として必要な能力開発研修や適切な昇進機会などを与えられていること[19]、組織の意思決定に関して自分の意見を述べる機会が与えられていること、自らの職務内容に関して自由裁量や決定権を与えられていること[20]が、「私は会社から支援されている」という管理職の実感を高めることがわかっています。

2.3.2　中間管理職がリーダーとしての役割を果たすために必要な事項

　健康経営の施策として健康増進プログラムを進めていく上で、管理職のリーダーシップが重要であることは繰り返し述べてきた通りです。一方で、管理職が自信をもって従業員の健康増進プログラムへの参加や行動変容を支援することができなければ、十分な効果を期待することはできません。Justesenら[21]は、デンマークの中間管理職に対して質問票調査およびインタビュー調査を行った結果、多くの中間管理職が、健康増進プログラムにおける自分自身の役割、特に従業員にどのように関与すべきかが不明確だと感じており、

図3-7　中間管理職がリーダーとしての役割を果たせるようにするための提言（文献21より）

中間管理職

健康増進プログラムにおける
自分自身の役割（従業員に
どのように関与すべきか）
が不明確

・自ら行動することへのた
　めらい
・経営トップへの行動への
　依存

提言1：従業員に健康関連の行動を変容させるために、中間管理職は自分
　　　　の行動と態度を通じて適切な健康関連の行動の重要性を伝えなけ
　　　　ればならない。
提言2：中間管理職が健康増進プログラムの実践に際し自分の役割を明確
　　　　にできるよう、健康増進プログラムと健康管理に関する理論を含
　　　　む研修が必要である。
提言3：中間管理職が、「従業員の私生活に干渉することになるのでは」と
　　　　する倫理的問題に自信をもって対応できるようにするために、職
　　　　場での健康増進プログラムにおいて中間管理職が役割を果たせる
　　　　よう、従業員のエンゲイジメントのプロセスを実施する必要がある。
提言4：健康増進プログラムを、日常業務の一環として実施するには、経
　　　　営トップと中間管理職が連携して、健康増進プログラムを会社の
　　　　ガバナンス構造に合わせる必要がある。
提言5：中間管理職が成果を上げるためには、トップマネージャーと協力
　　　　する必要がある。
提言6：中間管理職が成果を上げるためには、チェンジエージェントと連
　　　　携して目標を設定し、達成状況をフォローアップする必要がある。
提言7：健康増進プログラムの実践を成功させるには、従業員の参画が不
　　　　可欠であり、中間管理職が参画の過程を担当する必要がある。
提言8：健康増進プログラムの実践を成功させるには、プログラム管理者
　　　　が必要であり、プログラム管理者は、活動内容を調整および評価
　　　　し、中間管理職が成果を測定できるように支援する必要がある。

その不明確さゆえに、中間管理職は健康増進プログラムに関連して自ら行動することをためらい、経営トップの行動に依存するようになると考察しています。その上で、健康増進プログラムの実践において、中間管理職が職場のリーダーとして役割を果たせるようにするための提言を8つにまとめています（**図3-7**）。

2.4 ▶ まとめ

　本節では、初めに、健康経営の成果を出すには管理職のリーダーシップが重要であることを示しました。続いて、管理職のリーダーシップは会社が望む様々なアウトカムにつながることに触れ、最後に管理職がリーダーシップを発揮するためには相応の環境や資源が必要であることを説明しました。ここで、皆さんに今一度考えていただきたいことがあります。それは、「私たちの会社では、管理職に対して十分な環境や資源が与えられているのだろうか」ということです。健康経営を推進していく上で重要な鍵となる管理職の方々に対し、管理職だから部下のマネジメントができて当然だと安易に切り捨てるのではなく、管理職の方々は「私は組織から支援されている」と感じていて、そのための資源は担保されているだろうかと、改めて見直す機会をもつことをお勧めします。

　最後に、ここまで解説してきたリーダーシップサポートの価値に関する学術的な内容を、実践に落とし込んだ一例を紹介します。企業が健康経営を効果的・効率的に行うためには、経営課題解決につながる健康課題を特定し、課題から具体的な取り組みまでの結び付き（健康経営戦略）をストーリーとして可視化し、社内外に伝える必要があります。この健康経営を進める上で必要な、可視化された計画書を「戦略マップ」といいます。

図3-8　メンタルヘルス活動に関する戦略マップの一例

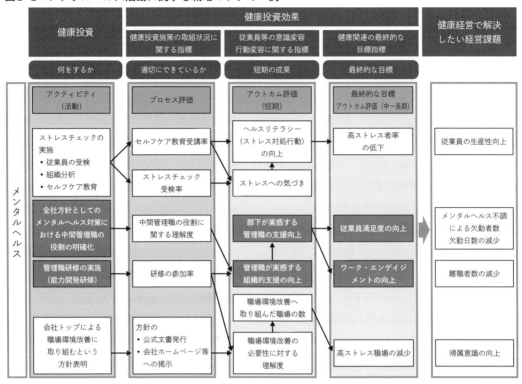

　図3-8は、戦略マップのうち、メンタルヘルスに関する施策部分のみを切り取ったものです。本節で私が解説した科学的な根拠を、戦略マップに実装した一例として作成してみました。健康投資として、中間管理職が健康増進プログラムにおける自分自身の役割を明確化できるように全社方針を変更し、管理職として必要な能力開発研修を行う。その結果、管理職が実感する組織的支援が向上し、続いて部下が実感する管理職による支援が向上し、従業員満足度や従業員のワーク・エンゲイジメントの向上を介して、健康経営で解決したい様々な経営課題の解決につなげていくという一連の流れが示されています。このようなストーリーのある戦略マップを作成し、一つひとつの指標をモニターし、PDCAサイクルを回していくことで、継続的な健康経営施策の向上につながると考えます。第5章では、POSやPSSという指標の説明とモニターしていく方法についても詳しく説明します。

（小田上公法）

3 健康経営におけるPDCA

　本節では「成果が上がる健康経営の進め方」ということで、健康経営に含まれるPDCAに着目して解説していきます。ここで取り上げる内容は、2015年から始まっている健康経営に関連し、これまで様々な企業で行われてきた活動を産業保健の実務者の視点からまとめたものです。近年、実際に健康経営優良法人に認定された企業の実例、良好事例も紹

介しながら、健康経営の中でどうやってPDCAを回していけばいいのかということのヒントを伝えられればと思います。

　私はこれまで、様々な企業の産業保健に関するコンサルティングや産業医として活動してきました。健康経営に関わった立場として最も長い経歴は産業医です。これまでに石油精製業、化学工業、機械などの産業医をさせていただきました。その中には、その後「健康経営銘柄」「ホワイト500」「ブライト500」となった企業が複数あります。また、コンサルタントやマネジメントシステムの外部監査員として企業外からも関与しております。さらに、コラボヘルス研究会にも参加しています。この研究会にはこれまでに40社ほどが参加されていますが、そのうちの15社以上が「健康経営銘柄」、もしくは「ホワイト500」に認定されております。この数年の経験で、健康経営に注力した活動をされている多くの企業とお付き合いしており、ここではその経験をもとに述べていきます。

3.1 ▶ 健康経営における PDCA

　「PDCA」は皆さんよくご存じだと思いますが、ここで改めて共有したいと思います。Plan、Do、Check、ActでPDCAです。Planには、いくつかの修飾語が付きます。「方針や目標・活動といったものを計画する」などです。それからDoは、「計画や手順に基づき実行する」です。Checkは、「計画や手順に基づき実施した活動や仕組みを評価する」です。このCheckには、経営層の意思決定も入ってきます。そして最後、Actですが、これは「結果に基づき改善計画をつくる」ということです。本節ではPDCAをこれらの意味で解説していきます。

　健康経営度調査票の中にはPDCAが含まれています。まずは、その部分を紹介します。

　図3-9は、経済産業省のホームページに掲載されている健康経営度調査の概要です。ここで示されているフレームワークの一番上の①経営理念・方針、②組織体制と、一番下の

図3-9　健康経営度調査（全体概要）の中のPDCA（経済産業省HPより改変）
健康経営度調査のフレームワーク

●健康経営度を評価する上では、各企業の健康経営の取り組みが"経営基盤から現場施策まで"のさまざまなレベルで連動・連携しているか、という視点から「経営理念・方針」「組織体制」「制度・施策実行」「評価・改善」「法令遵守・リスクマネジメント」の5つをフレームワークとして設定。
●また、フレームワークには、健康経営の取り組み度合いに関する社会的な現状を踏まえつつ、評価配点のウエイト（重み付け）を設定。

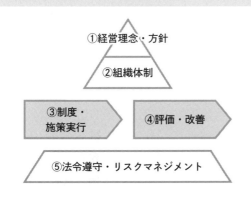

フレームワーク	ウェイト	
①経営理念・方針	3	P
②組織体制	2	
③制度・施策実行	2	D
④評価・改善	3	C/A
⑤法令遵守・リスクマネジメント	-*	P

※各企業の点数をフレームワーク毎に偏差値評価に換算した後、ウエイトを掛け合わせ、健康経営度を測る。
※⑤は、定量値ではなく適否判定のためウエイトは非設定

図3-10 心の健康づくり計画の7つの要素（キーワード）

①事業者がメンタルヘルスケアを積極的に推進する旨の表明に関すること
②事業場における心の健康づくりの体制の整備に関すること
③事業場における問題点の把握およびメンタルヘルスケアの実施に関すること
④メンタルヘルスケアを行うために必要な人材の確保および事業場外資源の活用に
　関すること
⑤労働者の健康情報の保護に関すること
⑥心の健康づくり計画の実施状況の評価および計画の見直しに関すること
⑦その他労働者の心の健康づくりに必要な措置に関すること

⑤法令遵守・リスクマネジメントの部分に「Plan」があり、③制度・施策実行の部分に「Do」があり、④評価・改善のところに「Check」と「Act」があり、これでPDCAが入っていることを確認できます。

　令和4年度版の健康経営度調査票におけるフレームワークの5つの要素の評価配点のウエイトを見てみると、Planに当たる①経営理念・方針、②組織体制、⑤法令遵守・リスクマネジメントが、全体で10のうちの5（半分）となっています。それから、Doに当たる③制度・施策の実行が2、そしてCheckとActに当たる④評価・改善が、実は配点が結構大きく3となっています。ここから、まずPlanの比率がすごく大きいこと、CheckとActも健康経営では重点が置かれていることわかります。中小企業版の調査票も、まったく同じ構成になっています。

　以上から、健康経営度調査票、それから健康経営の仕組みそのものにもPDCAが含まれていることがわかるかと思います。

3.2 ▶ PDCAを活用した産業保健活動

3.2.1　心の健康づくり計画とPDCA

　では今度は見方を変え、PDCAを活用した産業保健活動の事例を紹介します。1つ目は、メンタルヘルス対策の大きな枠組みである「心の健康づくり計画」についてです。「労働者の心の健康の保持増進のための指針（メンタルヘルス指針）」（2006年3月公表）には、企業が組織としてメンタルヘルス対策をどのように進めればよいかが、かなり詳しく書かれています。この「心の健康づくり計画」には、事業場において主に7つの取り組みを進めていきましょうと書かれています（**図3-10**）。キーワードを抜き出すと、事業者がまず①メンタルヘルス対策に関する方針を表明し、②体制をつくり、③問題点を把握してケアを実施し、④必要な人材を確保して、場合によっては事業場外の資源を活用し、⑤個人情報を保護し、⑥実施の状況を評価して、⑦計画の見直しを行う、ということになります。

「心の健康づくり計画」とあるので、Planと思われるかもしれませんが、実際にこれを企画書に落とし込むと、**表3-1**のようになります。これをよく見ると、実はPDCAサイクルでできていることがわかります。先ほど紹介した心の健康づくりの進め方を並べてみる

表3-1　心の健康づくり計画：企画書記入例

項目	内容
方針	A社は、従業員の心の健康が会社の発展と従業員の福利に不可欠であることを認識し、以下の事項を含む心の健康づくりを積極的に取り組むことを表明する。 ・従業員が働きやすい職場づくりを推進し、ストレスに関連する健康影響のリスクを低減する。 ・従業員のセルフケアと経営者を含むラインのケアを総合的に展開する。 ・本取組みで得られた従業員の情報は、プライバシーに配慮して適切に取り扱う。
活動項目 （令和●●年度）	1. 相談窓口：内部・外部 2. 職場復帰手順の明確化・リハビリ出勤制度の創設 3. 管理監督者教育：全2回　3グループに分けて実施（人事研修の一部として） 4. 従業員への周知：窓口・制度 5. 職場のストレス状況の調査
体制	担当部署：人事部、健康管理センター 内部専門資源：保健師、衛生管理者（メンタルヘルス推進者）・嘱託産業医
外部資源	1. 外部EAP機関との契約（面接・電話） 2. 近隣精神科医との連携
年間計画	4月　心の健康づくり計画 Kick off　　　　　10月　職場のストレス評価 5月　職場復帰手順の徹底・リハビリ出勤制度　　　　労働衛生週間での啓発 6月　相談機関との契約・従業員への周知　　2月　相談窓口評価・見直し 7月　管理監督者研修1回目　9月　2回目　　3月　評価・令和●●年度計画
目標 （評価指標）	・職場復帰支援の実施　　　100%　　　モニター項目　管理監督者相談件数 ・管理監督者教育参加率　　90%　　　　　　　　　　ストレス評価の実施 ・従業員研修参加率　　　　60%　　　　　　　　　　関連の病欠・休職日数 ・相談窓口利用率（従業員）　4%　　　　　　　　　　記録の保管状況

と、方針表明と目標、組織づくり、計画づくりはPlanに該当します。これは「大きなP」と呼んでいるものです。組織全体でのPlanです。そして、計画に沿って実行し（Do）、その内容を評価・改善する（Check・Act）。具体的にどんな取り組みをするのかというと、体制づくり、教育・研修、ストレスチェック、職場環境改善といった個別活動を、組織全体の方針や目標に合わせて実行していくことになります。これが、「心の健康づくり計画」を実行することであり、メンタルヘルス対策をすることになります。まさにPDCAで回っているメンタルヘルス対策と言えます。

3.2.2　労働安全衛生マネジメントシステムとPDCA

もう1つ、PDCAサイクルと言えば「マネジメントシステム」ということで、マネジメントシステムもPDCAでできていることを復習しておきましょう。

2018年3月に、ISO（国際標準化機構）が、ISO45001という労働安全衛生に関する国際認証の規格を発行しました。それまで、日本国内では、労働安全衛生に関するマネジメントシステムの規格として、中災防方式（JISHA方式）や英国のBS OHSAS18001という国際規格が利用されていました。それらが統合して、現在ではISO45001という認証規格に統一されています。ISO45001の要求項目は、4番の「組織状況」、5番の「リーダーシップおよび働く人の参加」、6番の「計画」、7番の「支援」、8番の「運用」、9番の「パフォーマンス評価」、そして10番の「改善」で構成されています。これらを組織的に上から下に流れるような形でフロー図に示すと、図3-11（次頁）のようになります。

細かい内容は別にして、組織全体での計画（P）、組織で行う運用（D）、実際にやった活動の評価（C）、そして評価の結果を改善につなげる（A）と、ここにもPDCAが入ってい

図3-11 ISO45001の全体の流れ（フロー図）とPDCA

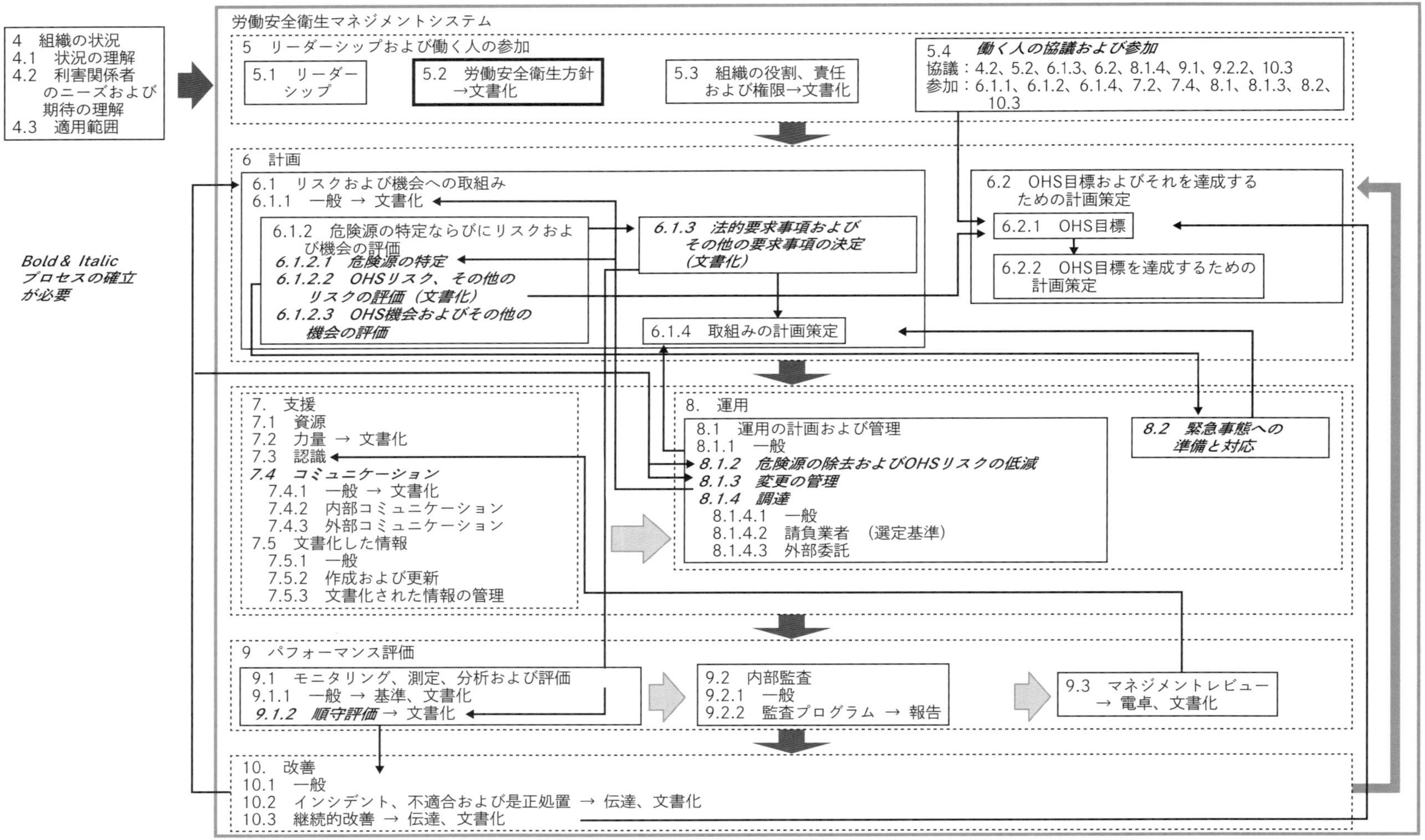

Bold & Italic
プロセスの確立
が必要

```
4. 組織の状況
4.1 状況の理解
4.2 利害関係者
    のニーズおよび
    期待の理解
4.3 適用範囲
```

⬆

5 リーダーシップおよび働く人の参加

```
5.1 リーダー
    シップ
```

```
5.2 労働安全衛生方針
    →文書化
```

```
5.3 組織の役割、責任
    および権限→文書化
```

```
5.4 働く人の協議および参加
    協議 ：4.2、5.2、6.1.3、6.2、8.1.4、9.1、9.2.2、10.3
    参加 ：6.1.1、6.1.2、6.1.4、7.2、7.4、8.1、8.1.3、8.2、
          10.3
```

➡

```
6 計画
6.1 リスクおよび機会への取組み
6.1.1 一般 → 文書化
6.1.2 危険源の特定
      及び機会の評価
6.1.2.1 危険源の特定
6.1.2.2 OHSリスク、その他の
        リスクの評価（文書化）
6.1.2.3 OHS機会およびその他の
        機会の評価
```

```
6.1.3 法的要求事項および
      その他の要求事項の決定
      （文書化）
```

```
6.1.4 取組みの計画策定
```

```
6.2 OHS目標およびそれを達成する
    ための計画策定
6.2.1 OHS目標
6.2.2 OHS目標を達成するための
      計画策定
```

➡

```
7 支援
7.1 資源 → 文書化
7.2 力量 → 文書化
7.3 認識
7.4 コミュニケーション
7.4.1 一般 → コミュニケーション
7.4.2 内部コミュニケーション
7.4.3 外部コミュニケーション
7.5 文書化した情報
7.5.1 一般
7.5.2 作成および更新
7.5.3 文書化された情報の管理
```

```
8. 運用
8.1 運用の計画および管理
8.1.1 一般
8.1.2 危険源の除去およびOHSリスクの低減
8.1.3 変更の管理
8.1.4 調達
8.1.4.1 一般
8.1.4.2 請負業者
8.1.4.3 外部委託（選定基準）
```

```
8.2 緊急事態への
    準備と対応
```

⬆

```
9 パフォーマンス評価
9.1 モニタリング、測定、分析および評価
9.1.1 一般 → 基準 → 文書化
9.1.2 順守評価 → 文書化
```

```
9.2 内部監査
9.2.1 一般
9.2.2 監査プログラム → 報告
```

⬆

```
9.3 マネジメントレビュー
    → 電卓、文書化
```

➡

```
10. 改善
10.1 一般
10.2 インシデント、不適合および是正処置 → 伝達、文書化
10.3 継続的改善 → 伝達、文書化
```

労働安全衛生マネジメントシステム

図3-12 健康経営とPDCAによる産業保健活動の重なり

るわけです。ですから、「マネジメントシステムはPDCAでできている」と言っても過言ではありませんし、「健康経営とマネジメントシステムの相性は、PDCAの構成コンセプト上も、非常に良好である」と思われます。

3.3 ▶ 健康経営とPDCAを活用した産業保健活動の関係

3.3.1 健康経営とPDCAによる産業保健活動の重なり

では実際にはどうなのか、健康経営とPDCAによる産業保健活動の関係について、私なりに整理してみました（**図3-12**）。こちらは、前述した健康経営度調査票（大企業版、中小企業版）に入っている要素（キーワード）を抜き出したものです。

健康経営度調査票の中には、メンタルヘルス対策、体制構築、健康診断・保健指導、長時間労働対策、治療と仕事の両立支援、感染症対策、評価と内部監査、といった評価項目があります。さらに、後述するコラボヘルス、健康保険組合との共同作業が必要となります。これが健康経営側から見たものです。一方で、PDCAによる産業保健活動を考えると、図の中央の部分（共通部分）に挙げられているものも、メンタルヘルス対策にはじまり産業保健活動そのものになるわけです。では、PDCAによる産業保健活動の中で、健康経営に含まれていないものは何なのかということですが、それがリスクアセスメント、衛生委員会、作業環境測定、特殊健康診断、職場巡視などです。一部は健康経営に含まれているものもあるかもしれませんが、私見としてはこういった形に整理できます。

こうして見てみると、実は健康経営とPDCAによる産業保健活動は重なりが多いことがわかります。したがって、健康経営による活動とPDCAによる産業保健活動を別々に実施するよりも、共通の重なっている部分は一緒にやった方が効率的なのではないかと思うわけです。

3.3.2 PDCAサイクルでブライト500に！（中小企業の事例）

PDCAによる産業保健活動をうまく回したことにより、中小企業の「ブライト500」に認定された企業の事例を紹介します。こちらは、九州某県にある1996年に設立された製

造業の会社です。従業員の数が100人ぐらいの中小企業で、主に半導体製品の材料などを製造しています。ISO9001（品質マネジメントシステム）とISO14001（環境マネジメントシステム）を随分前に取得していて、職場にはクリーンルームがあります。親会社からの出向社員が幹部社員（管理職）にいて、一般社員の多くは地元採用です。従業員数が100人の企業ですから産業保健スタッフ（産業医や看護職）は常勤ではおらず、嘱託産業医が月に1回来社して産業保健サービスを提供しています。クリーンルーム内では防塵服を着て作業し、製造過程で使用する化学物質を複数扱っています（ただし、従業員が直接触れる機会は少ない）。屋外には備蓄タンクがあり、一部フォークリフトを使う作業がある、といった企業です。

　この会社は十数年前、ある職場でメンタルヘルス不調者が多発するという状況でした。従業員数100人の会社ですが、当時、メンタルヘルス不調者が8人、そのうち5人が休職していました。この職場で、実際に産業医として活動したことを、以下に紹介します。

　大企業で働いている方には当たり前のように思われるかもしれませんが、それまではあまり行われていなかった、健康診断後の事後措置、定期的な職場巡視、安全衛生委員会での健康講話、メンタルヘルス不調者に対する復職支援、メンタルヘルス調査（現在のストレスチェック制度のようなもの）などを、2005年から順次導入しました。また、面談記録を「個人カルテ」に残し、職場巡視の報告書も取り入れました。それから、管理職向けの教育や産業医による就業配慮に関する意見書なども取り入れました。さらに、最近では当たり前となっている化学物質のリスクアセスメントも導入し、2008年頃には、これら様々な安全衛生活動が実施されていました。

　この会社は化学メーカーなので、もともとResponsible Care（責任ある管理）に取り組んでいました。また、品質と環境のマネジメントシステムの導入経験があったので、その経験を生かし、安全衛生活動もマネジメントシステムとして導入することにしました。その後、2018年にISO45001（労働安全衛生マネジメントシステムの国際規格）が発表されたことを受け、その翌年にはISO45001の認証を取得するに至っています。マネジメントシステムはPDCAでできていると前述しましたが、例えば安全衛生方針の中に、「安全衛生を優先する」や「従業員の心身の健康について維持・向上を図る」という文言が盛り込まれています。また、目標をつくる際の手順（内規）というものがあり、産業医の年間活動なども事業場の安全衛生計画に落とし込まれています。さらに、従業員数100人の会社ではありますが、ストレスチェックから過重労働、健康診断の事後措置、職場巡視、復職支援といった、様々な産業保健に関連する工場内の手順が整備されました（図3-13）。マネジメントシステムを軸として構築した「PDCAによる取り組み」により、この会社は2021年度の健康経営優良法人「ブライト500（中小企業版：ホワイト500）」に認定され、また某県の安全衛生優良企業（厚生労働省）の第1号にも認定されています。

　この会社が行ったことは、「メンタルヘルス不調者が多い」という課題に対し、その課題と背景要因を探り、評価するための指標と目標値を決め、それを評価する仕組みをつくり、その結果を成果と比較することでした。さらに、経営層にその結果を見てもらった上で、次の活動計画をつくる。つまり、PDCAを回していたのです（図3-14）

図3-13 某企業の大きなPDCAと社内の手順書（規定類）

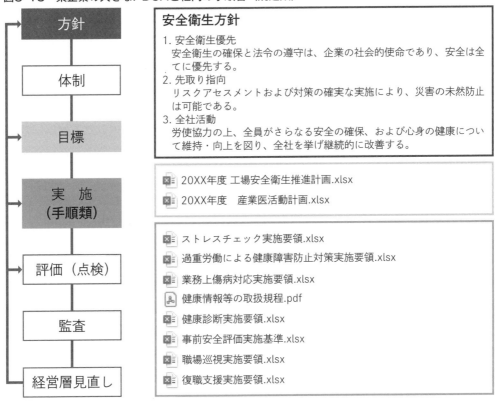

方針

体制

目標

実　施
（手順類）

評価（点検）

監査

経営層見直し

安全衛生方針

1. 安全衛生優先
   安全衛生の確保と法令の遵守は、企業の社会的使命であり、安全は全てに優先する。
2. 先取り指向
   リスクアセスメントおよび対策の確実な実施により、災害の未然防止は可能である。
3. 全社活動
   労使協力の上、全員がさらなる安全の確保、および心身の健康について維持・向上を図り、全社を挙げ継続的に改善する。

- 20XX年度 工場安全衛生推進計画.xlsx
- 20XX年度 産業医活動計画.xlsx

- ストレスチェック実施要領.xlsx
- 過重労働による健康障害防止対策実施要領.xlsx
- 業務上傷病対応実施要領.xlsx
- 健康情報等の取扱規程.pdf
- 健康診断実施要領.xlsx
- 事前安全評価実施基準.xlsx
- 職場巡視実施要領.xlsx
- 復職支援実施要領.xlsx

図3-14　メンタルヘルス対策の大きなPDCAサイクル

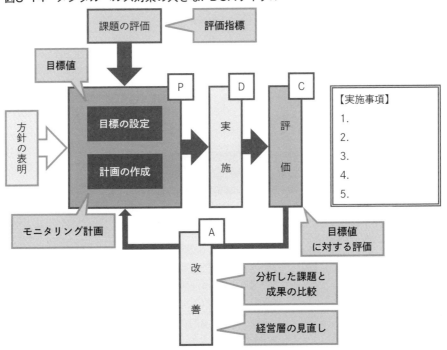

課題の評価　◀　評価指標

目標値

P　D　C

方針の表明

目標の設定

計画の作成

実施

評価

【実施事項】
1.
2.
3.
4.
5.

モニタリング計画

A

改善

目標値に対する評価

分析した課題と成果の比較

経営層の見直し

3.4 ▶ 健康経営がうまくいくための8つのエッセンス（仮説）

　ここからは、健康経営に熱心に取り組んでいる企業での産業医やコンサルタントとしての経験と、コラボヘルス研究会の一員として健康経営に取り組んでいる団体の方々とのやりとりの中から紡ぎ出した「8つのエッセンス（仮説）」（**図3-15**）について、紹介していきます。経済産業省のホームページには、2022年の健康経営優良法人50社が紹介されています。これらの企業のほとんどが、それぞれの企業のホームページにも健康経営に関する情報を開示しています。以下に紹介する8つのエッセンスの具体例は、これらのホームページの中から引用しています。

3.4.1　アブセンティーイズム・プレゼンティーイズム

　まず、健康経営を推進するための要素の中で基本になるのは、アブセンティーイズムとプレゼンティーイズムという概念が入ってきたことです。「病欠や病気休業をしている状態のこと」をアブセンティーイズム、「職場には出てきているけれども、何らかの疾患や症状を抱えていることで、その人がもっている能力を最大限発揮できていない、労働生産性が下がっている状況のこと」をプレゼンティーイズムと定義しています。

3.4.2　健康問題による生産性の損失

　健康問題による生産性の損失を日本人のデータでとってみると、アブセンティーイズムももちろんあるのですが、プレゼンティーイズムの方が、損失割合がより大きいことがわかってきました[21]（**図3-16**）

　健康経営を通じてプレゼンティーイズムにも関わるということは、病気の治療や重症化

図3-15　健康経営を推進するための8つのエッセンス

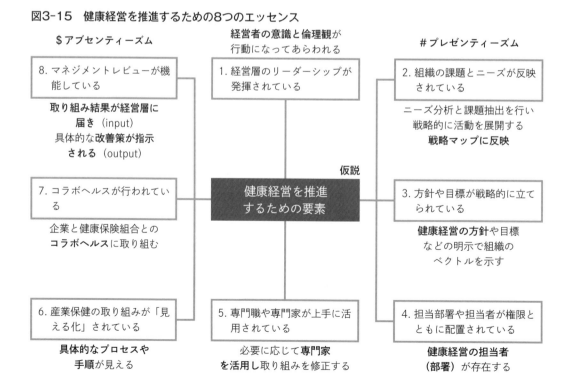

予防に加えて、肩こり・首の痛み、睡眠不足、腰痛、ドライアイ、うつ、全身倦怠感、不安などにも対処するということになります。プレゼンティーイズムの要因のうち上位7つが、主に筋・骨格系の問題とメンタルヘルス不調と目に関連しています。したがって、こういった課題にも積極的に取り組んでいく必要があります。

3.4.3　エッセンス①：経営層のリーダーシップが発揮されている

　ではここから、8つのエッセンスを1つずつ紹介していきます。まず1つ目として、経営層のリーダーシップが発揮されていることが重要です。先ほど挙げた、2022年度の健康経営優良法人50社におけるリーダーシップの発揮について、丸井グループの青井社長の事例を紹介します。丸井グループでは「すべてのステークホルダーの『しあわせ』のために、自分、社会、将来世代にとって意義のある仕事にチャレンジし、成長し続ける働き方を実現したい」という文章を、写真付きでホームページに公開しています。これは誰でも見ることができ、もちろん社員も閲覧できます。こういったことをまず宣言することから、経営層のリーダーシップは始まるのだろうと思います。他にも様々な企業で、こういったリーダーシップを発揮することにコミットするような宣言が見られます。

3.4.4　エッセンス②：組織の課題とニーズが反映されている

　2つ目は、ニーズ分析と課題をしっかり抽出すること、そしてその後に、企業の戦略マップにしっかりその内容を反映させることです。東急不動産は、ホームページに健康経営の戦略マップを掲載しており、「健康で会社に愛着を感じる従業員による、持続的な企業価値向上」を経営課題の最終的な目標に掲げています。その一歩手前のところでは、アブセンティーイズムやプレゼンティーイズムの対策を行い、さらにエンゲイジメントを高めることをゴールに設定し、従業員の行動変容の度合いを示した数値や施策の評価ができるように健康経営の戦略マップをつくり上げています。このように、戦略マップに企業の課題やニーズに応じた取り組みを落とし込むことが推奨されます。

図3-16　健康問題による生産性の損失割合（文献21より）

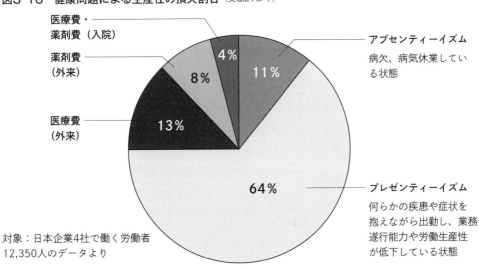

医療費・薬剤費（入院）　4%
薬剤費（外来）　8%
医療費（外来）　13%
64%

アブセンティーイズム
病欠、病気休業している状態

プレゼンティーイズム
何らかの疾患や症状を抱えながら出勤し、業務遂行能力や労働生産性が低下している状態

11%

対象：日本企業4社で働く労働者12,350人のデータより

3.4.5 エッセンス③：方針や目標が戦略的に立てられている

　3つ目は、健康経営の方針や目標が立てられていることです。協和キリングループは、ホームページに以下のような健康宣言を掲載しています。

「従業員の生涯を通じたQOLの向上を図るために、この宣言を行う。その中身は、健康づくりに各自が主体的に努力することに加え、会社として予防的視点からより高い次元の健康を目指して積極的に健康づくりに取り組む。さらに、一人一人の健康づくり行動を促進する動機付けと、健康づくり行動を実践するための継続の支援を推進していく」

　協和キリングループは様々な取り組みを行っていますが、その中でも禁煙活動に力を入れており、現在の従業員の喫煙率は4％台とうかがっています。これは全国平均の半分以下ですが、この目標を達成するために非常に高い目標を立て、健康宣言に則った個別の活動を展開しています。健康経営の方針や目標を明確にすることの1つの成果と言えます。

3.4.6 エッセンス④：担当部署や担当者が権限とともに配置されている

　4つ目は、担当部署や担当者が配置されていることです。「健康経営をやります」と言っても、社内では「では、誰がやるのですか？」ということになります。例えば、セイコーエプソンでは、社長の下に経営会議があり、その下に健康経営推進室長が執行役員としていて、健康保険組合と連携しながら、健康経営推進会議や統括産業医を置き、健康保険組合と健康経営の部長が一緒になって取り組みをしていることが、体制図からも読み取れます。それぞれの事業場にいる担当者とも連携するということです。大きな会社になると、こういった担当部署を置くことも重要になってきます。

3.4.7 エッセンス⑤：専門職や専門家が上手に活用されている

　5つ目は、専門職や専門家をうまく活用することです。ヤマハでは、海外駐在員に対する健康支援を社内の保健師がリモートで実施しているという取り組みが、ホームページに掲載されていました。リモートによる産業保健活動は現在、様々なところで取り組まれていますが、国内だけでなく海外の駐在員に対する支援も、健康経営につながる取り組みとして紹介されています。

　ちなみに、産業保健看護職の専門性の1つに、産業衛生学会の産業保健看護専門家制度というものがあります。登録者、専門家、上級専門家という3種類の専門家を認定する制度で、それぞれ試験やレポート提出があり、こうした制度を活用して能力を高めていくことで、さらに幅広い産業保健活動ができるようになるのではないかと思います。

　また、産業医にも様々な種類の先生がおられます。非専門の産業医の多くは日本医師会認定の先生方を想定していますが、パートタイムで活動されている先生方で非常にたくさんおられます。それから、国内には専門的な産業医が500〜1,000人ぐらいいて、大きな企業の体制をマネジメントする統括の産業医もおられます。先ほどのセイコーエプソンの事例の中にもありましたが、どういった専門の先生に健康経営に関わっていただくのかということも、人数と照らし合わせながらそれぞれの企業で考えていく必要があると思います。ちなみに、産業医の専門医になるまでの流れは、先ほどの看護師の場合とほぼ同じです。それぞれに資格取得のプロセスや試験があります。ですからハードルはなかなか高いのですが、専門医の資格をもった、ある程度能力が認められている方を活用するのも、健

康経営にとっては重要になるのではないかと思います。

3.4.8　エッセンス⑥：産業保健の取り組みが「見える化」されている

　6つ目は、産業保健活動が「見える化」されている、プロセスが「見える化」されているということです。明電舎は、先ほど紹介した労働安全衛生マネジメントシステムの認証を取得している企業で、かつ健康経営優良法人に認定され、また健康経営銘柄企業にも選定されています。ホームページを見ると、ISO45001を全社で取得しているということで、こういった「見える化」されたツールを、非常に幅広い活動にうまく活用して健康経営に取り組んでいます。

3.4.9　エッセンス⑦：コラボヘルスが行われている

　7つ目は、コラボヘルスです。コラボヘルスに関しては、コラボヘルス研究会が「コラボヘルス指標」という9つの領域に分かれた指標を公表しています。厚生労働省の「コラボヘルスガイドライン」にも載っているもので、9つの大項目、18の中項目（質問）で構成されており、各質問に最大4点、最低1点で点数を付けていきます。

　大項目の一例を挙げると、「連携方針」の中で「健保側と企業側の双方が期待する連携のあり方を明確にしているか」という質問があります。これに対し「全くそうだ」が4点、「全く違う」が1点で、点数を付けます。他にも「連携の場、初期評価、専門資源、品質管理、個人情報、計画、目標・評価、改善」といったものがあり、よく見ると、この大項目の中にも「計画、目標、評価、改善」とPDCAが存在していることがわかります。

　2017年に、当時コラボヘルス研究会に参加していた16の団体に協力をいただき、この調査票を用いて調査を実施したところ、平均は49点でした。点数が高いほどコラボヘルスがうまく機能している状況を表しますが、この時参加していただいた団体の中で点数が最も高かったところは66点でした。これは当然、健康経営銘柄の企業でした。さらに、この当時、健康経営銘柄に選定されていた4団体の平均を見てみると60点で、全体平均よりも11点高いという結果でした。そういう意味でも、コラボヘルスがしっかりできていることが、健康経営を推進するための1つの要素と考えられるのではないかと思います。

3.4.10　エッセンス⑧：マネジメントレビューが機能している

　そして8つ目は、マネジメントレビューが機能していることです。経営層が取り組みの結果をしっかり見て、それに対し必要な改善策を指示しているか、というものです。リーダーシップに近いところにあると思いますが、こういったものがしっかり機能しているかどうかが、最後のエッセンスとして挙げられます。コニカミノルタのホームページに掲載さているものをよく見ていただくと、経営会議に出されている中期経営計画の中に、「健康経営に関する目標や指標」が2020年のデータから掲載されています。これは、健康経営そのものが会社の経営課題であることを、経営層も組織全体も認識し、会社の経営層（例：社長など）がしっかり内容を把握・評価した上で、次の改善指示を出している状況（マネジメントレビューが機能している状況）を示しているものと言えます。

　以上、こういった取り組みがなされると健康経営がうまく推進できるのではないかという、私なりの8つの視点を紹介しました。ここで取り上げた以外に愛知銀行（健康経営銘

柄）やその他の企業も、ホームページに戦略マップや推進体制など様々な情報を紹介していますので、ご覧になって参考にされるとよいでしょう。

3.5 ▶ 現状に合わせた健康経営への取り組み方・関わり方

　健康経営にこれから取り組みたいと思っている方やこれから初めて健康経営優良法人認定制度の申請をする方、すでに申請歴がある方、あるいはすでに健康経営優良法人の認定を受けている方などが、これから「ホワイト500」や健康経営銘柄企業を目指す際に、どういう取り組みをするとよいかということを、私見でまとめました（**表3-2**）。

　初めて申請をする企業にお勧めなのは「見える化」です。産業保健活動や健康経営に関する活動がきちんと見えるようにしましょう。これが、最優先事項です。そして、その活動状況を健康経営度調査票に記載しましょう。ここまでが、初めて申請をする企業にとっては大事です。ここまでの段階でも、様々なデータを収集し、分析もしないといけないのでなかなか大変です。

　その上で、組織的な運営体制の整備を行い、健康経営を運営するための専門的な部署や担当者を置くこと、そしてニーズや課題に沿って戦略マップをつくり上げることが、次の一手になります。

　そこまでできたら、効果的な評価指標を設定しましょう。評価指標を設定する際には、戦略マップとの兼ね合いが必要になってきます。評価指標の例も、様々な健康経営企業のホームページに掲載されていますので、参考にするとよいでしょう。

　そして最後が、その年に新しく追加になった要素に対処することです。健康経営度調査票は、内容が毎年少しずつ変わるのでそれに対応しましょう。

表3-2　各組織の状況に応じて求められる活動

ステップ		各組織の状況に応じて実施が求められる活動		初申請	申請歴あり	優良法人
1	現在行っている産業保健活動<u>全体の見える化</u>	人事部門と健康管理部門の連携、関連するすべての情報（健康経営方針、運営組織、責任者・担当者、年間目標、年間計画、活動結果一覧、個々の活動結果など）の収集、データの解析・分析		○	○	○
2	健康経営度調査票への活動状況の<u>投入</u>	今年度の健康経営度調査票の質問項目の解釈、自組織の活動への翻訳（逆翻訳）、調査票への回答		○	○	○
3	<u>組織的な運営体制の整備と戦略マップ</u>の作成	健康経営推進組織の確立、アブセンティーイズム・プレゼンティーイズム・ワーク・エンゲイジメントに影響する取り組みの列挙と関係性の図示化（銘柄企業例を参照）		△	○	○
4	組織目標を達成するための<u>より効果的な評価指標</u>の検討	戦略マップに基づく活動そのものの効果の検証と見直し、最終目標につながるより有効な評価指標（プロセス、パフォーマンス、アウトカム・アウトプット）の検討		△	○	○
5	今年度の<u>変更箇所</u>への対応	今年度から新しく対応が求められる事項への対応策の検討と具体的な活動計画の立案、実施状況のレビュー		△	△	○

○：強く推奨される活動（必須事項）、△：推奨される活動（推奨事項）

こういった取り組みをすることで、健康経営のそれぞれのフェーズで何をしていけばよいかが明確になってくるでしょう。

（梶木繁之）

参考文献

1) Zachariae R, et al. Efficacy of internet-delivered cognitive-behavioral therapy for insomnia - A systematic review and meta-analysis of randomized controlled trials. Sleep Med Rev. 2016; 30: 1-10.
2) Lier LM, et al. Organizational-level determinants of participation in workplace health promotion programs: a cross-company study. BMC Public Health. 2019; 19(1): 268.
3) Sloan RP, Gruman JC. Participation in workplace health promotion programs: the contribution of health and organizational factors. Health Educ Q. 1988; 15(3): 269-288.
4) Glasgow RE, et al. Employee and organizational factors associated with participation in an incentive-based worksite smoking cessation program. J Behav Med. 1990; 13(4): 403-418.
5) Pronk N. Best Practice Design Principles of Worksite Health and Wellness Programs. ACSMs Health Fit J. 2014; 18(1): 42.
6) Haslam SA. Leadership. In: Kuper A, Kuper J, eds. The Social Science Encyclopedia 3rd Edition. Routledge; 2004: 566-568.
7) Rost JC. Leadership definition. In: Marturano A, Gosling J, eds. Leadership: The Key Concepts. Routledge; 2008:94-99.
8) Skarholt K, et al. Health promoting leadership practices in four Norwegian industries. Health Promot Int. 2016; 31(4): 936-945.
9) Jiménez P, et al. Enhancing Resources at the Workplace with Health-Promoting Leadership. Int J Environ Res Public Health. 2017; 14(10). 1264
10) Milner K, et al. The relationship between leadership support, workplace health promotion and employee wellbeing in South Africa. Health Promot Int. 2015; 30(3): 514-522.
11) Wegge J, et al. Leader behavior as a determinant of health at work: Specification and evidence of five key pathways. Zeitschrift für Personalforschung / German Journal of Research in Human Resource Management. 2014; 28(1/2): 6-23.
12) Grossmeier J, et al. Workplace Well-Being Factors That Predict Employee Participation, Health and Medical Cost Impact, and Perceived Support. Am J Health Promot. 2020; 34(4): 349-358.
13) Shanock LR, Eisenberger R. When supervisors feel supported: Relationships with subordinates' perceived supervisor support, perceived organizational support, and performance. J Appl Psychol. 2006; 91(3): 689-695.
14) Shi X (crystal), Gordon S. Organizational support versus supervisor support: The impact on hospitality managers' psychological contract and work engagement. Int J Hosp Manage. 2020; 87: 102374.
15) Perrot S, et al. Organizational Socialization Tactics and Newcomer Adjustment: The Moderating Role of Perceived Organizational Support. Group & Organization Management. 2014; 39(3): 247-273.
16) Winarto Y, Chalidyanto D. Perceived supervisor support and employee job satisfaction in private hospital. Eurasian J Biosci. 2020;14(2): 2793–2797.
17) Zhang J, et al. Nurses' Job Insecurity and Emotional Exhaustion: The Mediating Effect of Presenteeism and the Moderating Effect of Supervisor Support. Front Psychol. 2020; 11: 2239.
18) Mori T, et al. Perceived Supervisor Support for Health Affects Presenteeism: A Cross-Sectional Study. Int J Environ Res Public Health. 2022; 19(7): 4340.
19) Wayne SJ, et al. Perceived Organizational Support and Leader-Member Exchange: A Social Exchange Perspective. Acad Manage J. 1997; 40(1): 82-111.
20) Eisenberger R, et al. Perceived supervisor support: contributions to perceived organizational support and employee retention. J Appl Psychol. 2002; 87(3): 565-573.
21) Nagata T, et al. Total Health-Related Costs Due to Absenteeism, Presenteeism, and Medical and Pharmaceutical Expenses in Japanese Employers. J Occup Environ Med. 2018; 60: 273-280.

第 4 章

▼

プレゼティーイズムの
価値と限界

プレゼンティーイズムの概念と要因

　健康経営の取り組みでは、従業員の集団が健康になるという成果だけでなく、その結果が組織にどのような価値を提供するかについても大きな関心事です。そのような価値の中には、従業員の状態による事業や業務への影響が含まれます。そして従業員の状態には、従業員が活力をもって働いているといったポジティブな状態と、健康問題によって生産性が低下しているといったネガティブな状態が含まれます。前者はワーク・エンゲイジメントが代表的な指標であり、後者にはプレゼンティーイズムやアブセンティーイズムといった指標があります。本節では、これらの従業員の健康と関連した指標のうちプレゼンティーイズムについて、詳しく検討していきます。

1.1 ▶ プレゼンティーイズムの定義

　プレゼンティーイズム（Presenteeism）という用語の起源は、明確にはわかっていませんが、2010年にJohn[1]が、それまでに用いられたこの用語の定義を整理した文献の中で、1930年代からビジネス雑誌には登場していたと紹介しています。また、研究論文としては、アブセンティーイズムの対義語として1955年にAurenによって使われたのが始まりともされ[2]、体調が悪い状態にもかかわらず仕事を休んでいないので一定の生産性が確保できているという、むしろポジティブな側面で用いられたとされています。その後、1990年代から2000年代にかけて、それぞれの研究者が様々な定義をして研究を進めました。そのような定義の混乱は、Johnが「体調が悪いにもかかわらず、出勤している状態」と「健康問題によって仕事の生産性が低下していること」といった、いずれもネガティブである2つの定義に整理したことによって収束し、現在に至ります[1]。

　前者の定義、すなわち「体調が悪いにもかかわらず、出勤している状態」は、「Sickness Presenteeism」と呼ばれており、「無理して会社に来てしまっているので、このまま行くとその後、長期の欠勤等の大きな問題につながる可能性がある。したがって、無理をさせず、しっかり休養をとらせる必要がある」といった文脈で使われることが多く、主にヨーロッパで使われている定義です。一方、後者の定義、すなわち「健康問題によって仕事の生産性が低下していること」は、「Productivity Loss」とも呼ばれており、「従業員が健康問題によって仕事に集中できず、生産性の低下が起きており、組織にとって大きな損失が発生しているため、何とかこれを減らしていく必要がある」といった文脈で用いられることが一般的です。これは、米国を中心に用いられている定義です。日本の健康経営では、後者の定義を中心に使っています。

1.2 ▶ プレゼンティーイズムの測定

1.2.1 健康問題による生産性損失

　以前から医療費が高額な米国では、企業が負担する医療保険の保険料が大きくなっており、企業が健康増進プログラムを従業員に提供することの動機になっていました。大企業

を中心に、現金を含むインセンティブを用意して、プログラムへの参加を推奨しました。2000年代に入って、従業員の健康問題による社会および企業の負担は医療費だけではなく、生産性の低下による損失も大きいことを、米国の産業医学研究者が産業環境医学会（American College of Occupational Environmental Medicine）の場を中心に議論するようになりました。後に同学会の会長を務めたRonald Loeppkeがリードした専門家パネルで、従業員の健康問題に関連した生産性損失の指標として、アブセンティーイズム、プレゼンティーイズム、遂行される仕事の量や質（Quantity and Quality）、従業員の退職とその代替にかかる費用などがリストアップされました[3]。

　経済学では、生産性の指標として、生産量／労働量、付加価値額／労働量（付加価値生産性）などの数式が用いられます。特定の業種を除いて、個々の従業員の生産性を客観的に測定することは困難であり、経済学の分析や経営指標としては、個々の従業員の生産性を測定しているわけではありません。アブセンティーイズムやプレゼンティーイズムについて、しばしば、それが本当に生産性の指標となるのかといった議論が行われますが、健康経営においては、健康問題による能率の低下を労働生産性の損失として位置付けて、ある意味、割り切って用いています。そのため、これらの指標の限界を理解しておくことも必要です。

1.2.2　プレゼンティーイズム測定ツールのバリエーション

　プレゼンティーイズムの測定は、基本的に自記式質問票が用いられています。そのようなツールには、おそらく30とか、40とか、多くのものがあります。例えば、米国で開発されたものとして、ハーバード大学の研究者を中心に開発された世界保健機関（WHO）のHealth and work Performance Questionnaire（WHO-HPQ）、スタンフォード大学で開発されたStanford Presenteeism Scale（SPS）、タフツ大学が開発したWork Limitations Questionnaire（WLQ）などが主なものです。また、産業医科大学環境疫学研究室教授の藤野善久氏らが開発したWork Functioning Impairment Scale（WFun）など、日本で開発されたものもあります。

　プレゼンティーイズムの測定には、すでに開発されているいずれかのツールを利用することになりますが、目的や場面に応じて、それぞれの特徴を理解した上で使用することが必要です。では、いくつかの特徴を対比して見てみましょう。「通常の状態に比べてあなたの生産性はどのぐらい落ちていますか」というような質問をして損失の程度を直接的に計算する方法と、計算式を用いて間接的に計算する方法では、その結果に相関があっても、かなり異なる結果が出てくるでしょう。全体的な生産性がどの程度下がっているかを前提としたツールもあれば、「あなたはこういったことができますか」「こういったことは困っていませんか」と機能について質問して、機能低下を測定するツールもあります。また、「あなたの通常に比べ、生産性はどうですか」というように同一人物の中で比較して評価をする場合もあれば、「あなたと同じ仕事をしている同僚と比べどうですか」というように同僚と比較をする場合もあります。さらに、全般的な健康状態による仕事への影響を聞くことが一般的ですが、「あなたは慢性関節性リウマチの症状でどのぐらい生産性が落ちていますか」というように、特定の疾患の影響を評価することを前提としたツールもあり

ます。このように、プレゼンティーイズムの測定方法は、ツール自体に色々なバリエーションがあり、それぞれ作られた背景や目的が少しずつ違っているのが現状です。

1.2.3　プレゼンティーイズム測定ツールの信頼性、妥当性および反応性

　これまでに多くのプレゼンティーイズムの測定ツールが作られていますが、研究や実践で用いるツールには、信頼性や妥当性、反応性の検証が必要です。信頼性は、同一対象に同じような調査を繰り返したとしても、一貫した結果が得られるかどうかの精度のことです。妥当性とは、そのツールが、調査目的に対してどれだけ適切に設定できているかを表す指標です。また、反応性とは、構成概念の時間経過をしっかり検出できるかどうかを表す指標です。

　2015年に*American Journal of Managed Care*誌に掲載された論文で、Osplinaらは、10種類のプレゼンティーイズム測定ツールに対して、信頼性や妥当性、反応性の検証状況を評価しました[4]。妥当性のうち、最も重要と考えられる基準関連妥当性に関して、どのツールも十分には検討されていないことが、プレゼンティーイズム測定の大きな課題であることが示されています。基準関連妥当性とは、主に心理テストにおいて、測定によって得られた値が、外部基準と高い相関をもつかどうかを表す指標です。その際の外部基準は、心理テストではないことが基本となります。しかし、従業員一人ひとりの生産性の評価が困難である以上、健康問題による生産性の低下と関連した外部基準と比較することは容易ではありません。一方、Osplinaらの整理の結果とは若干食い違っている部分があるのですが、いくつかのプレゼンティーイズム指標では、基準関連妥当性の検証が行われています。

　一般的に最もよく使われているプレゼンティーイズム指標であるWHO-HPQについて、Kesslerらが、航空会社の予約係、自動車工業の役員、鉄道会社の整備士といった異なる職種を対象に、それぞれ上司評価、360度評価、運航指標（運航に支障が生じていないか）で測定したパフォーマンスと比較した研究があります[5]。ロジスティック回帰分析の結果、いずれも、プレゼンティーイズムが小さくなるとパフォーマンスが高くなるという相関が認められています。また、WFunについては、保健師面接による「この人は仕事に影響している健康問題を抱えている」との判定と比較した検討が行われています[6]。さらに、WFunは、前述の通り機能低下を聞くツールであるため、保健師面接の結果を基準として、「プレゼンティーイズムあり」とするカットオフ値の検討もされています。

　もう1つの重要な検証項目は、反応性です。筋・骨格系の疼痛や頭痛でプレゼンティーイズムが発生している場合、痛みが治療等によって時間経過とともに改善したら、測定されるプレゼンティーイズムも、それに伴って改善するかということを確認する必要があります。WFunでは、筋・骨格系の疼痛が改善するとプレゼンティーイズムも改善するという検証が行われています[7]。

　このように、多くのプレゼンティーイズム指標から使用ツールを選択する際には、信頼性、妥当性、反応性の検証状況を確認することが必要になります。

1.2.4　プレゼンティーイズムによる経済損失

　従業員の健康問題に関連した損失の中で、プレゼンティーイズムがどの程度を占めるか

によって、プレゼンティーイズムのインパクトの大きさが変わってきます。何を従業員の健康問題に関連した損失とするかは、誰の立場で見るかで異なってきます。米国では、国民皆保険制度がなく、企業が医療保険を負担し、その掛け金は医療費総額で決まるため、企業から見た主な損失として、医療費とアブセンティーイズムやプレゼンティーイズムによる生産性の損失があります。Loeppkeは、自身の論文[8]とEdingtonらの論文[9]をまとめて、70%が生産性の損失と推計し、2000年代に企業が負担する医療費の大きさに注目が集まっていた状況の中で、医療費は氷山の一角に過ぎないことを提示しました（**図4-1**）。すなわち、医療費による損失は従業員の健康問題による損失の一部に過ぎず、企業は医療費削減だけに焦点を当てるのではなく、生産性の損失に対する対策をもっと積極的に行うべきであることを示したことになります。

　医療制度や雇用制度が米国と大きく異なる日本で、従業員の健康問題による損失の構造が同じであるかどうか、気になるところです。そこで、我々産業医科大学産業保健経営研究室が主要な研究フィールドとしているコラボヘルス研究会のデータを用いて、日本人のプレゼンティーイズムについて測定しました[10]。コラボヘルス研究会は、企業とその健康保険組合の両方にセットで参加いただくことを原則としています。企業からは属性データや就労データ、健診データを、健康保険組合からはレセプトデータを、さらに従業員にも協力いただいて調査票に回答いただき、個人情報保護法や研究倫理のガイドラインをクリアしながら、個人の単位で突合させたデータを用いて分析しています。そして、参加企業が比較できる形式で分析データをフィードバックするとともに、併せて、定期的に勉強会も行っています。各企業の産業医や保健師といった産業保健専門職の皆さんには、希望が

図4-1　働く人の健康問題による損失（米国）（Loeppke R）

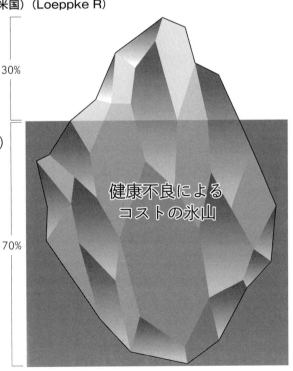

個人の医療コスト
　　医療費
　　薬剤費

生産性のコスト
　アブセンティーイズム（欠勤）
　　短期障害
　　長期障害

　プレゼンティーイズム
　　時間外労働
　　離職
　　臨時雇用
　　管理コスト
　　代替者の教育
　　ケアのための出張
　　顧客の不満足
　　不安定な製品

30%

70%

健康不良による
コストの氷山

あれば研究にも参加いただくといった研究会です。

　分析の結果、従業員の健康問題による損失のうち、約3分の2に当たる64%をプレゼンティーイズムが占めることが明らかになりました（p.75、図3-16参照）。一方、医療費は約4分の1です。つまり、米国のデータとかなり近い結果でした。この研究では、プレゼンティーイズムの測定はQuantity and Quality 法（QQ法：仕事の量と質への影響を別々に聞いて、総合的に生産性の低下を評価する方法）を用いています。

　そうなると、我々が行っている産業保健活動や健康管理活動のプログラムは、現在のバランスのままでいいのかという課題が出てきます。我々は産業保健活動に必要な総費用と目的別費用を分析するツールを開発していますが、このツールで分析した費用分類と損失の原因を比較することにより、今後の対策のあり方を検討することができます。労働安全衛生法に基づく健康管理、特に一般健康診断は動脈硬化リスクの評価に重点が置かれていて、その改善の取り組みも、動脈硬化リスク低減による将来の心筋梗塞や脳卒中の発生予防が中心となっています。しかし、日々の体調不良が原因で生産性が上がらないという人の症状改善対策は、損失が大きいにもかかわらず対策はほとんどされていないことが、この比較によってわかってきます。

1.2.5　プレゼンティーイズム測定への取り組み

　プレゼンティーイズムはとても重要な指標ではありますが、測定をしないと現状の課題もわかりませんし、当然ながら改善にはつながりません。しかし、プレゼンティーイズムを測定する項目は、特定健診の際の標準的な質問票にも、ストレスチェックにも含まれていません。これは、健康経営の推進において大きな課題だと認識されています。一方で、現時点においては、まだプレゼンティーイズムの評価ツールが乱立している状況で、統一することも困難です。そこで、健康経営度調査票でも、プレゼンティーイズムに関しては、「測定をしていますか」「どのツールを使用していますか」という項目により、実態をまずは把握して、評価対象にしていくことになりました。関連する設問が、令和3年度版から追加されています。

　また、2020年に経済産業省が公表した「健康投資管理会計ガイドライン」では、健康経営の企画の基盤となる健康経営戦略マップの策定を推奨しており、またその策定状況は健康経営度調査票においても評価対象となっています。その作成例を示す中で、健康関連の最終的な目標指標の例として、プレゼンティーイズムをアブセンティーイズムやワーク・エンゲイジメントと一緒に挙げています。これまで、様々な企業の健康経営戦略マップを確認する機会がありましたが、この例示を反映してか、その多くでプレゼンティーイズムが健康関連の最終的な目標指標として位置付けられていました。今後、各企業において、プレゼンティーイズムの評価と改善のための取り組みが進むことが期待されます。

1.3 ▶ プレゼンティーイズムの原因と改善のための施策

1.3.1　施策のプレゼンティーイズム改善のエビデンス

　従業員の健康問題による損失の大きな部分を占めるプレゼンティーイズムを改善するための施策は、健康経営において、今以上に重点が置かれるべきです。有効な施策を打つた

めには、多様な症状で構成されるプレゼンティーイズムについて、原因に関するエビデンスを確認することが不可欠です。例えば、「運動習慣は睡眠の質を改善するし、睡眠時間や睡眠の質はプレゼンティーイズムと関連している。だから、運動習慣改善プログラムを提供して睡眠の質を改善することにより、プレゼンティーイズムを改善する」という仮説をもとにプログラムを導入する場合、本当に運動習慣の改善がプレゼンティーイズムを改善するかを評価したエビデンスが必要になります。さらに、エビデンスがあった場合でも、個別のプログラムの価値を証明しているものではありません。ここには、2つの問題があります。1つは、運動習慣の改善によるプレゼンティーイズムとの関連といった一般的な概念にエビデンスがあったとしても、今回企画した運動習慣改善プログラムが、プレゼンティーイズムの改善に効果があるかどうかは、別の話だということです。もう1つは、仮にプログラムがプレゼンティーイズムの改善に効果があるというエビデンスが得られたとしても、その改善が集団のプレゼンティーイズムの改善に、どの程度のインパクトを与えることができるかということです。いずれにしても、有効なプレゼンティーイズム対策を行うためには、何らかのエビデンスを確認しなければならないことになりますが、これを実務の中で実施することは、かなり難しいわけです。

　以下に、生活習慣や介入プログラムとプレゼンティーイズムとの関係について検討した研究事例をいくつか紹介します。1つ目は、通勤で20分以上運動している人とそうでない人のプレゼンティーイズムを比較した横断研究です。徒歩や自転車通勤の時間が20分以上の人は、WHO-HPQで測定したプレゼンティーイズムの発生が少ないという結果が出ています[11]。このような横断研究のデザインでは、運動習慣を引き起こすこととプレゼンティーイズムを引き起こすことの両方と関連する要因、いわゆる交絡要因が大きく影響している可能性があり、通勤で歩いたから本当にプレゼンティーイズムが改善するのかはわかりません。したがって、エビデンスレベルとして十分ではありません。

　2つ目は、前後比較という方法での研究です。アスパラガス抽出物で睡眠の質が改善するというエビデンスのある製品があります。それは一般の人で効果があるというエビデンスであるため、病棟の看護師のように交替勤務する人についても本当に効果があるのか、検証してみようということになりました。対照群を設けた研究デザインにできなかったので、同じ対象者の介入前と介入後の比較を行いました。介入によって、問診票でとったピッツバーグ睡眠品質尺度や客観的な反応時間は改善していました。しかし、WFunの得点は、有意な低下が認められなかったという結果でした[12]。この研究は、同一人物の変化を検討しており、介入前後で対象集団を取り巻く環境に何らかの変化があったとすれば、効果はその影響によるものかもしれないため、結果の解釈には注意が必要となります。

　エビデンスレベルが高い研究デザインは、集団を2つに無作為に分類し、一方には介入して（介入群）、もう一方には介入しない（対照群）、そして両者を比較する研究デザイン（ランダム化比較試験）です。ある企業の職場で従業員を2つの群に分けて、一方にだけお昼に10分間運動するプログラム（ランチタイムフィットネス）を提供してみたところ、10分間のランチタイムフィットネスをした群ではワーク・エンゲイジメントの下位尺度のうち「活力」が向上し、WFunの得点、つまりプレゼンティーイズムが有意に改善する

という結果になりました[13]。このレベルのエビデンスであれば、確かにこのプログラムはプレゼンティーイズム改善に効果があると言えるわけです。

　ここまでのことをそれぞれの職場でできるとは思いませんが、サービスを提供する事業者が「プレゼンティーイズムを改善できますよ」と提案してきた時には、「どのようなエビデンスがあるのですか？」と確認するとよいでしょう。

1.3.2　施策のプレゼンティーイズム改善へのインパクト

　前述のように、もう1つの問題は、エビデンスのあるプログラムでも、そのプログラムの効果が、集団のプレゼンティーイズムの改善にどの程度インパクトがあるかということです。エビデンスがあるということで、プレゼンティーイズムの削減対策としてランチタイムフィットネスを行ったとして、この会社のプレゼンティーイズム全体の何パーセントを改善できるのでしょうか。ひょっとしたら1％かもしれないし、10％かもしれません。先ほどのエビデンスからは、そのようなことは読み取れません。少なくとも、このプログラムだけで、20％の削減を達成することは難しいでしょう。そうなると、健康経営の目標としてプレゼンティーイズムを20％改善する、30％改善すると設定した場合に、健康経営戦略マップの中で、どのような施策を実行してプレゼンティーイズムを改善するかという道筋を明確にするに当たって、「インパクトの大きいプレゼンティーイズム対策は何か？」ということを十分に検討してから、優先順位を付けて実行していくことが、効果を上げるためには不可欠になります。どのような要因が、健康と関連した生産性指標と関連しているか、そして、どのようなことがプレゼンティーイズムに大きな影響を与えているのか、しっかり検討して、それに合った施策を選択していくことが必要になります。

1.4 ▸ プレゼンティーイズムの発生に関連する要因

1.4.1　プレゼンティーイズムの発生要因①：病気の視点

　これまで、プレゼンティーイズムに影響を与える要因はいくつもの視点で検討されています。Goetzelらは、2004年に、米国企業において、アレルギー、関節炎、喘息、がん、精神疾患、糖尿病、心疾患、高血圧、頭痛、気道感染症といった疾患ごとに、プレゼンティーイズム、アブセンティーイズム、医療費といった経済損失の従業員あたりの大きさを評価した論文を発表しました[14]。当然、疾患によって損失の割合も異なり、心疾患の場合には医療費の割合が大きく、精神疾患はプレゼンティーイズムの割合が大きいという結果です。

　その中で、日本では定期健康診断の対象でもあり、管理の難しさを実感している糖尿病も、60％ぐらいがプレゼンティーイズムによる損失という結果になっています。我々の実感では、軽症の糖尿病では体調不良はほとんど生じていないので、糖尿病によるプレゼンティーイズムとは、何が原因だろう、どのような症状が影響しているのか、といった疑問が生じます。糖尿病の人も前糖尿病状態の人も、教育や血糖測定を実施すると、前後比較の研究では、プレゼンティーイズムが同程度改善したという研究結果があります[15]。しかし、これは本当に糖尿病が改善したのか、教育や自己測定を行うことによって不安の解消や自信がついたなど気分的な変化が生じただけなのかはわかりません。そのあたりについて、より深く検討していく必要があると考えました。この検討結果は、本章第2節で確

認してください。

　日本で行われている一般健康診断は、主に動脈硬化疾患のリスク評価に関わる項目で構成されています。その結果、動脈硬化リスクが高い人たちに対しては保健指導をすることになります。そこで、動脈硬化リスクとプレゼンティーイズムにはどのような関係があるのか、調べてみることにしました[16]。冠動脈疾患リスクを計算して、対象者をリスクの大きさで3つの群に分けました。その結果、リスクが大きくなるにつれて医療費は上がっていき、アブセンティーイズムも、ハイリスク群では有意に大きくなりました。しかし、プレゼンティーイズムに関しては、3つの群で有意な差が認められませんでした。健康診断の結果で保健指導の対象となるような人たちは、動脈硬化リスクが高いだけではプレゼンティーイズムには影響していないということになります。すなわち、健康診断で評価されるリスクをもとにハイリスクアプローチを行っても、プレゼンティーイズムの改善効果を得ることは困難であるという結論が出ました。

1.4.2　プレゼンティーイズムの発生要因②：症状の視点

　次は、症状の視点による検討です。プレゼンティーイズムは、症状があり、その症状により体調不良が起こって発生するものですから、どのような症状でプレゼンティーイズムが発生しているかは、発生要因を検討する上での大きな足がかりとなります。

　前述のコラボヘルス研究会のデータを用いて、症状と症状に関連する疾患ごとに、プレゼンティーイズム、アブセンティーイズムおよび医療費を積み上げてみました[10]。その際、プレゼンティーイズムの測定はQQ法を用いています。仕事に支障を来している症状をまず聞いた上で、その程度を尋ねるQQ法は、このような分析に適したプレゼンティーイズム評価ツールであるためです。その結果、プレゼンティーイズムおよび健康問題による全損失は、睡眠障害も含めたメンタルヘルス関連の症状が最も大きく、2番目は、腰痛・肩こりといった筋・骨格系の症状でした。3番目は、高齢化を反映してか、眼の症状となりました。腰痛・肩こりや眼の症状は対象者の数が多いため、一人ひとりの影響は小さくても、全体の損失額は大きくなるのだと思います。そして、これらの症状に対する施策は、これまでの産業保健活動ではまったく十分とは言えない状況です。

　それでは、例えば筋・骨格系の症状は、体操などの運動プログラムによって、どの程度改善効果があるのでしょうか。運動プログラムによって、それなりに肩こりは改善したという効果が出てきたとしても、プレゼンティーイズム全体に対しどのぐらいインパクトがあるのか、その答えはなかなか出ないということは、先に述べた通りです。さらに、筋・骨格系の症状は、メンタルヘルスの影響がかなり大きいわけです。そのことは、多くの痛みの症状にも言えることです。個人ごとのプレゼンティーイズムについては、症状およびその背景となる要因を診断して、改善の働きかけをすればいいのだと思いますが、集団のプレゼンティーイズムを改善する施策を検討する上では、プレゼンティーイズムを引き起こす症状で最も大きく、またその他の症状にも影響があるメンタルヘルスについて、もっと深堀りをしてみる必要があります。

1.4.3　プレゼンティーイズムの発生要因③：メンタルヘルスの視点

　職場のメンタルヘルスは、ストレス反応やそれによって発生する障害を改善する二次予

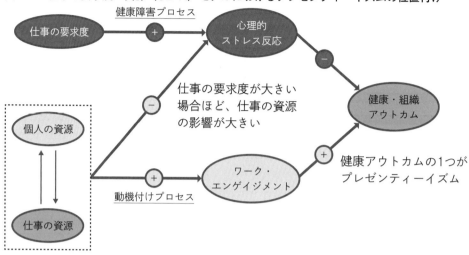

図4-2　仕事の要求度－資源（JD-R）モデルにおけるプレゼンティーイズムの位置付け

防だけでなく、仕事のストレス要因やその影響を緩和する仕事の資源に介入する一次予防が重要です。そこで、仕事のストレス要因とプレゼンティーイズムの関係について、これまでにどのようなことが調べられているか、2021年に過去10年間に発表された論文を対象に調査しました[17]。その結果、高い仕事の要求度、低い仕事のコントロール、リーダーシップの欠如、頻繁なハラスメント、役割葛藤、不安定な仕事、仕事と家庭のコンフリクトなどが、プレゼンティーイズムの発生と関連していることが報告されていました。

　近年、職場のメンタルヘルス対策においては、職業性ストレスのモデルとして、仕事の要求度－資源モデル（Job Demands-Resource model：JD-R model）がよく用いられます（**図4-2**）。このモデルでは、仕事の要求度および資源（個人の資源と仕事の資源）が、2つのプロセス、健康障害プロセスと動機付けプロセスを介して、健康や組織のアウトカムに影響を及ぼします。そして、この主要なアウトカムの1つが、プレゼンティーイズムと考えられています。多くの論文で、プレゼンティーイズムの改善には、仕事の要求度の改善や仕事の資源の改善が有効だと考察しています。

　健康経営において、管理職の認識や役割が非常に大きなポイントであることは、本書でも何度も出てきたところです。管理職の支援は、JD-Rモデル上、極めて重要な仕事の資源です。このうち、部下の健康面への支援がある状況、すなわち「私の上司は部下が活き活きと仕事をし、健康的な生活をするための支援を十分に提供している」といった状況は、低い心理的ストレス反応、高いワーク・エンゲイジメントと関係があり、この2つの要因を介して、また直接的に、低いプレゼンティーイズムと有意に関係しているという結果を得ています[18]。

　そのような中で、2019年に発表されたStepanekらの論文[19]は、集団のプレゼンティーイズムを改善するために、どのような取り組みをすべきかについて検討する上で、貴重な結果を提示しています。英国の職域を対象とした大規模な調査の公開データを用いたもので、調査結果を個人の健康、仕事の内容、職場環境の要因に分けて、それぞれについてプレゼンティーイズムとの関係を表すモデルを、共分散構造分析を行って作成し、最終的に

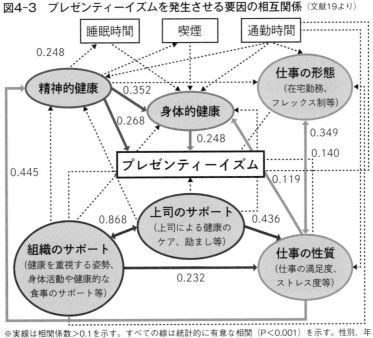

図4-3　プレゼンティーイズムを発生させる要因の相互関係（文献19より）

※実線は相関係数>0.1を示す。すべての線は統計的に有意な相関（P<0.001）を示す。性別、年齢、収入、学歴、民族性、役職で調整済み。
仕事の要因→精神的健康→プレゼンティーイズム：この流れが解決のポイントとなる。

はそれら3つのモデルを統合するという、かなり手の込んだ手法を使った研究です（**図4-3**）。その結果、「プレゼンティーイズムにより大きく影響する要因としては精神的健康と身体的健康があり、身体的健康には、先ほどの腰痛でもそうですが、精神的健康の影響が大きく、精神的健康が身体的健康を介して間接的にプレゼンティーイズムに影響を与えている。直接的影響と間接的影響を合わせると、精神的健康がかなり大きな影響を与えている。さらに、精神的健康には仕事の性質が大きく影響しており、仕事の性質は身体的健康をも介してプレゼンティーイズムに影響する。そして、仕事の性質には組織の支援や上司の支援が大きく影響する」という知見を得ています。つまり、前述のJD-Rモデルに含まれる仕事の資源が、プレゼンティーイズム対策をする上で大変重要であることを、この研究は示しています。

　そうすると、精神的健康や仕事の性質、仕事の資源といった要素を改善しないと、運動施策や栄養施策といった生活習慣改善のプログラムだけでは、集団のプレゼンティーイズムを改善することは困難であるということになります。

　このように、従業員のメンタルヘルスに影響を及ぼす要因が、プレゼンティーイズムに大きなインパクトを与えていることがわかっています。そこで、日本では労働安全衛生法に基づきストレスチェックが行われていますので、ストレスチェックの結果とプレゼンティーイズムとの関係はどうなっているのかに興味をもちました。そこで、コラボヘルス研究会のデータを用いて、高ストレス者と非高ストレス者の間で、健康問題と関連した損失額を比較してみました[20]。その結果、医療費は高ストレス者の方が若干多く、歯科医療費には差が認められませんでした。一方、プレゼンティーイズムは、高ストレス者と非高ストレ

図4-4 高ストレスと健康問題に関連した損失の関連 (文献20より)

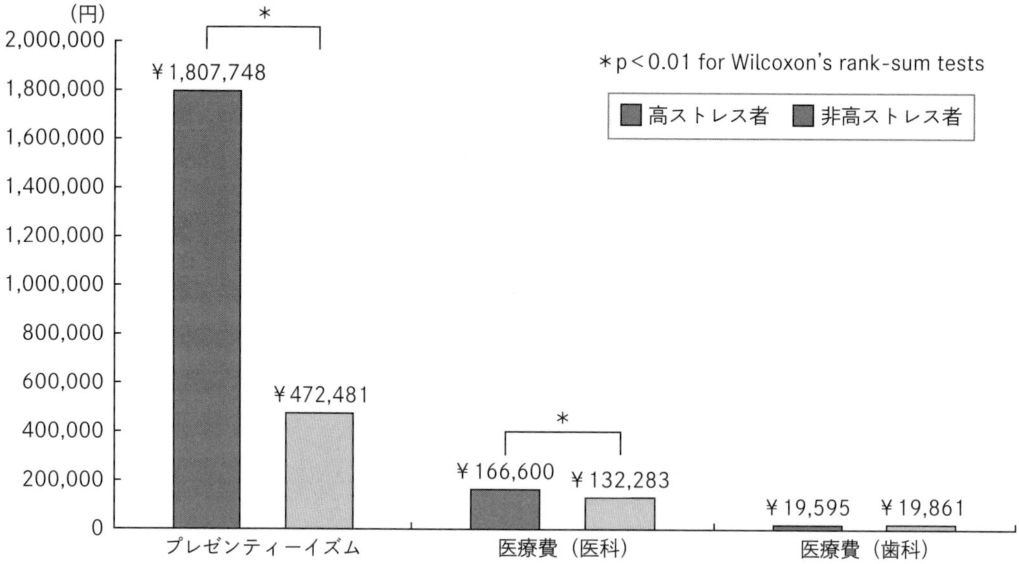

ストレスチェックの高ストレス者は、プレゼンティーイズムによる損失が大きい。

ス者では、1人あたり年間130万円以上の差があるとの結果が出ました（**図4-4**）。これは、大企業の給与レベルでの計算ではありますが、高ストレス者の増加は集団のプレゼンティーイズムを大きくして、その結果、極めて大きな損失を企業にもたらすことになると考えられます。

1.5 ▶ 職場のプレゼンティーイズム対策のあり方

　これまでの知見をもとにすると、健康経営において従業員集団のプレゼンティーイズムを改善する施策としては、ストレスチェックに基づく職場環境改善が大変重要であり、職場のストレス環境の改善を伴う積極的な取り組みを行わずして、集団のプレゼンティーイズムを改善することは困難であるとの考えに至りました。一方で、一人ひとりの従業員についても、症状があって困っている状態ですので、症状やその背景に合った対策も重要です。その意味で、従来の個別の健康管理も、血液検査の結果だけでなく、丁寧に自覚症状を聞き取り、適切に対応すれば、プレゼンティーイズム対策として効果がないわけではないことになります。

　つまり、プレゼンティーイズム対策にもHigh Risk Approach、Individual Approach、Population Approach、Work Environmental Approachがあるのだと思います。そこで本章の第3節では、プレゼンティーイズムの概念を用いたハイリスクアプローチに関する研究を紹介しています。

（森晃爾）

2 プレゼンティーイズムの要因に関する研究例

本節では、プレゼンティーイズムの要因に関する研究例として、糖尿病によるプレゼンティーイズムの発生に関する研究を紹介します。

2.1 ▶ 糖尿病によるプレゼンティーイズム

これまで、米国やヨーロッパを中心に、糖尿病と診断されている人はプレゼンティーイズムが発生するということが、数多くの研究で報告されています。しかし、産業保健の現場で、糖尿病をもつ人と面談をしても、全員が仕事のパフォーマンスに影響しているわけではなさそうであり、糖尿病という疾病があり、何らかの症状や健康上の不調を来している場合に、プレゼンティーイズムが生じているのではないかという考えに至りました。

そこで、糖尿病と診断された人において、どのような要因でプレゼンティーイズムが引き起こされるのかについて、過去に調査された研究を確認してみました[21]。その結果、大きく4つの要因にまとめられました（**図4-5**）。1つ目は、治療に伴う低血糖です。低血糖は、症状が軽く自己対応できるレベルや、夜間就寝中に発生した場合でも、翌日の業務への影響が小さくないことが報告されています。2つ目は、糖尿病の三大合併症の1つである糖尿病性神経症、特に神経障害に伴う痛みがある場合です。この痛みが強いほど、生産性は低下することが認められています。3つ目は、糖尿病治療者の中で、特に重症者が合併しやすいとされている、気分障害などのメンタルヘルス不調が挙げられます。メンタルヘルス不調自体がプレゼンティーイズムの原因とされていますが、糖尿病と気分障害が合併した場合は、より大きな生産性低下につながるとされています。最後に、治療薬の忍容性、いわゆる副作用の問題です。どのような薬でも副作用は出る可能性があり、その薬の量や種類が増えれば、副作用が出る可能性や程度は大きくなります。これら4つの要因を大きく分けると、低血糖と治療薬による忍容性に関しては、治療による要因と言えますし、糖尿病性神経症やメンタルヘルス不調の合併に関しては、重症化による要因と考えられました。

図4-5　糖尿病によるプレゼンティーイズムの発生要因に関するレビュー（文献21より）

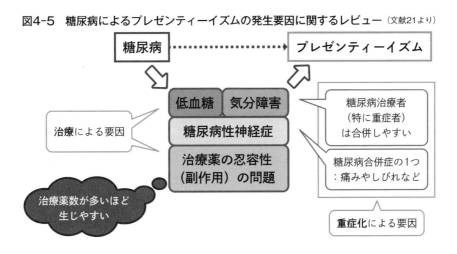

2.2 ▶ 糖尿病とプレゼンティーイズムに関する研究

2.2.1 研究の背景

　前記の糖尿病によるプレゼンティーイズムの発生要因に関する調査結果から、2つの仮説を考えました。まず1つ目として、糖尿病を治療することによりプレゼンティーイズムが発生するが、一方で、血液検査で糖尿病型に該当するものの未治療であれば、プレゼンティーイズムは発生しないという仮説です。ただし、この未治療者は、産業医や産業看護職による健康診断の事後措置がしっかりと行われている場合、治療が必要にもかかわらず長年治療を放置し重症化してしまっているケースは、かなり少ないと考えられます。ここでは、直近の血液検査で初めて糖尿病型に該当したケースや、糖尿病と診断はついたものの治療薬を使うほどではなく、生活習慣改善を試みて様子を見ているケースを想定します。

　続いて2つ目として、1つ目の仮説で、治療をすることでプレゼンティーイズムが発生しやすいことが示された場合に、治療者の中でも、特に重症群でプレゼンティーイズムがより生じるのではないかという仮説を立てました。この重症群には、血液検査で評価される血糖コントロール不良な群と、多剤治療群を含めることとしました。糖尿病治療ガイドラインでは、年齢や低血糖の危険性などを考慮した上で、個別の治療目標の設定が必要とされていますが、多くの方は糖尿病の合併症予防という観点で「HbA1c 7%未満」を治療目標とするとされています。治療手順としては、インスリン依存型の1型糖尿病の場合は、インスリンによる治療が必要になりますが、生活習慣病の1つである2型糖尿病の場合は、まず食事や運動など生活習慣の改善を試みます。改善効果が得られない場合に、糖尿病治療薬を単剤より開始し、単剤治療でも血糖コントロールがつかない場合に、1剤、さらにもう1剤増やしていくという治療方針が立てられます。したがって、多剤治療群は、ある意味血糖コントロールがつきにくかった重症群と捉えることができると考えました。

　以下では、我々産業医科大学産業保健経営研究室で実施した2つの研究結果を紹介します。

2.2.2 研究①：糖尿病治療によるプレゼンティーイズムの発生[22)]

　本章の第1節でも出てきた、コラボヘルス研究会のデータを用いて、定期健康診断、健康保険組合からのレセプト情報、参加企業の従業員に協力いただいたアンケート結果を使用しました。なお、2016年度のデータを使用しましたが、当時は40歳未満の従業員全員には血液検査を実施していない企業が多かったこともあり、数多く収集できる40歳以上の1万3,000人ほどを対象としました。

　糖尿病の分類は、定期健康診断とレセプト情報を用いて、糖尿病診療ガイドラインで示されている基準に則って分類しました。大きく正常群と境界群（糖尿病予備群）、糖尿病群に分け、さらに糖尿病群は、血液検査で糖尿病型に該当するもののレセプト情報では治療薬が処方されていない場合は糖尿病型未治療群、定期健康診断の結果は問わずレセプト情報で糖尿病治療薬の処方がある場合は治療群としました。

　プレゼンティーイズムの算出方法については、Quantity and Quality 法（QQ法）を使用しました。解析方法については、プレゼンティーイズムの発生オッズ比をロジスティック回帰分析という手法を使って求めています。

正常群と比較したプレゼンティーイズムの発生オッズ比は、境界群（糖尿病予備群）では有意差を認めませんでした。一方で、糖尿病群では有意に発生オッズ比が高くなりました。糖尿病群の中で、治療群においては有意差を認めましたが、糖尿病型未治療群では有意差は認めませんでした。

したがって、この結果は、治療によりプレゼンティーイズムが発生する可能性を示唆しており、境界群に該当したり糖尿病型に該当したりしただけでは、プレゼンティーイズムが発生するわけではないことを示唆していました。

2.2.3　研究②：糖尿病治療者の重症度とプレゼンティーイズム[23]

前述の通り、糖尿病治療によりプレゼンティーイズムが発生することが示唆されましたが、特に重症群（コントロール不良あるいは多剤治療）はプレゼンティーイズムと関連が強いのではないかという仮説を検証しました。研究①と同じ集団を対象に調査しました。糖尿病分類については、治療群を、治療コントロール、治療薬数の2つに着目して分けました。まず、治療コントロールに関しては、健康診断の結果でHbA1c 7%未満を軽度（治療コントロール良好）、HbA1c 7〜8%を中等度、HbA1c 8%以上を重度（コントロール不良）として3つの群に分けました。続いて、治療薬数に関しては、単剤治療と2剤以上治療に分けました。配合剤もよく処方されますが、配合剤は2剤を組み合わせたものなので、2剤以上の群に含めることとしました。

解析については、研究①と同様に、正常群と比較してのプレゼンティーイズムの発生オッズ比を求めていますが、大きく3つ解析を行っています。1つ目は治療コントロールに関する解析、2つ目は治療薬数に関する解析、さらに3つ目は治療薬数2剤以上の中で、治療コントロール軽度・中等度・重度でのプレゼンティーイズムの発生オッズ比を算出しました。

まず、治療コントロールについての結果ですが、正常群と比較して、軽度・中等度・高度ではどの群も有意にプレゼンティーイズムが発生していましたが、中等度・高度では軽度に比べると発生オッズ比が高くなっていました。

続いて治療薬数に関してですが、単剤治療群では正常群と比較して有意差を認めませんでした。すなわち、プレゼンティーイズムは発生せずに済むことが示唆されました。一方で2剤以上治療群は、プレゼンティーイズムの発生オッズ比が有意に高くなっていました。

さらに2剤以上治療群の中でも、軽度よりも中等度・高度では発生オッズ比が高いという結果になっていました（**図4-6**、次頁）。

したがって、単剤治療でコントロールがついている場合はプレゼンティーイズムの発生が抑えられそうですが、2剤以上治療が必要である場合は血糖コントロールが良好でもプレゼンティーイズムが発生しやすく、またコントロールが悪い場合はさらにプレゼンティーイズムが発生してしまうことが示唆される結果でした。

2.2.4　全体の結果のまとめと考察

2つの研究の結果をまとめると、血液検査で境界型（糖尿病予備群）あるいは糖尿病型に該当したからといって、それだけでプレゼンティーイズムが生じるわけではなさそうだということがわかりました。もちろん、糖尿病の治療が必要であるにもかかわらず、長年

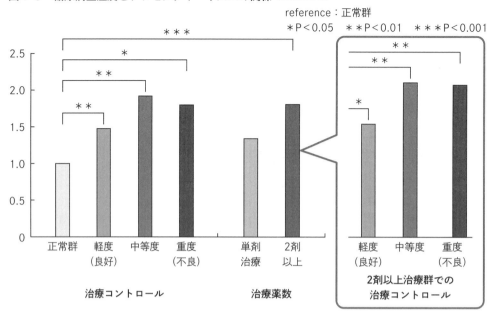

図4-6　糖尿病重症度とプレゼンティーイズムの関係（文献23より）

reference：正常群

＊P＜0.05　＊＊P＜0.01　＊＊＊P＜0.001

放置している場合は、プレゼンティーイズムが生じると考えられます。

　一方で、糖尿病治療によりプレゼンティーイズムが生じうるということがわかりました。そして、治療群の中でも、単剤治療で血糖コントロールがついている場合は、プレゼンティーイズムの発生が抑えられそうですが、重症群、すなわち血糖コントロール不良、あるいは多剤治療群では、プレゼンティーイズムが発生しやすいという結果が得られました。

　治療コントロール不良の場合、あるいは治療薬数が多い場合に、なぜプレゼンティーイズムが発生しやすいのかということについてですが、治療コントロール不良の場合、まずは典型的な糖尿病症状として口渇、多飲多尿といった症状が出てしまうことが挙げられます。また、2.1（p.93）でも示された通り、メンタルヘルス不調を含めた合併症の問題が引き起こされやすいということが考えられます。治療薬数については、数が多いとその分、忍容性の問題、いわゆる副作用の問題が出る可能性が高くなるため、それに伴いプレゼンティーイズムが発生しやすくなるのではないかと考えられます。

　ただし、今回行った研究の限界について言及しておく必要があります。例えば、糖尿病の治療期間や具体的な薬の種類についてまでは考慮できていない点が挙げられます。一般的に、低血糖を起こしやすい薬や下痢・便秘など消化器症状を引き起こしやすい薬など、薬の種類によって報告されている副作用は異なります。また、他の併存疾患（高血圧や脂質異常症など）も考慮できていません。プレゼンティーイズムの評価については、どの指標を使用した場合でも、自記式で評価することが多いため、やはり主観的評価になります。その時の状態を反映してしまったり、過小評価あるいは過大評価をしてしまったりすることは、限界の1つとして注意する必要があります。これらの限界を踏まえた上で、結果の解釈、職場での活用を検討いただければと思います。

図4-7　糖尿病によるプレゼンティーイズム対策

一次予防	
治療を必要としないために	・糖尿病に関する教育 ・生活習慣の取り組み推進

二次予防	
早期発見 早期介入	・境界型の段階から積極的介入 ・要受診者への受診勧奨＆受診確認 ・運動や食事療法の支援

三次予防	
重症化予防 両立支援	・治療内容や薬剤数の確認 ・治療継続の支援 　⇒阻害要因の確認、対処 　⇒メンタルフォローの検討

糖尿病によるプレゼンティーイズム対策は、重症化予防同様、早期介入
と継続的な治療支援（食事、運動、内服含）

2.3 ▶ 研究結果から考えられる職場での対策

　前述した研究の結果から、糖尿病によるプレゼンティーイズム対策としても重症化予防が必要であり、そのためには早期発見、早期介入が必要であると言えそうです。職場での実践例として一次予防、二次予防、三次予防に分けて紹介します（**図4-7**）。

　まず、一次予防は、未然防止という点で、糖尿病治療を必要としないためにどうするのかを考える段階ですが、糖尿病に関する教育や生活習慣の運動プログラム・食事のプログラムなどをやっていくことが大事です。

　続いて、二次予防は、早期発見・早期介入の段階ですが、定期健康診断等で境界型（糖尿病予備群）を認めた場合には、産業保健職が積極的に介入して悪化しないようにする、糖尿病型の結果であり受診が必要な方には受診勧奨、さらに受診確認まで行うことが必要と考えます。もちろん、受診に加えて、運動・食事療法を続けていただくような支援を行うことも大事です。

　最後に、三次予防は、一般的に社会復帰の段階とされますが、ここでは重症化予防ならびに両立支援の段階と捉えます。治療中の方に対して、ぜひ治療内容や薬剤数の確認はしていただきたいと思いますし、治療継続の支援として、決まった用法で服薬できていない方に関しては、どういった要因で服薬できていないのかを確認する必要があります。それから、前述した通り、メンタルヘルス不調の合併は多く、それによる本人の生活や業務への影響は大きいので、メンタルフォローの検討もしていただけるとよいかと思います。

　また、特に治療コントロール不良の際、負のスパイラルに陥りやすいと考えられます（**図4-8**、次頁）。コントロール不良の場合、主治医が診た時、内服量あるいは治療薬数を増やすことになります。内服量や数が増えると、忍容性の問題が増えたり、内服回数や一度に内服する錠数が増えるため、ストレスを感じやすくなったりします。その結果、薬を

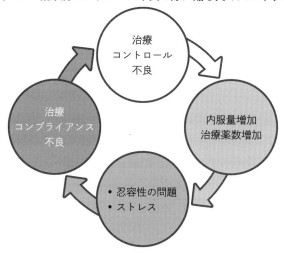

図4-8　糖尿病コントロール不良の際に陥る負のスパイラル

飲まなかったり、受診しなくなったり、いわゆる治療コンプライアンスが不良になってしまう場合があります。ますます治療コントロールが不良になると、内服量を増やす、治療薬数を増やすことになるという、負のスパイラルが起こりえます。この負のスパイラルをいかに防ぐかということも、産業保健職あるいは企業として重要になると考えます。

2.4 ▶ 結論

糖尿病の重症化を防ぐことは、本人の生活の質を維持することや医療費対策という点で重要ですが、今回紹介した研究例から、プレゼンティーイズム対策においても重要なテーマであると言えます。重症化対策を図っていく上では、早期介入や継続的な治療支援を、産業保健職を中心に、企業とも連携しながら行っていくことが必要と考えられます。

(森貴大)

3　プレゼンティーイズムを用いた産業保健活動の提案

3.1 ▶ ハイリスク者のスクリーニングへのプレゼンティーイズムの活用

ここでは、産業保健活動において、プレゼンティーイズムの尺度を用いてハイリスク者をスクリーニングして行ったインタビュー調査の結果を紹介します。

3.1.1　産業保健実務におけるスクリーニング

産業保健活動において、様々な評価軸でスクリーニングが行われています。ここでのスクリーニングは、特定の評価軸を設定して集団に序列をつけ、ハイリスク者を見つけることと定義します。例えば、健康リスクを1つの評価軸とした場合、その軸に沿って従業員に序列をつけることができます（**図4-9**）。それによって、図中の網掛けで示されているハイリスク者を特定することが可能になります。

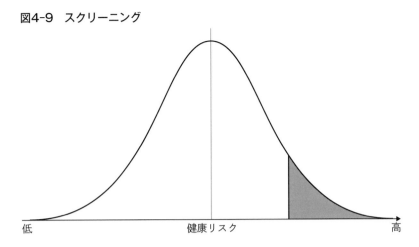

図4-9　スクリーニング

低　　　　　　　　　　　　　　健康リスク　　　　　　　　　　　　　　高

　産業保健活動において特定の人を対象とした取り組みを行う場面では、必ずと言っていいほどスクリーニングが行われています。長時間労働者の面談では、労働時間を評価軸にスクリーニングを行い、健康診断の事後措置では、健康診断の結果（例えば、血糖値やBMIなど）を評価軸にスクリーニングを行っています。また、ストレスチェック制度では、高ストレスと判断された方を対象に、医師による面接指導を行っています。ストレスチェック制度も、ある意味ではスクリーニングの機会の1つであると考えられます。

　スクリーニングの評価軸をどのように設定するかは、重要なテーマとなります。評価軸をどのように設定するかによって、当然ハイリスク者は異なる集団になるからです。健康経営の施策は限られた予算や人員で実施することも多く、効果を最大化させるために、対象者をどのようにスクリーニングすればよいか、悩んだ経験がある読者も多いことでしょう。

　それでは、プレゼンティーイズムを評価軸にスクリーニングを行うと、どのような集団が特定されるのでしょうか。おそらく、健康障害や過酷な労働環境、加えて家庭と仕事の両立の不和など、様々な問題を抱えている人が特定されることが予想されます。

3.1.2　プレゼンティーイズムを活用したスクリーニングの実践例

　ある企業において従業員のプレゼンティーイズムを測定し、ハイリスク者を対象にインタビュー調査を行いました[24]。インタビューでは、仕事内外における状況を聞き取り、プレゼンティーイズムの背景を調査しました。

　調査を実施した企業は、とある日本の食品製造業です。従業員は921人で、経営や企画、事務といったコーポレート部門と、実際に食品を製造する工場部門、製造された食品を運ぶ運送部門がありました。

　プレゼンティーイズムの測定は、質問紙を用いて行いました。測定尺度はWork functioning impairment scale（WFun：p.83参照）を活用しました[25]。WFunの質問は、「普段の体調の良い時と比べ、あなたは現在、仕事に関して次のようなことがどのくらいありますか」と聞いていて、「社交的に振る舞えなかった」など7つの項目で構成されています。各項目に対してそれぞれ、「1：まったくない」「2：週に2日以上」「3：週に1日程度」「4：月に1日以上」「5：ほぼ毎日ある」の5つの選択肢から1つを選択します。

WFunは、7つの質問項目の合計点をスコアとして使うので、すべての項目に「1：まったくない」と回答した場合は7点となり、問題のない状況を示します。一方、最もよくない状況は、すべての項目に「5：ほぼ毎日ある」と回答した場合で、最大35点となります。一般の労働者集団に対してWFunを用いて調査を行った場合に、回答者のほとんどが7点のところに集中する分布になることが知られています。

　インタビュー調査は、WFunのスコアの高い人を対象に実施しました。921人の従業員のうち、アンケートに回答した方が701人でした。その中で、WFunのスコアが21点（一般的に中等度以上の労働機能障害があるとされる値）以上であった人が42人いました。そこで、この42人を対象にインタビュー調査を企画したのですが、途中で休職となった1人とインタビュー調査に同意を得られなかった2人を除いて、最終的なインタビュー対象者は39人でした。

　インタビュー調査は、当該事業所の嘱託産業医2人で実施しました。嘱託産業医であれば、定期的な職場巡視や安全衛生委員会への出席、健康診断の事後措置の実施を通じて職場のことを知っているため、インタビュー調査に適していると判断しました。インタビュー調査をするに当たって、インタビューを行う2人でやり方をすり合わせるために、インタビューガイドを作成しました。インタビュー方法には半構造化面接を選択し、質問項目は、「職務内容」「身体的・精神的症状の有無」「仕事と生活への影響」「病歴」「原因の所在」「対処行動」「改善の見込み」「管理職等への相談歴」などとしました。インタビュー時間は、対象者1人あたり1回20分としました。

　インタビュー対象者（WFunのスコア21点以上、39人）と非対象者（WFunのスコア21点未満、565人）の比較を行ったところ、「正社員」は、WFunのスコア21点以上では66.7％、21点未満では45.5％を占めており、WFunのスコア21点以上で正社員が多くを占める傾向にありました。「自覚症状がある」と回答したのは、WFunのスコア21点以上で79.5％、21点未満で51.3％でした。「現在喫煙している」と回答したのは、WFunのスコア21点以上で30.8％、21点未満で25.0％でした。

　インタビュー調査の結果、産業医として介入が必要であると判断したのは9人でした。9人が抱える課題は、①健康診断ではわかりにくい健康問題、②ストレスチェック制度で見落とされる健康問題、③職場巡視では把握できない業務負荷による健康障害、④支援を必要としないために考慮されない健康問題、の4つに分類できました。表4-1に、9人のインタビュー内容とインタビューをした産業医が必要と判断した介入内容をまとめて示しました。プレゼンティーイズムに着目することで、通常の産業保健活動とは違った視点で職場の課題を捉えることができました。

　定期健康診断では、就労可否を判断するために基本的な検査が行われます。多くの労働者に、限られた時間と費用でできる検査になっているので、身体測定、血液検査、心電図、胸部レントゲン撮影などが中心となります。今回の事例で出てきた睡眠時無呼吸症候群は（事例1）、ポリソノグラフィーと呼ばれる睡眠中の検査を行う必要があります。睡眠時無呼吸症候群は、健康診断では見つけることができず、日中の眠気や周囲にいびきを指摘されて、本人が医療機関に出向くことで見つかる可能性があります。言い換えれば、本人が

表4-1　個人または組織への介入が必要と産業医が判断した事例

事例	性別	年齢	Wfun	インタビュー詳細	インタビューをした産業医の判断	分類
1	男性	33	31	肥満であり、家族からいびきをかくと指摘されたことがあった。仕事は、生産ラインでの作業や備品の発注を行っていた。発注ミスが多く、そのミスを責められることが多かった。	閉塞性睡眠時無呼吸症候群の疑いがあるため、医療機関への受診を勧める必要があった。	(1)
2	男性	36	35	生産ラインに合わせて早く作業できないと、上司によく怒られた。時に、上司からは「ぶん殴るぞ」とまで言われていた。仕事上のイライラから、なかなか寝付けず、夜中に何度も目が覚めてしまった。	ハラスメントの事実を確認し、同僚への影響を調査する必要があった。	(2)
3	女性	61	24	工場で働き始めてから1年が経過した。技能向上のための教育が不十分だったため、生産ラインでの作業が滞り、同僚から怒られるようになった。同僚の負担が増え、人間関係の構築にも支障を来していた。	新入社員に十分な教育機会を与えられていなかった。教育制度の確認と見直しが必要であった。	(2)
4	男性	46	28	仕事量の多い管理職で、同僚から期待され過ぎていた。仕事上の責任に対して自分の能力に自信をもてなかった。椎間板ヘルニアによる中途覚醒と腰痛があった。	職場巡視では、心の問題を把握することができなかった。管理職やその他の責任ある立場の人へのメンタルヘルス支援が必要であった。	(2)
5	男性	54	24	生地投入を繰り返す重労働により、首、肩、腰部と全身に筋骨格系の痛みを自覚していた。体を動かさないでいる時や工場内が寒い時に症状は強くなった。	職場巡視では確認しきれない作業の身体的影響があった。改めて現場を確認する必要があった。	(3)
6	男性	44	25	重いものを持ち上げた時に急性腰痛に3回なったことがある。腰痛が再発することに不安を感じていた。	職場巡視では、従業員の焦りや不安感を把握することが困難であった。腰痛の再発を防ぐためには、心理的なサポートや職場環境の改善が必要であった。	(3)
7	男性	56	24	1年前から身体負荷の高い作業での腰痛に悩まされていた。身長が低く、つま先立ちをしていた。誰にも相談していなかった。加齢による体力の衰えと椎間板ヘルニアから休職に至った。	年齢や身長などで身体的に不適応があったものの、支援を求めずに仕事を続け、症状を悪化させた。復職の際には、適切な職場環境を検討することが必要であろう。	(4)
8	男性	23	22	幼少期より原因不明の頭痛に悩まされていた。症状が出ると仕事を中断して薬を飲まなければならなかった。同僚からは、機嫌が悪いと思われていた。	頭痛がある時は仕事を中断し、休息時間を確保できるように業務上の配慮が必要であった。	(4)
9	男性	44	25	既往に突発性難聴による聴覚障害があった。騒音職場で同僚との意思疎通に支障を来していた。	職場の配置変更を検討する必要があった。	(4)

分類：(1) 健康診断ではわかりにくい健康問題、(2) ストレスチェック制度で見落とされる健康問題、(3) 職場巡視では把握できない業務負荷による健康障害、(4) 支援を必要としないために考慮されない健康問題。

受診しなければ見つかることはないと考えられます。プレゼンティーイズムが高い人に面談を行うことで、こういった健康診断では見逃される病気を抱えた従業員を見つけ出すことができるかもしれません。

　また、ストレスチェック制度における高ストレス者の医師による面接指導は、本人の申し出に基づいて行われます。ストレスチェック制度はあくまでセルフケアを目的としているため、面接は強制できません。そのため、本人が希望を申し出ない限り、面接の対象者になることはありません。上司から暴言を受けていた36歳男性（事例2）、教育機会に恵

まれなかった入社2年目の61歳女性（事例3）、周囲からの期待に応えられず自分に自信が
ない46歳男性（事例4）、3人全員が直近のストレスチェックで高ストレス者と判定された
ことを、インタビュー調査の中で教えてくれました。すなわち、産業医が行う通常の産業
保健活動では見つけることができなかった事例でした。

　産業医の職場巡視では、特定の場面（場所や時間帯）しか職場を見ることができません。
加えて、作業者は忙しく、作業を止めてもらって話を聞くことは憚られる環境です。今回
の調査でわかった、繰り返し作業で筋・骨格系疼痛のあった54歳男性（事例5）、繰り返
す急性腰痛（ぎっくり腰）で作業に不安を抱えていた44歳男性は（事例6）、作業を原因
とした症状を抱えていました。視覚的に確認できない心の"不安感"は、職場巡視の中で見
つけることは難しいと考えられます。

　従業員本人からの自発的な申し出があった場合には、産業医面談が設定され、職場の問
題点を把握することができます。とはいえ、嘱託産業医は月に1回程度の執務となるため、
産業医に直接相談することは、従業員にとって少しハードルが高いと考えられます。健康
問題による休職を経て、復職する時に初めて産業医と面談の機会をもつことが珍しくあり
ません。加齢に伴う健康障害とそれによる作業のやりにくさがあった56歳男性（事例7）、
原因不明の頭痛を認めた23歳男性（事例8）、難聴がありながら騒音職場にいた44歳男性
（事例9）、3人とも「自分から支援を申し出ても改善が期待できない」と、インタビュー
調査の時に話していました。実際に何とか仕事を続けられているので、復職面談や両立支
援といった機会に巡り会うこともないままでした。

　一方、産業医が「特に介入は不要」と判断した30人には、3つの特徴がありました。まず、
自分自身で問題を解決できた人です。例えば、新入社員や職場の異動といった状況の方々
は、一時的に、「社交的に振る舞えなかった」という質問に対して高いスコアの回答をし
ていました。他には、生産増による繁忙期の影響や花粉症など季節による健康障害の問題、
近親者の死などによってWFunのスコアが高い人でした。2つ目は、かかりつけ医や家族、
同僚の支援で解決できていた人です。3つ目は、アンケートに正確に回答していない人です。
特に何も考えずに、7つの質問すべてに真ん中の「3：週に1日程度」を選択したため、合
計21点になった人が複数いました。

3.1.3　プレゼンティーイズムの視点

　プレゼンティーイズムを評価軸にしたスクリーニングにより、従来の産業保健活動では
見つけることのできなかった問題の発見が可能となりましたが、この取り組みには利点と
限界があります。利点としては、既存の産業保健活動とは異なる視点で職場の健康課題を
見つけていくことができたことです。過去に産業医面談をしたことがある人は、36人中
たった3人しかいませんでした。直前の健康診断での事後措置対象者は、全員がWFunの
スコア21点未満でした。すなわち、健康診断の有所見者とプレゼンティーイズムが高い
人は一致していなかったことを意味します。スクリーニングの視点を少し変えるだけで、
特定されるハイリスク者は異なりました。また、プレゼンティーイズムは仕事と人のミス
マッチを測定しているため、産業医の職務に直接つながる事例を見つけることができたと
思います。

一方、今回の実践例には、3つの限界があります。まず、1つの企業における少人数を対象とした調査であったことです。そのため、他の企業で同様の成果が上がるとは限りません。今後、様々な業種で多くの人を対象に調査をしていくと、新たな発見があるかもしれません。2つ目は、インタビューを行った産業医の主観が介入の要否判断に影響していることです。3つ目に、他のスクリーニング方法との優位性が不明なことです。プレゼンティーイズムを評価軸としてスクリーニングを行うことが、ストレスチェックでハイリスク者を見つけることより優れているかどうかは、今回の取り組みでは比較できていません。

　このような限界があるものの、プレゼンティーイズムを用いたスクリーニングを行うことによって、これまでの産業保健活動では見つけることができなかった課題を確認することができる可能性があります。職場の課題を発見し、健康経営の取り組みを計画する上で、まずは従業員のプレゼンティーイズムを測定することから始めてみてもよいかもしれません。

（酒井洸典）

3.2 ▶ 職場復帰支援での活用

3.2.1　プレゼンティーイズムと職場復帰

　本章第1節でも述べられているように、プレゼンティーイズムおよび健康問題による全損失は、睡眠障害も含めたメンタルヘルス関連の症状によるものが最も大きいことがわかっています。企業としては、生産性の低下を防ぐため、メンタルヘルス関連の症状によるプレゼンティーイズムを改善させる、何らかの施策を実施すべきということになります。しかし、そもそも精神疾患で休職中の従業員が職場復帰した後、その従業員のプレゼンティーイズムがどういう推移をたどっているのか、これまで調査されていませんでした。もともとどのような推移をたどるかわかっていないと、プレゼンティーイズムを改善させる施策をどのような形で行えばよいのかがわかりません。そこで今回、精神疾患で休職していた従業員が職場復帰した後、プレゼンティーイズムがどのように推移するのか調査しました[26]。

3.2.2　職場復帰支援でのプレゼンティーイズム評価の実施事例

　精神疾患で休職した従業員の、復職後6か月間の心理的苦痛（K10）の推移とプレゼンティーイズムの推移を確認し、産業医の意見書との関係を確認しました。

　対象となった企業は、従業員2,600人の製造業で、2015年4月から2016年3月の1年間に精神疾患で休職し、復職した従業員の方を対象としました。調査のため収集したデータは、復職後6か月間、毎月産業医がフォロー面談時に心理的苦痛とプレゼンティーイズムのアンケート調査を行い、アンケート回収とともに、産業医が意見書を出したかどうかを確認しました。

　今回の調査では、精神状態を把握するアンケート検査として、心理的苦痛の調査であるK10を選びました。調査対象をうつ病と疾患限定するのではなく、精神疾患全般で調査したため、全般的な把握ができるK10を選びました。カットオフポイントは10点としました[27]。プレゼンティーイズムは、Quantity and Quality法で確認しました[28]。Quantinyは「症状がないとき（通常時）に比べ、この1か月間、どの程度の"仕事の量"になります

か？」、Qualityは「症状がないとき（通常時）に比べ、この1か月間、どの程度の"仕事の質"になりますか？」という質問に対し、本来の量、質を10点として、0から10点の間で当てはまる点数を選択します。プレゼンティーイズムは、以下の計算式で算出します。

$$\text{プレゼンティーイズム} = 1 - \frac{\text{Quantity （0–10）} \times \text{Quality （0–10）}}{100}$$

プレゼンティーイズムを1点満点としたので、Quantity（0–10）× Quality（0–10）を100で割っています。例えば、仕事の量が8で、仕事の質が7の場合、

$$\text{プレゼンティーイズム} = 1 - \frac{8 \times 7}{100} = 1 - 0.56 = 0.44$$

プレゼンティーイズムは0.44となります。プレゼンティーイズムの値が低いほど、生産性の低下がなく、よい状態ということになります。

　病名は、復職時に従業員が職場に提出した精神科医の診断書から採用しました。そして、産業医の意見書に関しては、残業禁止や出張禁止など、就業制限、要配慮について産業医が意見書を出しているかどうかを確認しました。

　統計解析として、K10とプレゼンティーイズムの経時変化について、マルチレベル分析で解析し、いずれも連続変数として月ごとに全体の結果に差があるかどうかを分析し、さらに最初の月を基準として各月と比較を行いました。

　以下に、結果を述べます。該当者は23人で、23人全員から研究の同意が得られました。1人は復職することなく休職延期となり、4人は数か月続けてデータがないなどデータ不十分で除外し、最終的に18人を対象に分析しました。この18人には、男性が15人、女性が3人含まれており、年齢は20〜29歳が3人、30〜39歳が9人、40〜49歳が6人です。また、診断はうつ病が12人、適応障害が5人、不安障害が1人でした。18人のうち2人の男性が、調査中の6か月目に再休職となりました。2人ともうつ病です。

　図4-10は、K10とプレゼンティーイズムの平均値の推移です。どちらも、値が小さいほどよい状態を示します。K10の平均値は、どの月もカットオフの10を下回っています。解析の結果、全体としては有意に減少傾向を認める結果でしたが、1か月目と各月の比較では、4か月目のみに差が認められました。調査の参加者は復職できる状態ですから、平均すると心理的苦痛は低い状態と捉えることができます。

　プレゼンティーイズムの平均は、復職後1か月目では0.58という高い値ですが、月を追うごとに減少し、6か月目は0.26まで減少しています。解析の結果でも、全体として減少傾向を認め、2か月目以外、1か月目と比較して各月有意に減少していました。

　図4-11（p.106）は、18人の方それぞれのK10とプレゼンティーイズムの推移のグラフです。この18人のうち、Case 17、Case 18は、6か月目で再休職となりました。Case 17は、K10が漸減していたにもかかわらず、休職となっています。Case 18は、5か月目以降、急速に増悪しています。Case 18の場合は再休職も納得がいくと思われますが、Case 17のような状態でも再休職になるのが確認できました。

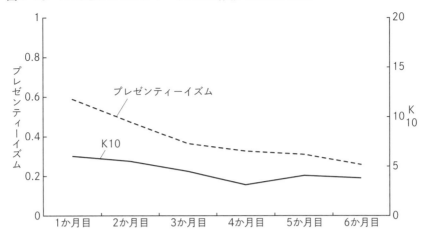

図4-10　K10とプレゼンティーイズムの推移（文献26より改変）

　6か月間で一度でもK10が10を超えたのは、Case4、6、7、9、16の5例でした。Case 4と6は、基本的には漸減傾向でした。Case7と16は高いままであり、Case 9は4か月目以降、増悪傾向となっていました。

　K10が常に10未満であったのは、Case1、2、3、5、8、10、11、12、13、14、15の11例でした。このうち、6か月目にプレゼンティーイズムが0になっているのは、Case 1、3、5、10、11の5例でした。一方、Case2、8、12、13、14、15の5例は、6か月目のプレゼンティーイズムが0ではなく、プレゼンティーイズムの改善が途中で止まっている状態でした。

　各月の産業医面談で産業医が通常勤務可能と判断し、職場に対して意見書を提出しなかったのは、Case1、3、5、10の4例で認められました。これらは、いずれも6か月目にプレゼンティーイズムが0になっていたケースです。つまり、プレゼンティーイズムが0となった5例のうちの4例は、意見書が出ず通常勤務可となったのです。一方、Case 11は、データは良好な結果なのですが、半年間意見書が出されました。その理由は不明です。

　K10で10を下回っている状態は、基本的に精神的に落ち着いている状態と言えます。今回の調査で、復職後精神的に落ち着いていても、プレゼンティーイズムが改善している群と改善していない群が生じることが判明しました。文献的には、うつ病の中核症状の改善は社会的機能の障害の緩和の改善を必ずしも保証しないという論文[29]、認知機能障害が絡んでいるという論文[30]がありますが、プレゼンティーイズムが残存する理由については、今後も調査が必要と考えられます。

3.2.3　職場復帰支援でのプレゼンティーイズム評価の価値

　さて、この調査結果をご覧になり、「この研究の結果はわかったけれども、実務で復職後のプレゼンティーイズムは確認した方がよいのか？」という疑問が生じたと思います。私としては、確認をお勧めします。復職後の対象者の状態を捉えようとした場合、今回の調査から、精神症状の確認だけでは、その対象者の「一部」を捉えたことにしかならないことが判明しました。社会的機能の障害が関係するプレゼンティーイズムを評価することは、対象者の「全体」を捉えることになり、産業医が就業制限等を判断する際に、判断の

第4章　プレゼンティーイズムの価値と限界

105

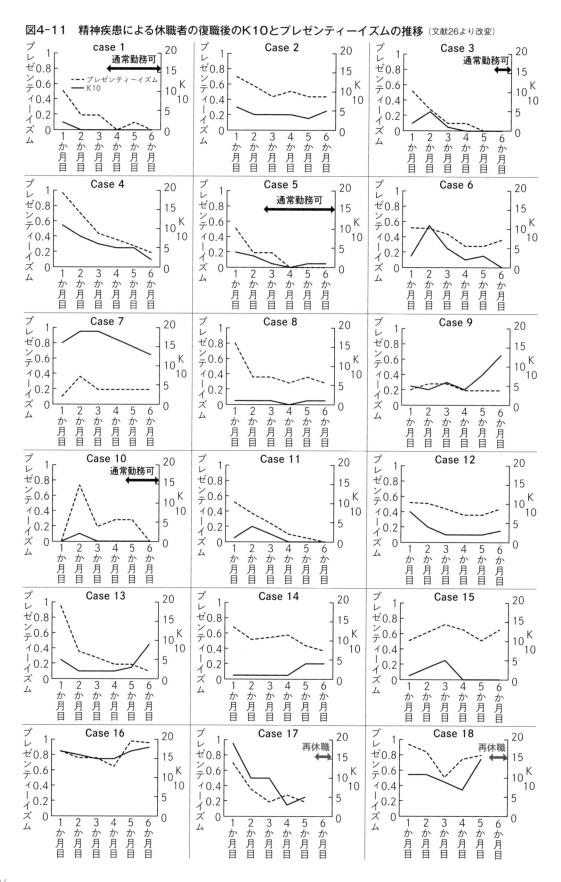

図4-11　精神疾患による休職者の復職後のK10とプレゼンティーイズムの推移 （文献26より改変）

一助となると考えられるため、確認した方がよいと考えています。

　さらに重要なのは、プレゼンティーイズムが残存する原因が何かを確認していくことではないかと思います。例えば、「疲労の回復が遅く、量をこなせない」とか「反射神経が鈍って、質が落ちている」など、症状の確認だけでは拾いきれない問題点などが明らかになるのではないかと思います。プレゼンティーイズムが残存する原因が何かについてのデータが蓄積されれば、それに対し具体的にどういう対策をとっていくべきかが、今後見えてくるのではないかと考えています。

（楠本朗）

参考文献

1) Auren U. How to build Presenteeism. Petroleum Refiner. 1955; 34: 348–359.
2) Johns G. Attendance dynamics at work: the antecedents and correlates of presenteeism, absenteeism, and productivity loss. J Occup Health Psychol. 2011; 16(4): 483-500.
3) Loeppke R, et al. Health-related workplace productivity measurement: general and migraine-specific recommendations from the ACOEM Expert Panel. J Occup Environ Med. 2003; 45: 349-59.
4) Ospina MB, et al. A systematic review of measurement properties of instruments assessing presenteeism. Am J Manag Care. 2015; 21: e171-185.
5) Kessler RC, et al. The World Health Organization Health and Work Performance Questionnaire (HPQ). J Occup Environ Med. 2003; 45: 156-174.
6) Nagata T, et al. Diagnostic accuracy of the Work Functioning Impairment Scale (WFun): A method to detect workers who have health problems affecting their work and to evaluate fitness for work. J Occup Environ Med. 2017; 59: 557-562.
7) Makishima M, et al. Validity and responsiveness of the work functioning impairment scale (WFun) in workers with pain due to musculoskeletal disorders. J Occup Health. 2018; 60: 156-162.
8) Loeppke R, et al. Health and productivity as a business strategy. J Occup Environ Med. 2007; 49: 712-721.
9) Edington DW, Burton WN. Health and Productivity. In McCunney RJ, Editor. A Practical Approach to Occupational and Environmental Medicine. 3rd edition. Philadelphia, PA. Lippincott, Williams and Wilkens; 2003: 40-152.
10) Nagata T, et al. Total Health-related Costs Due to Absenteeism, Presenteeism, and Medical and Pharmaceutical Expenses in Japanese Employers. J Occup Environ Med. 2018; 60(5): e273-e280.
11) Tsuboi Y, et al. Is active commuting to work related to work performance among male office workers? J Occup Environ Med. 2017; 59: 712-715.
12) Sakai S, et al. Improved sleep quality and work performance among shift workers consuming a "foods with function claims" containing asparagus extract. J UOEH. 2021; 43(1): 15-23.
13) Michishita R, et al. The introduction of an active rest program by workplace units improved the workplace vigor and presenteeism among workers: A randomized controlled trial. J Occup Environ Med. 2017; 59(12): 1140-1147.
14) Goetzel RZ, et al. Health, absence, disability, and presenteeism cost estimates of certain physical and mental health conditions affecting U.S. employers. J Occup Environ Med. 2004; 46: 398-412.
15) Bevis CC, et al. Diabetes wellness care: a successful employer-endorsed program for employees. J Occup Environ Med. 2014; 56: 1052-1061.
16) Kimura K, et al. Cardiovascular and cerebrovascular diseases risk associated with the incidence of 2 presenteeism and the costs of presenteeism. J Occup Health. 2020; 62: e12167.
17) Mori K, et al. Work-related factors affecting the occurrence of presenteeism—Recent research trends and future directions. J UOEH. 2021; 43: 61-73.
18) Mori T, et al. Perceived supervisor support for health affects presenteeism: a prospective cohort study. J Occup Environ Med. 2023; 65: 16-21.
19) Stepane M, et al. Individual, workplace, and combined effects modeling of employee productivity loss. J Occup Environ Med. 2019; 61: 469-478.
20) Nagata T, et al. The differences of the economic losses due to presenteeism and treatment costs between high-stress workers and non-high-stress workers using the stress check survey in Japan. J Occup Health.

2022; 64: e12346.

21) Mori K, et al. Factors of occurrence and improvement methods of presenteeism attributed to diabetes: A systematic review. J Occup Health. 2019; 61: 36-53.

22) Mori T, et al. The Impact of Diabetes Status on Presenteeism in Japan. J Occup Environ Med. 2020; 62: 654-661.

23) Mori T, et al. Diabetes severity measured by treatment control status and number of anti-diabetic drugs affects presenteeism among workers with type 2 diabetes. BMC Public Health. 2021; 21: 1865.

24) Sakai K, et al. The new practice of interviews focusing on presenteeism provides additional opportunities to find occupational health issues. EOHP. 2022; 1–8.

25) Fujino Y, et al. Development and validity of a work functioning impairment scale based on the Rasch model among Japanese workers. J Occup Health. 2015; 57: 521–531.

26) Kusumoto A, et al. Changes in Presenteeism Six Months After Returning from Sick Leave Due to Mental Illness. J UOEH. 2021; 43(4): 385-395.

27) Sakurai K, et al. Screening performance of K6/K10 and other screening instruments for mood and anxiety disorders in Japan. Psychiatry Clin Neurosci. 2011; 65(5): 434–441.

28) Brouwer WB, et al. Productivity losses without absence: measurement validation and empirical evidence. Health Policy. 1999; 48(1): 13–27.

29) Hirschfeld RM, et al. Social functioning in depression: a review. J Clin Psychiatry. 2000; 61(4): 268–275.

30) Toyoshima K, et al. Associations between the depressive symptoms, subjective cognitive function, and presenteeism of Japanese adult workers: a cross-sectional survey study. Biopsychosoc Med. 2020; 14: 10.

第 5 章

▼

健康経営戦略マップと無形資源

健康投資管理会計ガイドラインの開発

　本節では、「健康投資管理会計ガイドライン」の開発について解説します。管理会計という言葉からは、ファイナンスの専門家や実務家でないと、どんなものかイメージすることが難しいかもしれません。健康投資管理会計とは何かを簡単に表現すると、「会計という手法を使い、健康経営の取り組みを『見える化』するツール」と言えます。健康経営に関わる実務家や研究者の方は、本節と併せて、公開されている健康投資管理会計ガイドラインとその実践ツールをご覧いただき、活用いただくことをお勧めします[1]。

1.1 ▶ 健康投資管理会計ガイドライン開発の背景

　健康投資管理会計が必要とされ、議論されるに至った背景には、日本における健康経営の潜在期・黎明期・発展期という歴史の変遷があったと考えています。

　健康経営という概念や用語が成立し普及する前（潜在期）も、企業が従業員の健康に対して何も行っていなかったわけではありません。そこには、法令順守を基礎とした労働安全衛生や健康保持増進の取り組みが存在していました。ただ、これらは経営的視点で捉えた戦略的な取り組み、つまり、健康経営の定義に当てはまるものではない場合が多かったと考えられます。そのため、経営的な管理に必要な「見える化」も限定的なものでした。その後、健康経営が普及し、特に健康経営優良法人認定制度が始まり、健康経営に意識的に取り組む企業や認定申請企業が年々増加しました[2]（黎明期）。このことにより、各社の健康経営の取り組みは最低限の質が確保され、また標準化が進みました。さらに近年では、健康経営の深化が求められるようになりました。また、各社の健康経営の取り組みに対し、ステークホルダーが関心をもつようになってきました（発展期）。

　そして、こうした動きと並行する国際的な背景として、社会経済が発展し、企業活動のグローバル化が進む中で、CSR（企業の社会的責任）やSDGs（持続可能な開発目標）といった例に代表されるように、企業に向けられる社会からの期待や責任が拡大しています。そして、この期待や責任について企業とステークホルダーが対話する、透明性が求められる時代になっています。

　こうした国内外の背景があり、健康投資管理会計は、企業が自社の健康経営の取り組みを評価・分析して適切に管理すること（内部機能）、そしてその結果を社内外に開示してステークホルダーと対話をすること（外部機能）が可能となるよう、健康経営の取り組みを「見える化」するツールとして開発されました[3]。健康投資管理会計ガイドラインでは、健康投資管理会計の活用方法や具体的に利用できるツールを紹介し、ガイドしています。なお、健康投資管理会計ガイドラインは、経済産業省が設置した「健康投資の見える化」検討委員会によって議論し、作成されたものです[3]。

1.2 ▶ 開発過程の議論のポイント

　健康投資管理会計ガイドラインの開発における議論のポイントを整理すると、健康投資

図5-1 「健康投資の見える化」検討委員会における議論のキーワード

- ・健康経営の主体は誰か？
- ・健康経営で扱う健康の定義や範囲は？
- ・健康投資の定義や範囲（その施策はcost or invest?）
- ・Flow and Stock（健康の投資と資産）
- ・健康資源 or 健康資本？
- ・健康経営のアウトカム・アウトプットは何か？　指標は何か？
- ・健康管理会計は管理会計 and/or 財務会計？
- ・人的投資の将来の資産性を表現することが難しい
- ・健康の価値を金銭的可視化することは不適切か？
- ・健康投資の効果が出るには時間がかかるのではないか？
- ・健康投資管理会計は健康経営のベーシックかアドバンスか？
- ・誤った使用があるのではないか？

管理会計の目的および機能（内部機能と外部機能）に必要なものは何か、という議論でした。さらに大別すると、「健康経営の概念や構成要素を特定して定義すること」「構成要素のつながりをモデル化すること」「それらを『見える化』できるように指標や測定方法を決めていくこと」が必要でした。

　ここでは、特に重要なポイントに絞って解説を進めます。さらに学びを深めたい方はぜひ**図5-1**に挙げた議論のキーワードを参考に、公開されている経済産業省「健康投資の見える化」検討委員会の議事録[3~7]を精読ください。

　特に重要な議論の1つ目として、「健康投資管理会計はどんな企業が取り組むべきなのか？」という議論について解説します。検討委員の中からも、健康投資管理会計は大企業が行うもの、あるいはある程度健康経営を推進している企業が行うもの、そして対話の相手は主に投資家が対象ではないか、といった声もありました。しかし、前述の背景にもある通り、健康経営を適切に管理すること（内部機能）や社内外で対話していくこと（外部機能）は、企業規模や業種業態、あるいはその取り組みレベルに関係なく、健康経営に取り組むすべての企業に求められるものです。そのため、特定の対象に限定して推奨するものではなく、すべての企業や団体に対し有用かつ活用が推奨されるものとして位置付けました。

　重要な議論の2つ目として、「労働者の健康といった健康経営の要素の定義や、その要素の健康経営における位置付け」についての議論をご紹介します。まず、健康の定義についてはWHO憲章前文にある、「肉体的、精神的、社会的にすべてが満たされた状態（ウェルビーイング）」という一般的にも比較的知られている定義[8]を基本としながらも、それらを経済学や経営といった中で、どのように位置付けるのかを検討しました。経済学における人的資本理論[9,10]では、その理論の初期には、人的資本は労働者の技能や器用さ、判断力といった労働生産性に直接影響すると思われる要素を含んでいました。その後、理論の発展とともに、人的資本の中にこうした技能の土台となる、労働者の健康までも含まれるようになりました[10]。また、この人的資本理論の初期には、労働者の健康について、マ

クロで見た場合に、労働者全体あるいは国民全体の健康度が高いことで健康寿命が長くなり、国全体の労働時間が多くなる、という理論背景が説明されています[10]。こうした経済学の理論も取り込みながら、それをまた深化させ、健康投資が労働者の健康状態を維持・増進し、その上に労働時間だけでなく、労働意欲や業務遂行能力にも影響を与え、労働生産性につながっていくという流れをモデルとして想定しました。

　ここで、近年の医療経済学などの分野で学術的に測定されるプレゼンティーイズムやアブセンティーイズム、そしてワーク・エンゲイジメントなどの指標を用いることにより、概念の中の構成要素を「見える化」できることを、ガイドラインの中に盛り込んでいきました。さらには、健康のアウトプット・アウトカムとして労働者の健康を位置付けながら、それがその先の労働生産性や経営課題の解決、また、さらに先にある企業価値の向上や社会的価値への貢献につながるという概念に至りました（**図5-2**）[1]。

　重要な議論の3つ目として、「健康投資とその効果をフローとして『見える化』するだけでは不十分である。健康投資を行うことで蓄積するストックの部分を定義して『見える化』するべきである」という議論がありました。この議論を会計の視点で考えてみると、フローだけを見たのでは、ファイナンシャルの会計と同じく単年あるいは一部の投資の状態、収支しか理解ができません。企業全体、健康経営で言えば健康経営の取り組み全体がどうなっているか、あるいは経年の変化でどうなっているかはわからない、という問題点があります。また、健康投資の効果は即効性があるものではなく、効果が発現するまである程度時間を要することが想定されます。そうすると、単年、短期間のフローだけで評価するのでは、評価や管理として不十分であるという問題点が考えられました。一方で、医学の視点で考えると、健康自体の定義や性質は、健康が人生を通じて常に土台にあり変化するものでもあることから、瞬間的な、一時的な評価だけでは、これもまた十分ではないという問題点も考えられました。また、全体や経年変化、様々な指標を総合的に捉えないと、傷病や障がいを抱える労働者を組織から排除してしまうことで、一時的あるいは部分的にこのフローの効果が高まっているように見えてしまうことも問題として考えられました。こうした議論から、ストックとして健康資源を「見える化」することが必要と考えられました。

　ここまでの議論で見えてきた健康経営を構成する要素とそのつながりは、「人、物、金、情報などの経営資源」の中で人財が中心にある考えに通じます。また、視点を人財の中身に移していくと、健康とその個人のもつ知識や技能は木に例えることができます（**図5-3**、p.114）。健康資源は人財（木）が根付く土壌であり、そこに個人の健康という根が張ります。その上に個人の知識・技能・人脈といった幹や枝が成長していき、その先に物や金、時間、知的財産、情報といった葉や実が生るのです。こうした例えからも、経営において人財を中心に考え、その人財が活躍するための根幹である健康をケアし、さらに人財に栄養を与える健康資源を育むことが重要であることがわかっていただけるのではないでしょうか。

　ここまで概念を描けたら、次に、これらの要素に栄養を与える「健康投資とは何か、その定義や範囲」という議論が必要となりました。健康投資とは何かという議論は、「健康

図5-2　健康経営の取り組みを健康投資管理会計を用いて表した概念図（文献1より）

図5-3　6つの経営資源の中の人財と、人財における健康と健康資源の位置付け

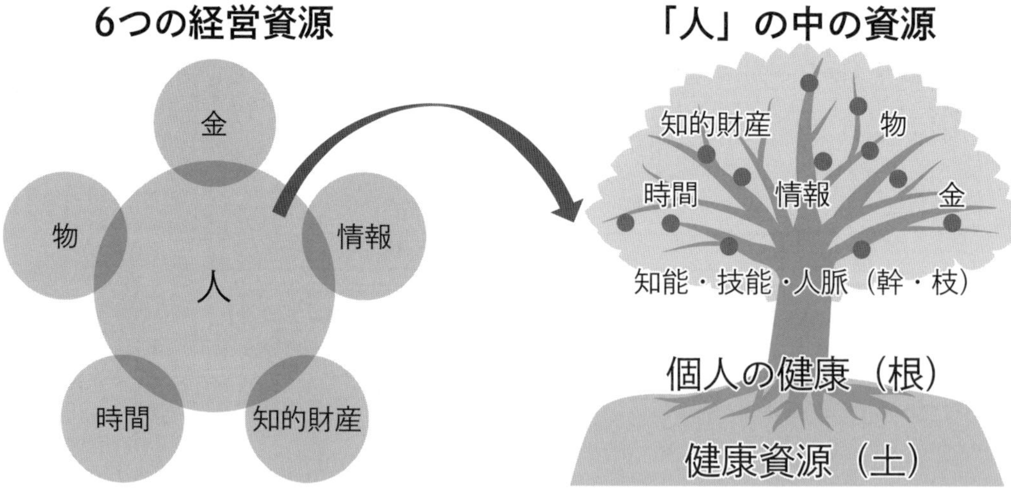

6つの経営資源

金
物　　情報
人
時間　　知的財産

「人」の中の資源

知的財産　　物
時間　　情報　　金
知能・技能・人脈（幹・枝）

個人の健康（根）
健康資源（土）

経営とは何か」という本質的な問いと同義と考えられます。議論の中では、労働者の健康に資する施策であっても、それが法令順守に当たるものはコストであり、投資ではない、という意見もありました。これに対して、経済学や経営の専門家からは、コストか投資かを決めるのは、その行為者がそれをどちらに位置付けているかの違いである、という意見もありました。つまり、どんな施策でも、それが経営視点で目的の設定ができ、戦略があり、ストーリーが描けるのであれば、それは健康投資と言うことができます。ですから、例えば、労働安全衛生法で求められる職域の一般定期健康診断であっても、その施策によってプレゼンティーイズムを減らすといった経営視点の目的が設定でき、経営的に管理されるのであれば健康投資であり、健康経営の中の取り組みと言えます。また、Herzbergが提唱した、働く人のモチベーションの二項要因理論[11]にあるように、労働者の意欲や職務満足度を高めるには、大きく2つの要素、衛生要因と動機付け要因があると考えられます。衛生要因は、それ自体を損なうと労働者の意欲が低下してしまいますが、それがたくさんあっても、労働者の意欲は上がりません。一方で、動機付け要因は、それ自体が減っても労働者の意欲は下がりませんが、それが増えると労働者の意欲が上がります。この理論も考慮すると、経営視点で見ると、衛生要因となるような法令遵守の取り組みも、動機付け要因となるような取り組みも、それら両方が健康投資になりうると考えられます。

1.3 ▶ 健康投資管理会計の中で特に重要な要素（概念図、戦略マップ、無形資源）

　ここからは、健康投資管理会計の中で特に重要な概念図、戦略マップ、無形資源について解説します。

　前掲の概念図（図5-2）は、ここまでの解説の通り、健康経営の取り組みを構成する要素とそのつながりを表しています。概念図を理解し、ガイドラインの解説[1]に沿って各社の健康経営を「見える化」することで、健康投資管理会計を行うことができます。具体的には、健康経営戦略として、健康経営によって解決したい経営課題とその解決につながる従業員等の健康課題を特定し、投資計画を立てます。そして、計画に基づき必要な健康投

図5-4　健康経営の戦略マップ（文献1より）

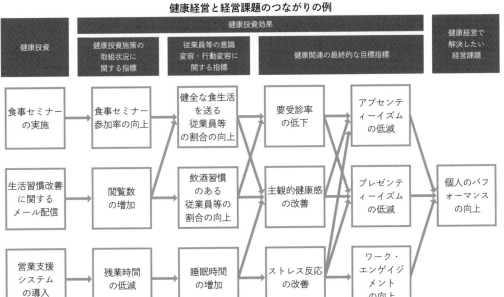

健康経営と経営課題のつながりの例

資と期待される効果を特定し、その先に課題解決（目的）を設定し、それらの指標を定めて、投資の実行と効果を測定し、PDCAを回していきます。この時、PDCAを回す中で蓄積する健康資源も「見える化」します。ガイドラインの中では、この「見える化」を助けるツールとして、シート（記載様式）を作成して公開していますので[1]、これらを利用するとよいでしょう。

　この健康投資管理会計の一連の「見える化」の中でも、特に戦略マップ（**図5-4**）が重要です。戦略マップは、各社の健康経営全体の流れを「見える化」するものであり、戦略マップを作成することで、各社の健康経営の戦略とストーリーを明確にすることになります。戦略マップが明確に描けていれば、各社の健康経営が、従業員の健康を経営的な視点で捉えたものであり、かつ戦略的に捉えていることがわかります。実際に健康投資管理会計に取り組んだ企業からは、「自社の戦略マップを明確にしたことが関係者や経営者、従業員の内部での対話を促進した、そして理解や参画につながった」という声がありました。ですから、健康経営にこれから取り組もうとする企業や、最初からすべての健康投資管理会計を行うのは難しいと感じている企業では、まず戦略マップをつくってみることをお勧めします。

　健康経営、そして健康投資管理会計の入口としての戦略マップとともに、もう1つ重要なのが、健康投資を行った出口に蓄積されていく健康資源です。その中でも特に、無形資源が重要です。健康資源が重要な理由は、健康資源が人財に栄養を与える土に例えることができるように、健康資源が蓄積されるほど、健康投資効果が高まると考えられるからです。これまで、健康経営の実務的な経験則から、同じような健康施策、つまり健康投資を行っても企業や組織ごとに効果量は異なることがわかっていました。では、この違いは何から生まれているのでしょうか。これには、従業員個人の健康意識や自己健康管理能力、

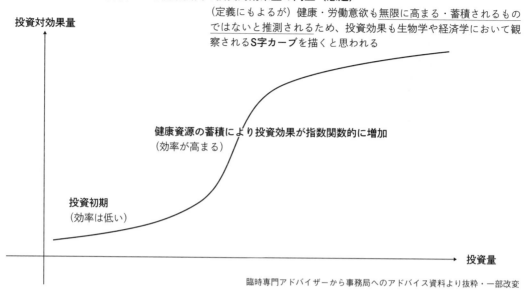

図5-5　無形資源の蓄積による健康投資の投資対効果量の向上（想定）

投資対効果量

（定義にもよるが）健康・労働意欲も無限に高まる・蓄積されるものではないと推測されるため、投資効果も生物学や経済学において観察されるS字カーブを描くと思われる

健康資源の蓄積により投資効果が指数関数的に増加
（効率が高まる）

投資初期
（効率は低い）

投資量

臨時専門アドバイザーから事務局へのアドバイス資料より抜粋・一部改変

つまりヘルスリテラシーの違い、あるいは、経営層や管理職による施策への参加の呼びかけといったコミットメントやリーダーシップの違い、従業員が自然に、あるいは積極的に健康施策に取り組む、仕事などで協力するといった健康風土や会社の文化の違い、こうした違いが影響しているのではないかと考えられます。まさにそうした要素が、健康投資により蓄積されていく健康資源であろうと考えました。

　このような健康資源の重要性、つまり健康資源と健康投資効果の関係性を図5-5のように想定しました。この想定では、投資初期には健康施策を打っても従業員の参加は少なく、行動変容に至る人も少ない、その結果、健康投資効果も小さいと考えられます。しかし、健康投資を続けていくことで経営層のリーダーシップが強まり、従業員のヘルスリテラシーが向上する、さらに従業員が会社からの健康投資を認知して感謝したり、安心感をもったり、帰属意識が高まったりする中で組織全体の健康風土、文化が醸成される、その結果として二次関数的に健康投資の効果が高まっていくと考えられます。ただし、効果として何を指標にするかにもよりますが、健康投資効果がある程度高まると、生物学や経済学でよく観察される「S字カーブ」のように、効果がだんだん小さくなってくるという関係性も想定されます。これらはあくまで想定であり、実際にどのような関係性となるかは、健康投資管理会計が普及し、「見える化」が進むことで、科学的な観察や検証が可能になると期待されます。

　このように、ガイドラインの中では、無形資源や環境健康資源が特に重要であると位置付けました。ただ、特に無形資源については、無形であるがゆえに、その特定や定義、指標を示すことに非常に苦労しました。ガイドライン公開の段階では、この点について十分に議論や特定が進まずに、無形資源として想定される指標を示すまでにとどまりました（図5-6）。実務や研究におけるさらなる検証と議論により、指標が洗練されていくことが必要です。実際に、ガイドライン公開後も無形資源の学術的な探索、指標の開発が進めら

図5-6 ガイドラインで示された健康の無形資源の例（文献1より）

①**明確化された理念・方針、コミットメント**
　（例）健康経営に関する理念の明確化の有無やその浸透度、コミットメントの有無
②**理念を実現するための具体的な制度・体制**
　（例）理念を実現するための体制、ガバナンス（統治プロセス）、関与する社内人材の数、役職、能力/資格、内部監査・外部監査の有無
　（例）健康経営の理念や目標に合致した制度の数
　（例）それら制度の認知率、利用率
　（例）代替となる外部評価（ISO45000シリーズの認証、くるみん認証の有無等）
③**理念や制度により培われてきた風土**
　（例）心理学等で開発され普及している各種風土測定尺度（組織風土尺度／組織公正性尺度／新職業性簡易ストレス尺度の一部）
　（例）経営層との信頼関係（承認・称賛や失敗許容挽回の風土の有無等）
　（例）各社独自に開発・実施している風土調査
　（例）がん等の疾患や各種障がいをもつ者の復職率や雇用率

ており、世界中のベストプラクティスや研究が精査され、無形資源に相当する要素として以下のようなものが特定されています[12]。

・経営者のリーダーシップとコミットメント、明確な方針、率先垂範
・職場の管理職のリーダーシップ
・職場のチャンピオン（推進者）
・組織全体に向けた効果的で持続的なコミュニケーション
・組織の健康風土・健康文化

さらに、特にそうした無形資源の中から、日本の実務でも活用できる指標（測定尺度）の開発が進められています。本章第2節で解説されるPerceived Organizational Support（POS：従業員が会社の健康投資あるいは支援を認知しているという要素）や、Workplace Social Capital（WSC：職場における人と人との関係性の中にある資本）が重要と考えられ、研究が進められています。

1.4 ▶ 健康投資管理会計の外部機能（情報開示とステークホルダーとの対話）

最後に、健康投資管理会計の大切な機能である外部機能（情報開示とステークホルダーとの対話）について解説します。企業や社会が持続的に活動し、発展していくためには、あらゆる企業活動について、企業とステークホルダーで対話することが求められています。特に自然環境だけではなく、人的資本や健康経営についても、人とその健康が人類の活動の根幹的な資本として認識されるようになり、注目が高まっています。そのため、人的資本や健康経営についても、ステークホルダーとの対話がより求められていくものと考えられます。ただし、企業ごとにステークホルダーが異なり、また、ステークホルダーによっても知りたいこと（健康経営に対する関心事）が異なります。そのため、健康経営を情報開示する企業側もそれを受け取る側も、何を見るべきで、どのように解釈すればよいかと

いうことについては、まだ標準化や普及が十分には進んでいません。今後、実際に対話が進む中で対話における共通言語が生まれ、何を見るべきか、どのように解釈すべきかが標準化され、普及していくものと期待されます。

　日本は健康経営を先進的に発展させていますので、日本が国際社会に向け、健康経営を普及し、対話を広める、そのリーダーシップを発揮することも可能です。健康投資管理会計は、こうした課題や役割のソリューションになります。多くの企業が健康投資管理会計を実践し、健康経営の発展を進める、また対話を通じて社会に各社の健康経営の価値を示せることを願っています。

1.5 ▶ まとめ

　本節では、健康投資管理会計は健康経営を「見える化」するツールであることを解説しました。「見える化」することで、健康経営が適切に経営事として管理できること（内部機能）、そして社内外のステークホルダーと対話ができること（外部機能）を説明しました。物事を定量・定性的に表現する（「見える化」する）ことは、それ自体が科学や学問に通じるところであり、そうした科学や学問と連携・連動しながら、この健康経営がさらに発展を遂げていることを紹介しました。また、健康経営の概念の中で、特に健康資源の無形資源が重要であることを解説しました。

（岡原伸太郎）

2　無形資源の概念と関連研究

　前節で無形資源の重要性について触れられていますが、本節では無形資源の具体例として、知覚された組織的支援（Perceived Organizational Support：POS）と職場のソーシャル・キャピタル（Workplace Social Capital：WSC）の2つの概念について解説していきます。

2.1 ▶ 知覚された組織的支援（Perceived Organizational Support: POS）

2.1.1　無形資源について

　健康投資管理会計ガイドライン[1]では、健康投資（健康の保持・増進を目的として投入された費用等）の効果として組織に蓄積されるもの（ストック）を、「健康資源」と呼んでいます。この「健康資源」には、「人的健康資源」と「環境健康資源」があります。人的健康資源としては、従業員のヘルスリテラシーや健康状態などが該当します。一方、環境健康資源には、設備や備品などの「有形資源」と、財務会計上の資産として認識されない「無形資源」があります。

　「無形資源」の具体的な例としては、①健康経営に関して明確化された理念や方針、経営層のコミットメント、②健康経営の理念を実現するための具体的な制度や体制、③それらの理念や制度により培われてきた風土（健康風土・健康文化）が挙げられます。3つ目の

健康風土・健康文化に関して、近年、企業等の健康に関する環境・制度・風土が従業員の健康に与える影響について学術的な検証が行われ、その重要性が示されるようになってきています。我々が行ったレビュー[12]においても、健康風土・健康文化には、健康増進サポートに対する従業員の認知度や参加率を高め、従業員の食生活・飲酒行動・喫煙行動などの健康行動や健康状態を改善するだけでなく、仕事満足度や幸福度を改善し、医療費や離職率を減らす効果があることが明らかになっており、健康風土・健康文化が無形資源の1つとして大切な要素であることがわかります。

　では、この健康風土・健康文化はどのように評価すればよいのでしょうか。現時点では、健康風土・健康文化の評価指標として統一されたものはありません。しかし、すでに心理学等で開発され普及している組織風土測定尺度として、いくつか代表的なものがあり、これらを健康風土・健康文化の評価指標として代用することは可能です。本節では、この組織風土測定尺度の具体例としてPOSとWSCという2つの概念について紹介します。

2.1.2　知覚された組織的支援（POS）とは何か

　知覚された組織的支援（Perceived Organizational Support：POS）は、1986年にEisenbergerら[13]によって提唱された概念であり、「従業員の貢献を組織がどの程度評価しているのか、従業員のウェルビーイングに対し組織がどの程度配慮しているのかに関して、従業員が抱く全般的な信念」[14]と定義されています。この定義をよく見てみると、1つの定義の中に2つの側面が含まれていることがわかります。1つ目は、自分が組織に貢献したことに対して、組織がそれを適切に評価してくれているかという側面、2つ目は、組織が自分のウェルビーイングに対してきちんと配慮してくれているかという側面です。POSは、この2つの側面に対して、従業員が実感している組織支援の度合いを表す概念です。言い換えると、従業員と会社との関係性の質を表す概念と言えます。また、「うちの会社は従業員向けに十分な施策を行っている」「うちの会社は従業員を大切にしている」という会社（経営層・人事管理部門）側の視点ではなく、実際にそこで働く従業員が会社に対してどのような気持ちを抱いているかという、従業員側の視点を重視していることも大きな特徴です。

　少し理論的な話になりますが、POSは社会的交換理論（人間は有形無形の様々な"報酬"の交換によって人間関係を形成・発展していくという理論）を理論的基礎としています。そのため、組織（または経営者や組織を代表するような人物）から支援されていると従業員が感じれば感じるほど、その従業員は組織に対する好意を強め、組織の目標達成のために貢献しようとさらなる努力をする、という考え方が基礎にあります。少し砕けた言い方をすると、会社に対して「お世話になっている」と感じる従業員は、しっかりと恩返しをしようとする、という考え方です[15]。昨今の従業員の就業形態やニーズの多様化に伴い、会社は多様な従業員との間に良好な関係を構築する必要があります。POSのような、従業員の会社に対する評価や意見を反映した概念や指標は、多様性の吸収を目指した人事施策の効果検証においても有用だと考えられます。

2.1.3　知覚された組織的支援（POS）に影響を与える因子とは

　会社の無形資源として重要なPOSですが、POSを向上または悪化させる要因（先行変数）

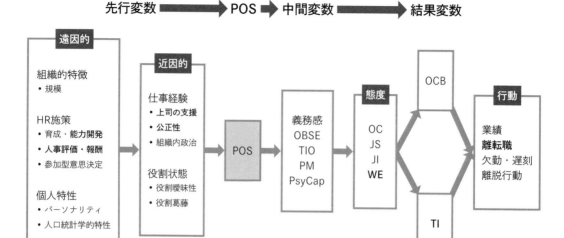

図5-7　POSの先行変数と結果変数 (文献16より)

JI：ジョブ・インボルブメント、JS：職務満足、OBSE：組織に基づく自尊心、OC：組織コミットメント、OCB：組織市民行動、PM：ポジティブ気分、PsyCap：心理的資本、POS：知覚された組織的支援、TI：離職意思、TIO：組織への信頼　WE：ワーク・エンゲイジメント

としてどのようなものがあり、POSが変化した結果どのような影響が出るのか（結果変数）について考えてみましょう。**図5-7**[16] は、POSと関連する因子をまとめたものです。POSの左側に記載された要素（先行変数）がPOSに影響を与え、結果として、右側に記載された要素（結果変数）に変化をもたらします。

　例えば、人事施策の一環として業務に必要な能力開発の機会を与えられたり[17]、適切な人事評価プロセス[18] や会社への貢献に見合った報酬[19] を得られたりすることで、POSは向上します。また、上司による支援が受けやすく[20] 公正性の高い組織[21] でも、同じようにPOSは向上します。一方で、POSが向上した結果、どのようなことが起こるのかというと、「恩返しをしよう」という義務感[22] や「自分はこの組織において価値がある存在だ」という自尊心[23] が向上します。その結果として、ワーク・エンゲイジメントの向上[24] や離職意思の低下[17]、業績の向上[25] につながることがわかっています。

　ただし、POSには留意すべき点があります。実は、**図5-7**に示されている先行変数を改善したからといって、必ずしもPOSが向上するとは限らないのです。これらの先行変数がPOSに与える影響を調整している要素（これをモデレーターといいます）の存在です。つまり、このモデレーターの状態によっては、せっかく人事施策や職場環境を改善しても、POSが向上しない場合がありうるということです。このモデレーターとしては、以下の2つが重要です。

　1つ目は「組織的裁量」[26] です。会社が従業員に対して何らかの好意的な扱いをした場合に、それが外部環境による強制、例えば法令が変わったからとか、他社との競争において必要になったからではなく、会社が自らの裁量で行ったと従業員が認識する場合にのみ、POSの向上につながります。言い換えると、従業員にとってどんなに好ましい対応であっても、「それって法令が変わったからしょうがなくやっているんでしょ？」と従業員に認識されている場合は、POSの向上は期待できません。

2つ目は「組織的誠実さ」です。会社が従業員に対して何らかの賞賛・承認・表彰など
を行った場合に、それが経営者や会社の本心から表明されたものであると従業員がみなす
場合にのみ、POSは向上します[14]。つまり、従業員の機嫌をとろうとして、思いつきです
べての従業員に対し一律にノベルティのようなものを配ったりしても、POSは上がりま
せん。経営者からの賞賛や表彰などは、従業員が自らの優れた業績や報酬と連動している
時に初めて「心からなされたものだ」と認識され、POSが上がります。従業員に対する
労いの言葉や表彰などは、それを行うタイミングも大事なのです。

POS研究の第一人者であるEisenbergerは、*American Journal of Health Promotion*
誌の座談会で「警戒心の強い従業員は、会社から提供されるウェルネスプログラムを宣伝
が目的であると考えたり、例えプログラムが自分にとって有益であっても、従業員のウェ
ルビーイングへの配慮というよりも医療費削減が目的だと警戒したりするため、ウェルネ
スプログラムの内容を検討したり、参加したりすることが少ないかもしれません」と話し
ています[27]。これを健康経営の文脈に置き換えてみると、「わが社は健康経営を推進して
いきます」と経営トップがいくら声高に叫んだとしても、従業員一人ひとりが「それって
ホワイト500をとることが目的でしょ？」とか「医療費を下げたいからでしょ？」といっ
た認識であれば、POSの向上は期待できないということです。つまり、組織的裁量と組
織的誠実さに基づくことを前提に、経営者や会社の思いが従業員に対してどのように伝わ
るか、もしくはどう伝えるかということも、とても大事な要素であると言えます。

2.1.4　知覚された組織的支援（POS）を測定する方法とは

POSの測定尺度としては、知覚された組織的支援に関する調査票（Survey of Perceived
Organizational Support：SPOS）が、唯一の測定尺度と言えます。SPOSは、1986年
にEisenbergerら[13]によって開発された指標で、36項目からなる測定尺度です。36項目
の質問に対して、それぞれ「0：全くそう思わない」から「6：非常にそう思う」の7段階
で回答する形になっており、質問数が多く回答者側の負担も少なくありません。そのため、
過去の文献の多くでは、16項目版[13]や8項目版[26]などの短縮版が使用されています。日本
語版のSPOSについては、現在、信頼性（回答のばらつきが少ないこと）や妥当性（適切
にPOSを計測できていること）が検証されたものがないため、我々の研究室でSPOS日本
語版とその短縮版（8項目版）を開発中です。

図5-8（次頁）は、36項目の設問の一部を列挙したものです。これらの具体的な質問
項目を見てみると、SPOSで測定しているPOSの概念がよりイメージしやすくなると思い
ます。

2.1.5　知覚された組織的支援（POS）に関する研究

ここからは、POSに関する研究をいくつか紹介します。POSは、努力－報酬の不均衡
による離職意思[24]（自分の努力に対して得られる見返りが少ない場合に生じる離職意思）、
疲労[28]、燃え尽き[29]、不安[30]および頭痛[31]などを軽減させることがわかっています。また、
POSの高い従業員は、職場でのストレスが少なく、腰痛による休業後に職場に早く復帰
する傾向があることも報告されています[32]。加えて、高いPOSは業績と正の相関があり[33]、
POSが高い製鉄会社のマネージャーやライン従事者は、業務改善のためにより創造的な

以下には、あなたが所属する組織で働くことについて、あなたが抱いている可能性のある意見が記載されています。
各項目に対するあなたの同意または不同意の度合いについて、あなたの見解に最も近い選択肢を選んでください。

以下の選択肢から選んでください。

0	1	2	3	4	5	6
全くそう思わない	そう思わない	あまりそう思わない	どちらとも言えない	少しそう思う	そう思う	非常にそう思う

【設問（一部）】
1. 私が所属する組織は、私が自分の能力を最大限に発揮して仕事ができるように、積極的に支援をしてくれる。
2. 私が所属する組織は、私の意見を大切にしてくれる。
3. 私の組織は、私のウェルビーイング（仕事を通じて快適、健康、幸せであると感じている状態）を、本当に大切にしてくれる。
4. 私が所属する組織は、私が全般的に仕事に満足しているか、気にかけてくれる。
5. たとえ私が最高の仕事をしたとしても、私が所属する組織はそのことに気づかない。
6. 私が所属する組織は、私の利益に対してほとんど関心を示してくれない。
……

図5-9　POSが主観的ウェルビーイングに及ぼす効果（文献14より）

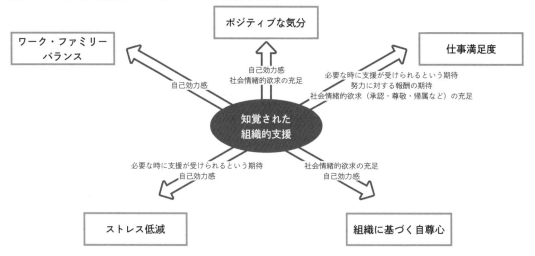

提案を行う[25]など、POSを高めることが、従業員個人の健康面に限らず、職場全体にとっても大きなメリットとなることがわかります。
　その他に、昨今注目されているウェルビーイングに対しても、POSが大きく関係していると言われています（**図5-9**）。POSが高まると、まず、自己効力感（目標を達成するための能力を自らがもっているという認識）、必要な時に支援が受けられるという期待、社会情緒的欲求（他者からの承認・尊敬、組織への帰属など）の充足、努力に対する報酬の期待などが高まります。そして、これらの要素の高まりを介して、結果としてポジティブな気分、仕事満足度、組織に基づく自尊心（「自分は組織から評価されている」「自分は組織に影響を与えることができる」という従業員の考え）、ストレス軽減、ワーク・ファミ

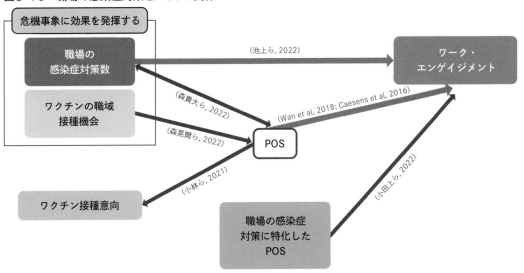

図5-10　職場の感染症対策とPOSの関係

（図中ラベル）
危機事象に効果を発揮する

職場の
感染症対策数

ワクチンの職域
接種機会

（池上ら, 2022）

ワーク・
エンゲイジメント

（森貴大ら, 2022）

（森晃爾ら, 2022）

POS

（Wan et al, 2018; Caesens et al, 2016）

（小林ら, 2021）

ワクチン接種意向

職場の感染症
対策に特化した
POS

（小田上ら, 2022）

リーバランス、といったウェルビーイングに強く関係している項目の改善につながります[14]。

　続いて、我々が行った日本での研究についても紹介します。2019年の新型コロナウイルス感染症の発生以降、我々は様々な感染対策を講じることを余儀なくされてきました。**図5-10**は、職場の感染症対策におけるPOSの役割に関する研究をまとめたものです。図の一番右にあるワーク・エンゲイジメントは、健康経営の活動における経営課題として取り上げられることが多い指標ですが、POSが高いとワーク・エンゲイジメントも高くなるということは、これまでいくつかの研究で確認されています[34・35]。ここでは、この関係性を軸に、職場の感染症対策とPOSの関係を見ていきます。森ら[36]は、ワクチンの職域接種機会が適切に提供されることでPOSが上がることを確認しました。続いて、小林ら[37]は、POSが高いと従業員のワクチン接種意向が高まることを確認しています。今回の新型コロナウイルス感染症のパンデミックでは、多くの会社で様々な感染症対策が行われてきたと思いますが、職場の感染症対策数に着目した場合、対策数が多くなるほどPOS[38]やワーク・エンゲイジメント[39]が高くなることがわかりました。また、前述の通り、POSの定義は「従業員のウェルビーイングに対する組織からの配慮に対して従業員が抱く信念」となっていますが、「ウェルビーイング」の部分を「職場の感染症対策」に置き換えた、「職場の感染症対策に特化したPOS（POS for Infection Prevention）」であっても、やはりワーク・エンゲイジメントを高めることが明らかになっています[40]。つまり、新型ウイルスの流行時などの危機事象にさらされた時こそ、会社が適切な対応を講じれば、従業員のPOSやワーク・エンゲイジメントを高めることができると言えます。

2.1.6　知覚された管理職支援(Perceived Supervisor Support：PSS)に関する研究

　第3章でも取り上げましたが、復習も兼ねて再度、知覚された管理職支援（Perceived Supervisor Support：PSS）について触れたいと思います。POSは「従業員が知覚する組織からの支援」ですが、職場では組織（会社）と比べてより従業員に近い立場にいるのは上司です。そのため、「従業員が知覚する上司からの支援」の指標としてPSSがあります。

前述の通り、POSの評価尺度であるSPOSは36項目の質問から構成されていますが、過去の研究[20] では、SPOSの「組織」という言葉を「上司」に置き換えたものが、PSSの指標として用いられています。つまり、PSSは「自分の貢献を上司がどの程度評価しているのか、自分のウェルビーイングに対して上司がどの程度配慮しているのかに関して、従業員が抱く全般的な信念」と定義することができます[20]。一言で、PSSは「上司によるサポート感」と言い換えることもできます。

PSSに関する過去の研究の紹介や、組織の資源が上司のPOSを向上させ、その結果部下のPSSが向上し、最終的に部下のPOSが向上するという流れについては、第3章の「2.2.2 従業員が実感する組織や管理職による支援」（p.63）も併せて確認してください。

2.1.7　知覚された組織的支援（POS）を高める方法とは

最後に、POSを高める具体的な方法について紹介します。**図5-11**は、Eisenbergerら[41] がPOSを最大化するための方法を8つにまとめたものです。

1つ目は、「自由裁量に基づく処遇を従業員に提供する」ことです。法令遵守など、やむを得なく行う処遇のみではPOSは向上しないということは、前述の通りです。会社が人事施策として何らかの優遇策を打ち出す場合は、それが自発的な行動であることを従業員に効果的に伝える必要があります。

2つ目は、「経営慣行の策定・監視・実施において、公平かつ公正であること」です。組織による公正な処遇は、POSの最も強力な推進要因の1つとなります。

3つ目は、「達成可能な目標を設定し、それに見合った報酬を与える」ことです。業績が良くても悪くても皆が同じような評価を受けることは、POSを下げる要因であると言われています。そのため、業績の良否に対する差別化を行い、高い業績を達成した従業員には相応の報酬と評価を与える必要があります。ただし、勝者総取りとなると他のメンバーのPOSを低下させる可能性もあるため、個人賞とグループ賞を組み合わせるなどの工夫が必要です。

4つ目は、「個人の状況に合わせた福利厚生を提供する」ことです。これは、会社で福利厚生制度を導入する際には、従業員のキャリアやライフステージの変化に応じてカスタマイズされた福利厚生メニューを提供する必要性を唱えています。

図5-11　POSを最大化するための8つの戦術 （文献41より）

①自由裁量に基づく処遇を従業員に提供する
　"やむを得なく行う処遇のみではダメ"
②経営慣行の策定・監視・実施において、公平かつ公正であること
③達成可能な目標を設定し、それに見合った報酬を与える
④個人の状況に合わせた福利厚生を提供する
　"従業員が必要としている支援を捉え提供する"
⑤上司が部下のPOSを育成できるよう支援する
⑥部下が上司に対して支援的になるようトレーニングをする
⑦支持的で強固なソーシャルネットワークづくりを促進する
⑧入社前から組織的な支援を開始する

5つ目は、「上司が部下のPOSを育成できるよう支援する」ことです。PSSの項目で述べたように、上司に部下のPOSを上げてほしいのであれば、その役割を果たすために必要な資源（研修機会など）を会社が提供しなさいということです。

　6つ目は、「部下が上司に対して支援的になるようにトレーニングをする」ことです。上司と部下の双方のPOSを向上させるためには、上司から部下に対する支援だけではなく、部下から上司への支援も大切です。上司‐部下間サポートの好循環を促進させるために、部下から上司に対して支援することの価値を従業員に認識してもらう取り組みが必要です。

　7つ目は、「支持的で強固なソーシャルネットワークづくりを促進する」ことです。Haytonら[42]は、①ネットワーク内の同僚の数、②メンバー間のやりとりの数、③ネットワーク内のハイパフォーマーの割合が、POS向上に寄与することを明らかにしています。

　最後は、やや意外かもしれませんが「入社前から組織的な支援を開始する」ことです。Zhengら[43]によると、会社のPOSに対する期待値が大きい就職希望者は、就職後も従業員として高いPOSを示します。採用面接の面接官が礼儀正しく、親しみやすい態度で応募者を安心させることで、POSに対する期待値を高めることができます。

　もう1つ興味深い研究があります。Giorgiら[44]は、イタリアの銀行員6,000人を対象にした研究で、POSの最も強い予測因子は何かを明らかにしています。①仕事の要求度、②裁量権の欠如、③上司支援の欠如、④職場におけるトレーニング、⑤不安全・不健康な環境に対する従業員の認知、の5つの要素のうち、どの要素がPOSに最も効いているのかを、回帰木という手法を使って検討しています。結論としては、職場におけるトレーニングに対する認知が、POSに最も効いていたことがわかりました。ここで言うトレーニングに対する認知とは、「この組織は、職務を遂行するために、従業員に十分な訓練をしている」「従業員が新しいツールや設備を使用しなければならない時、十分な訓練が提供されない」などの質問から構成されており、職務遂行のために必要な知識やスキルに対して十分な教育を提供することが、POSを高めるための近道であることを示しています。

2.1.8　まとめ

　健康投資効果を効率化する要素として、無形資源が注目されています。その1つとして健康風土・健康文化があり、その一例として知覚された組織的支援（POS）という概念を紹介しました。POSは働く人の視点を重視しており、組織が従業員に行っている扱いに対する従業員からの評価を表しています。

　POSを高める先行要因としては、組織公正性や上司の支援、適切な研修機会などがありますが、これらの先行要因により「組織から適切に評価されている」「自分たちのウェルビーイングに配慮してもらっている」と従業員が認知することでPOSが高まり、互恵規範（give and takeを重視する傾向）や組織への恩返しの感情を介して、最終的に組織コミットメントや職務満足度の向上、離転職・欠勤・遅刻の防止につながることがわかっています。

　また、従業員のPOSを高めるためには、まず管理職のPOSを高める必要があり、企業は、管理職に対して必要な資源を適切に提供できているかを再考する必要があります。"自由裁量に基づき""誠実さをもって"従業員の貢献を評価し、従業員のウェルビーイングに配

慮することで、企業はPOSを高め、企業価値を向上させることができると考えます。

(小田上公法)

2.2 ▶ 職場の社会関係資本（職場のソーシャル・キャピタル）

この項では、企業における無形資源の1つである職場の社会関係資本（職場のソーシャル・キャピタル）と労働生産性の関係性における研究例や、職場の社会関係資本と健康との関係性などについて科学的に説明していきます。

2.2.1 社会関係資本（ソーシャル・キャピタル）の定義

社会関係資本と訳されるソーシャル・キャピタル（以下、SC）は、「人々の協調行動を活発にすることによって、社会の効率性を高めることのできる、『信頼』『規範』『ネットワーク』といった社会組織の特徴」と考えられています[45・46]。概念は少し難しいのですが、SCは人々の絆から生まれるものですので、日本で言うところの「お互いさまの文化」や「向こう三軒両隣」などの言葉が[47]、SCをイメージしやすいかもしれません。SCは、物的資本、人的資本と並ぶ社会の効率性を高める新しい概念であり、人々の関係性の中に存在する資源とも理解できます[46]。

2.2.2 ソーシャル・キャピタルと健康との経路（職場を例に）

SCと健康の関係には、4つの経路があると言われています[48・49]。

1つ目は、人と人とのつながりが多く、助け合いや協調行動が盛んな職場、つまりSCが醸成された職場は、「他者への影響」が大きくなります。例えば、職場でウォーキングを始めたという人に影響され、職場の他の人々もウォーキングを始めるなど、SCは他者に影響を与え、周囲に伝播します。

2つ目に、SCが醸成された職場では、社会的な規範が形成されていますので、周りの目が気になり仕事中にたばこを吸いにくくなるといった「非公的な社会的統制」が見られます。

また、3つ目の経路として、従業員が団結して会社側に運動会などの健康イベントの開催を提案するなど、健康に結び付く「集団行動」が見られます。

4つ目の経路として、SCが醸成された職場は、職場の人々同士の助け合いが多く、ストレスも低減されます。

これら4つの経路を経て、従業員の疾病発生のリスク低下や健康の向上が起こると考えられています。

2.2.3 職場におけるソーシャル・キャピタルの類型とその測定

職場におけるSCは、職場のソーシャル・キャピタル（Workplace Social Capital：WSC）といいます。我々は、日々の生活において職場で相当な時間を過ごし、社会関係を育んでいます。つまり、職場はSCに重要な社会的な文脈であり、SCを醸成する場となりえますので、SCの概念が産業保健領域に用いられるようになったのは自然な流れと言えます[46]。

WSCは、職場の組織構造により、リンキング型、水平型（結束型、橋渡し型）に分類されています。リンキング型は、職場における職位の違いをまたいだ人間関係を指します。

図5-12　WSC尺度（フィンランド公共部門研究）（文献52より）

1	仕事に関連した事柄や問題について部署内で情報を共有している。 People keep each other informed about work-related in the work unit.	
2	我々の職場では、共に働こう、という姿勢がある。 We have a 'we are together' attitude.	Bonding （結束型）
3	お互いに理解し認め合っている。 People feel understood and accepted by each other.	
4	部署の人は、新しいアイディアを展開・適応するために協力し合っている。 People in the work unit cooperate in other to help develop and apply new ideas.	
5	部署のメンバーは、できるだけ最良の成果を出すために、お互いにアイディアを出し合い、活かし合っているか？ Do members of the work unit build on each other's ideas in order to achieve the best possible outcome?	Bridging （橋渡し型）
6	上司は親切心と思いやりをもって私たちに接してくれる。 Our supervisor treats us with kindness and consideration.	
7	上司は私たちの従業員としての権利に対して理解を示してくれる。 Our supervisor shows concern for our rights a employee.	Linking （連結型）
8	我々の上司は信頼できる We can trust our supervisor.	

図5-13　日本語版WSC尺度（文献51より）

1 私たちの職場では、ともに働こうという姿勢がある。
　We have a 'we are together' attitude.

2 私たちの職場では、お互いに理解し認め合っている。
　People feel understood and accepted by each other.

3 私たちの職場では、仕事に関連した情報共有ができている。
　People keep each other informed about work-related issues in the work unit.

4 私たちの職場では、助け合おうという雰囲気がある。
　In our workplace, there is an atmosphere of helping each other.

5 私たちの職場では、互いに信頼し合っている。
　In our workplace, we trust each other.

6 笑いや笑顔がある職場だ。
　Our workplace is a place of Laugher and smiles.

　水平型は、かなり密なつながりの同僚との人間関係を指す結束型と、あらゆる職種の同僚との人間関係を指す橋渡し型に分類されます[50]。日本は、利他主義やチームワークといったグループ志向が特徴的ですので、特に水平型のSCを育んできたと言われています。中でも結束型は、労働者の健康により影響を与えると考えられています[51]。

　WSCを測定する尺度の中で、フィンランド公共部門研究が開発した尺度が、最も広く用いられています。この尺度は、8項目から構成されており、リンキング型、結束型、橋渡し型の3つのタイプのWSCを測定します[52]（**図5-12**）。また、日本文化に特徴的な、結束型のWSCを測定する尺度も開発されています[51]（**図5-13**）。そして、新職業性ストレス簡易調査票の質問項目には、職場の一体感を表す指標として、WSC尺度が取り入れられています[53]。

2.2.4 職場のソーシャル・キャピタルと健康

WSCと健康、労働生産性との関係を示した**図5-14**をご覧ください。まず、WSCが醸成されると、望ましい健康行動を促進する可能性が高くなります。分析レベル（個人レベル、職場レベル）などによって結果は異なりますが、高いWSCは、喫煙[54]や飲酒[55]などの行動を抑制し、身体活動などの健康関連行動を促進します[56]。

また、WSCは、労働者の心身の健康との関係性も認められています。例えば、高いWSCは主観的健康観と正の関係性があり[57]、逆に、低いWSCは高血圧の発生リスクを高めます[58]。そして、低いWSCはうつ病の発生リスクを高め[59]、一方、高いWSCは心理的ストレスを低減します[60]。さらに、WSCは、ポジティブメンタルヘルスに代表されるワーク・エンゲイジメントを高めます[61]。

このように、高いWSCは、心身の健康を向上させますので、健康問題によって生産性が低下した状態であるプレゼンティーイズムやシックネス・アブセンス（病気や健康問題による休業）の発生を低減すると考えられます[62~64]。

WSCは、例えるなら土壌のようなものです。豊かな土壌が、植物をいきいきとさせ、きれいな花を咲かせるように、WSCという資源が豊富な職場では、労働者がいきいきと健康で過ごせますので、労働生産性も上がります。

2.2.5 職場のソーシャル・キャピタルと労働生産性に関する研究①：心理的ストレスの影響[62]

前述のように、WSCは、心理的ストレスを軽減させたり、ワーク・エンゲイジメントといったポジティブメンタルヘルスを高めますので、プレゼンティーイズムやシックネス・アブセンスの発生を少なくすると考えられます。WSCは仕事の資源として、プレゼンティーイズムやシックネス・アブセンスは健康のアウトカムとして捉えることができますので、ここでは、両者の関係性を示す仕事の要求度–資源（JD-R）モデルを参考にし

図5-14　WSCと健康行動、健康、労働生産性の関係

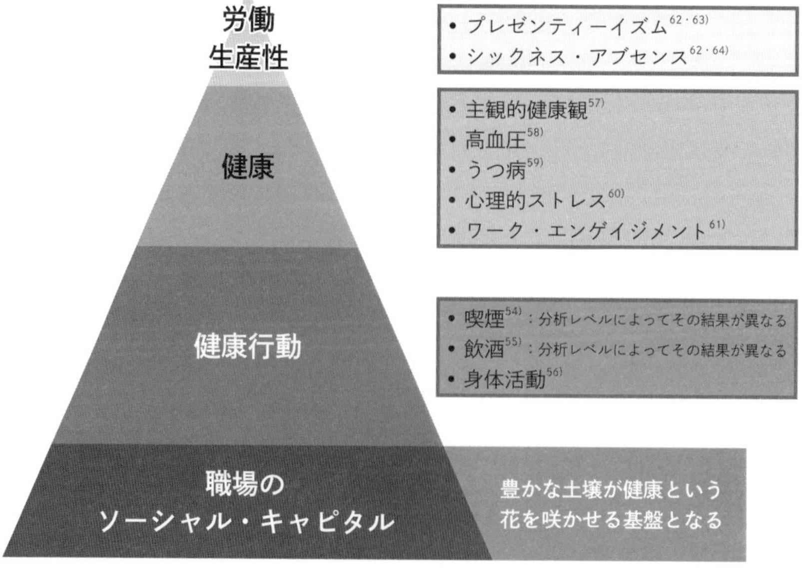

労働生産性
- プレゼンティーイズム[62・63]
- シックネス・アブセンス[62・64]

健康
- 主観的健康観[57]
- 高血圧[58]
- うつ病[59]
- 心理的ストレス[60]
- ワーク・エンゲイジメント[61]

健康行動
- 喫煙[54]：分析レベルによってその結果が異なる
- 飲酒[55]：分析レベルによってその結果が異なる
- 身体活動[56]

職場のソーシャル・キャピタル
豊かな土壌が健康という花を咲かせる基盤となる

て[65]、WSC、心理的ストレス、ワーク・エンゲイジメント、労働生産性の関係性について考えます。

JD-Rモデルは、仕事の要求度が高くなると心理的ストレス反応が上がり、健康アウトカムが下がる、と述べています（健康障害プロセス）。また、仕事の資源が、仕事の要求度に与える心理的ストレス反応の影響を弱めたりします（動機付けプロセス）[65]。さらに、前述のWSCと健康の経路や先行研究から、WSCは心理的ストレスを減らす可能性が高いことがわかっています[47・48・60]。このことから、我々は、SCが高い職場では、心理的ストレスが少なくなり、プレゼンティーイズムおよびシックネス・アブセンスが低減すると考えました。なお、本研究で調査したWSCは、日本の職場に特徴的な水平型（結束型、橋渡し型）のWSCとしました。

研究の方法は、コラボヘルス研究会のデータを用いて、日本の大手企業7社における20歳以上の従業員14,156人のデータを解析しました。水平型のWSCを説明変数、プレゼンティーイズム（Work Functioning Impairment Scale：WFun）[66] およびシックネス・アブセンス（過去1年間における病気による欠勤日数の平均値）を目的変数として、ロジスティック回帰分析を行い、オッズ比を算出しました。共変量は、性、年齢階級、会社、職種、職位、K6（心理的ストレス）としました。

水平型のWSCとプレゼンティーイズムの関係性におけるオッズ比を見てみましょう（**表5-1**）。モデル2（性、年齢階級、会社、職種、職位で調整）を見てください。WSC（水平型）の低群におけるプレゼンティーイズムの発生を1とすると、中群では0.48、高群では0.27と、WSC（水平型）が高くなるほど、プレゼンティーイズムが低下することがわかりました。モデル2に加えて心理的ストレスを調整したモデル3では、オッズ比の傾向はモデル2と変わらず、また、統計的有意性は保持されたままでした。

次に、水平型のWSCとシックネス・アブセンスの関係性におけるオッズ比を見てみましょう（**表5-2、次頁**）。モデル2（性、年齢階級、会社、職種、職位で調整）を見てください。WSC（水平型）の低群におけるシックネス・アブセンスの発生を1とすると、中群では0.76、高群では0.65と、WSC（水平型）が高くなるほど、シックネス・アブセンスが低下することがわかりました。これは、同僚との関係性を示すWSC（水平型）が、

表5-1　WSC（水平型）とプレゼンティーイズムのオッズ比 （文献62より）

	モデル 1			モデル 2			モデル 3		
	調整オッズ比	95% CI	p value	調整オッズ比	95% CI	p value	調整オッズ比	95% CI	p value
WSC（水平型）									
低群	1			1			1		
中群	0.47	0.43, 0.53	<0.001	0.48	0.43, 0.54	<0.001	0.66	0.58, 0.74	<0.001
高群	0.27	0.23, 0.31	<0.001	0.27	0.24, 0.31	<0.001	0.47	0.41, 0.55	<0.001

WSC（水平型）が高くなるほど、プレゼンティーイズムが低下

統計的有意性は保持されたままであった

モデル1：性および年齢階級を調整。モデル2：モデル1の変数に加えて、会社、職種、職位を調整。モデル3：モデル2の変数に加えて、心理的ストレスを調整。
プレゼンティーイズム（WFun）：労働機能障害

表5-2 WSC（水平型）とシックネス・アブセンスのオッズ比 （文献62より）

	モデル1			モデル2			モデル3		
	調整オッズ比	95% CI	p value	調整オッズ比	95% CI	p value	調整オッズ比	95% CI	p value
WSC（水平型）									
低群	1			1			1		
中群	0.74	0.67, 0.83	<0.001	0.76	0.68, 0.84	<0.001	0.82	0.73, 0.92	<0.001
高群	0.62	0.55, 0.71	<0.001	0.65	0.58, 0.74	<0.001	0.74	0.65, 0.85	<0.001

WSC（水平型）が高くなるほど、シックネス・アブセンスが低下

統計的有意性は保持されたままであった

モデル1：性および年齢階級を調整。モデル2：モデル1の変数に加えて、会社、職種、職位を調整。モデル3：モデル2の変数に加えて、心理的ストレスを調整。

労働生産性の向上に影響を与える重要な資源である可能性を示唆していると考えます。

　モデル2に加えて、心理的ストレスを調整したモデル3では、オッズ比の傾向はモデル2と変わらず、また統計的有意性は保持されたままでした。これは、心理的ストレス以外の要因がこれらの関係性に影響を及ぼしていること、また、今回測定しなかった職位の違いをまたいだ人間関係を表すリンキング型のWSCが影響を及ぼしている可能性があることを示唆しています。

2.2.6 職場のソーシャル・キャピタルと労働生産性に関する研究②：ワーク・エンゲイジメントの影響

　JD-Rモデルでは、仕事の資源が高いと、ワーク・エンゲイジメントを高め、プレゼンティーイズムやシックネス・アブセンスなどの健康アウトカムを低減すると言われています（動機付けプロセス）[65]。そこで、我々は、動機付けプロセスに基づき、WSCが低くなるほど、労働者の熱意・活力・没頭といったワーク・エンゲイジメントを低下させ、プレゼンティーイズムの発生を高めるのではないかと考えました。

　本研究では、職場の様々な構造を反映させた、橋渡し型、結束型、リンキング型、3つを合わせた全体、の計4種類のWSCとプレゼンティーイズムの関係性を調査しました。

　方法は、研究①と同様のデータベースを用いて、日本の大手企業8社における20歳以上の従業員13,529人のデータを解析しました。WSCを説明変数、プレゼンティーイズム（QQ法）[67]を目的変数として、ロジスティック回帰分析を行いました。共変量は、性、年齢、会社、職種、雇用形態、ワーク・エンゲイジメントスコア[68]としました。

　WSCとプレゼンティーイズムの関係性におけるオッズ比を見てみましょう（図5-15）。グラフの灰色の線で示したモデル1（性、年齢階級、会社、職種、雇用形態で調整）では、WSC（全体）の高群におけるプレゼンティーイズムの発生を1とすると、中群では1.31、低群では2.63と、WSC（全体）が低くなるほど、プレゼンティーイズムの発生が大きくなることがわかりました。同様に、橋渡し型、結束型、リンキング型のWSCにおいても、WSCが高くなるほど、プレゼンティーイズムが低くなる傾向が認められました。つまり、WSCは、日本社会に特徴的な結束型や橋渡し型といった水平型のWSCのみならず、垂直方向の関係性を示すリンキング型においても、労働生産性に影響を与える重要な資源であ

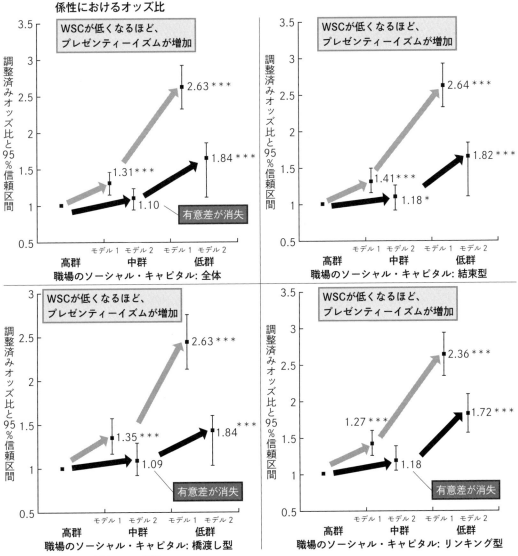

図5-15　WSC（結束型、橋渡し型、リンキング型、3つ合わせた全体）とプレゼンティーイズムの関係性におけるオッズ比

＊＊＊p<.001、＊＊p<.01、＊＊p<.05.
モデル1：性、年齢、職種、会社、雇用形態で調整。モデル2：モデル1に加え、ワーク・エンゲイジメントで調整

ることが示唆されました。

　次に、グラフの黒色の線で示したモデル2（モデル1に加えワーク・エンゲイジメントで調整）に注目ください。WSC（全体）が中群、低群と低くなるほど、プレゼンティーイズムの発生が大きくなる傾向は同様ですが、中群ではプレゼンティーイズムの発生が1.10とモデル1の1.31に比べて低くなりました。低群のプレゼンティーイズムの発生に関しても、モデル1の2.63に比べ、モデル2は1.84と低くなりました。同様に、WSCの結束型、橋渡し型、リンキング型についても、WSCが低くなるほど、プレゼンティーイズムの発生が高くなり、これらの関係性にワーク・エンゲイジメントを調整に入れると（モデル2）、入れる前と比べて（モデル1）、オッズ比が低い傾向が認められました。また、WSC全体、橋渡し型、リンキング型の中群にて有意差が消失しました。これは、WSCのすべての種

類において、WSCがワーク・エンゲイジメントを介して、プレゼンティーイズムに影響を及ぼしていることを示唆していると考えます。

2.2.7 職場のソーシャル・キャピタルを高める方法とは

上記の2つの研究から、WSCは無形資源として労働生産性の向上に寄与する可能性が高いことがわかりました。つまり、WSCを醸成させるための介入方法を策定できれば、健康経営の推進に貢献できることが期待できるというわけです。ここで、「どうすればWSCは醸成されるのだろうか」という疑問が出てきます。現在のところ、WSCを高めることを目的とした介入研究はかなり少なく、介入の方法や結果についてのエビデンスは不足しています。その中で、WSCを高めるためのヒントとなる研究を2つ紹介します。

1つ目は、スポーツイベントへの参加によって、WSCが高まる可能性を示唆した研究です。スポーツイベントに参加することで、その参加を通じて育まれた関係性がWSCを醸成させ、従業員の主観的健康感を上げたり、職業性ストレスを下げたりすることがわかっています[69]。

もう1つは、職場の仲間と一緒に就業時間内に運動をした群と、自宅で個別に運動をした群とを比較して、WSCの変化を調べた研究です[70]。職場で運動した群は、とても近い同僚との関係性を示す結束型のWSCが、運動前に比べて高まりました。様々な職種の同僚との関係性を示す橋渡し型、リンキング型（経営層）については、運動前後で変化は見られませんでした。驚くことに、リンキング型（身近な上司）のWSCについては、運動前と比較して、運動後に下がってしまいました。はっきりとした理由はわかっていませんが、とても忙しい業務の中で仕事中に運動することに対して、上司が業務を調整してくれなかったという不満のようなものが、身近な上司とのWSCを下げたのではないかと推察されます。

一方で、自宅で運動をした群については、結束型のWSCに変化は認められませんでした。職場で運動した群と同様に、橋渡し型のWSCおよびリンキング型（経営層）のWSCでは変化はなく、リンキング型（身近な上司）のWSCは運動前と比較して低下しました。

つまり、職場での運動は、結束型のWSCを醸成させる可能性が高いということになります。

2.2.8 職場での健康増進プログラムがもたらす職場のソーシャル・キャピタルへの影響とその効果

最後に、職場での健康増進プログラムがもたらすWSCへの影響と、その効果について考えます。

図5-16をご覧ください。①健康増進プログラムを実施することで、従業員同士の関係の質が向上します。さらに、プログラムへの参加を通じて連帯感も強化されますので、WSCが醸成されます。②こうしてWSCが醸成され、蓄積されることにより、健康に有益な情報交換を従業員同士が行い始めたり、健康増進プログラムの継続を互いに支援し始めたりします。③一方で、WSCが醸成されると業務タスクへの相互関係や協力関係が促進され、業務の協力関係が生まれますので、仕事を通じてWSCがさらに蓄積されていきます。④このようにWSCが蓄積されると、従業員の健康が促進されたり、パフォーマンスが向

図5-16　職場での健康増進プログラムがもたらすWSCへの影響とその効果

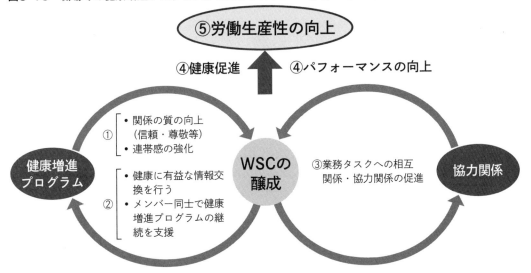

上したりしますので、⑤最終的に労働生産性の向上に結び付くのではないかと考えられます。

　また、健康増進プログラムの参加によりWSCが醸成されると、健康的な行動が促進されますので、プログラムによい結果をもたらすことも期待されます。このことから、同じ健康増進プログラムへの投資を行っても、WSCが蓄積されている職場の方が、より高い費用対効果が見込まれるのではないかと考えます。

2.2.9　まとめ

　本項では、WSCは、従業員の心身の健康のみならず労働生産性を向上させる、企業の存続・発展に重要な無形資源の1つであることが示唆されることを紹介しました。そして、健康イベントなどの健康増進プログラムへの参加は、WSCを醸成させ、健康投資の費用対効果を向上させる可能性があることを説明しました。

　最後に、すでに企業や事業所で取り組まれている健康増進プログラムが、WSCを醸成させている可能性についてお示しします。健康施策に限らず、飲み会や花見、運動会、社員旅行などのイベントは、WSCを醸成させるとも言われています[60]。これらの効果を測定し、WSCを経年的に見ていくことで、それぞれの企業風土に合ったWSC醸成のヒントが得られるかもしれません。

（大森美保）

参考文献 📖

1）経済産業省.「健康投資管理会計ガイドライン」について. https://www.meti.go.jp/policy/mono_info_service/healthcare/kenkoutoushi_kanrikaikei_guideline.html.（2023年4月19日アクセス）

2）経済産業省. 健康経営度調査について. https://www.meti.go.jp/policy/mono_info_service/healthcare/kenkoukeieido-chousa.html.（2023年4月19日アクセス）

3）経済産業省. 第1回「健康投資の見える化」検討委員会. https://www.meti.go.jp/shingikai/mono_info_service/jisedai_health/kenko_toshi/mieruka/001.html.（2023年4月19日アクセス）

4）経済産業省. 第2回「健康投資の見える化」検討委員会. https://www.meti.go.jp/shingikai/mono_info_service/jise

dai_health/kenko_toshi/mieruka/002.html.（2023年4月19日アクセス）

5) 経済産業省. 第3回「健康投資の見える化」検討委員会. https://www.meti.go.jp/shingikai/mono_info_service/jise dai_health/kenko_toshi/mieruka/003.html.（2023年4月19日アクセス）

6) 経済産業省. 第4回「健康投資の見える化」検討委員会. https://www.meti.go.jp/shingikai/mono_info_service/jise dai_health/kenko_toshi/mieruka/004.html.（2023年4月19日アクセス）

7) 経済産業省. 第5回「健康投資の見える化」検討委員会. https://www.meti.go.jp/shingikai/mono_info_service/jise dai_health/kenko_toshi/mieruka/005.html.（2023年4月19日アクセス）

8) 公益社団法人日本WHO協会. 健康の定義. https://japan-who.or.jp/about/who-what/identification-health/.（2023年4月19日アクセス）

9) 赤林英夫. 人的資本理論. 日本労働研究雑誌. 2012; 621: 8-11.

10) 黒田祥子. 健康資本投資と生産性. 日本労働研究雑誌. 2018: 695; 30-48.

11) Herzberg F, et al. The Motivation to Work（2nd ed.）. New York: John Wiley. 1959.

12) 森 晃爾, 他. 職場における健康増進プログラムの効果的な実践に影響する組織要因. 産業医学レビュー. 2020; 33(2): 165-204.

13) Eisenberger R, et al. Perceived organizational support. J Appl Psychol. 1986;71(3): 500-507.

14) Eisenberger R, et al. Perceived Organizational Support: Fostering Enthusiastic and Productive Employees. American Psychological Association. 2011.

15) Aselage J, Eisenberger R. Perceived organizational support and psychological contracts: A theoretical integration. J Organ Behav. 2003; 24(5): 491-509.

16) Sato Y. A review of the literature on perceived organizational support: Theoretical foundation, antecedents, consequences, and measurement scale. Japanese Journal of Administrative Science. 2014; 27(1): 13-34.

17) Wayne SJ, et al. Perceived Organizational Support and Leader-Member Exchange: A Social Exchange Perspective. Acad Manage J. 1997; 40(1): 82-111.

18) Hutchison S, Garstka ML. Sources of perceived organizational support: Goal setting and Feedback1. J Appl Soc Psychol. 1996; 26(15): 1351-1366.

19) Rhoades L, et al. Affective commitment to the organization: the contribution of perceived organizational support. J Appl Psychol. 2001; 86(5): 825-836.

20) Eisenberger R, et al. Perceived supervisor support: contributions to perceived organizational support and employee retention. J Appl Psychol. 2002; 87(3): 565-573.

21) Moorman RH, et al. Does Perceived Organizational Support Mediate the Relationship between Procedural Justice and Organizational Citizenship Behavior? AMJ. 1998; 41(3): 351-357.

22) Eisenberger R, et al. Reciprocation of perceived organizational support. J Appl Psychol. 2001; 86(1): 42-51.

23) Lee J, Peccei R. Perceived organizational support and affective commitment: the mediating role of organization-based self-esteem in the context of job insecurity. J Organ Behav. 2007; 28(6): 661-685.

24) Kinnunen U, et al. Testing the effort-reward imbalance model among Finnish managers: the role of perceived organizational support. J Occup Health Psychol. 2008; 13(2): 114-127.

25) Eisenberger R, et al. Perceived organizational support and employee diligence, commitment, and innovation. J Appl Psychol. 1990; 75(1): 51-59.

26) Eisenberger R, et al. Perceived organizational support, discretionary treatment, and job satisfaction. J Appl Psychol. 1997; 82(5): 812-820.

27) Terry PE, et al. The art of health promotion. An interview on perceived organizational support and employee well-being with Drs. Robert Eisenberger and Linda Shanock. Am J Health Promot. 2014; 29(1): TAHP2-TAHP7.

28) Cropanzano R, et al. The relationship of organizational politics and support to work behaviors, attitudes, and stress. J Organ Behav. 1997; 18(2): 159-180.

29) Jawahar IM, et al. Role conflict and burnout: The direct and moderating effects of political skill and perceived organizational support on burnout dimensions. Int J Stress Manag. 2007; 14(2): 142-159.

30) Venkatachalam M. Personal hardiness and perceived organizational support as links in the role stress-outcome relationship: A person-environment fit model. Dissertation Abstracts International Section A: Humanities and Social Sciences.1995; 56(6-A): 2328.

31) Robblee MA. Confronting the threat of organizational downsizing: Coping and health. Dissertation Abstracts International: Section B: The Sciences and Engineering. 1998; 59(6-B): 3072.

32) Shaw WS, et al. The Pain Recovery Inventory of Concerns and Expectations: A Psychosocial Screening Instrument to Identify Intervention Needs Among Patients at Elevated Risk of Back Disability. J Occup Environ Med. 2013; 55(8): 885.

33) Kurtessis JN, et al. Perceived Organizational Support: A Meta-Analytic Evaluation of Organizational Support Theory. J Manage. 2017; 43(6): 1854-1884.

34) Wan Q, et al. Associations of organizational justice and job characteristics with work engagement among nurses in hospitals in China. Res Nurs Health. 2018; 41(6): 555-562.

35) Caesens G, et al. The curvilinear effect of work engagement on employees' turnover intentions. Int J Psychol. 2016; 51(2): 150-155.

36) Mori K, et al. Workplace vaccination opportunity against COVID-19 contributed to high perceived organizational support of employees in Japan: A prospective cohort study. J Occup Health. 2022; 64(1): e12365.

37) Kobayashi Y, et al. Association between perceived organizational support and COVID-19 vaccination intention: A cross-sectional study. J Occup Health. 2021; 63(1): e12308.

38) Mori T, et al. Workplace Infection Control Measures and Perceived Organizational Support During the COVID-19 Pandemic in Japan: A Prospective Cohort Study. J Occup Environ Med. 2022; 64(11): e769-e773.

39) Ikegami K, et al. Workplace infection prevention control measures and work engagement during the COVID-19 pandemic among Japanese workers: A prospective cohort study. J Occup Health. 2022; 64(1): e12350.

40) Odagami K, et al. Association between Perceived Organizational Support for Infection Prevention and Work Engagement during the COVID-19 Pandemic among Japanese Workers: A Prospective Cohort Study. Int J Environ Res Public Health. 2022; 19(23): 16142.

41) Eisenberger R, et al. Optimizing perceived organizational support to enhance employee engagement. 2016. https://www.shrm.org/hr-today/trends-and-forecasting/special-reports-and-expert-views/Documents/SHRM-SIOP%20Perceived%20Organizational%20Support.pdf. （2023年4月19日アクセス）

42) Hayton JC, et al. With a little help from my colleagues: A social embeddedness approach to perceived organizational support. J Organ Behav. 2012; 33(2): 235-249.

43) Zheng D, et al. Contribution of Information Seeking to Organizational Newcomer's Leader- member Exchange. Proc AMIA Annu Fall Symp. 2013; 2013(1): 13297.

44) Giorgi G, et al. Perceived Organizational Support for Enhancing Welfare at Work: A Regression Tree Model. Front Psychol. 2016; 7: 1770.

45) Putnam RD，柴内 康．孤独なボウリング：米国コミュニティの崩壊と再生．柏書房．2006.

46) イチロー・カワチ．命の格差は止められるか：ハーバード日本人教授の、世界が注目する授業．小学館．2013: 13-14.

47) Kawachi I, Berkman L. Social cohesion, social capital, and health. Social epidemiology. 2000; 174: 290-319.

48) 相田潤，近藤克則．ソーシャル・キャピタルと健康格差．医療と社会．2014;24:57-74.

49) イチロー・カワチ，他．ソーシャル・キャピタルと健康政策：地域で活用するために．日本評論社．2013: 4-74.

50) Szreter S, Woolcock M. Health by association? Social capital, social theory, and the political economy of public health. Int J Epidemiol. 2004; 33: 650-667.

51) Eguchi H, et al. Psychometric assessment of a scale to measure bonding workplace social capital. PLoS One. 2017; 12: e0179461.

52) Kouvonen A, et al. Psychometric evaluation of a short measure of social capital at work. BMC Public Health. 2006; 6: 251.

53) 東京大学大学院医学系研究科．現行および新職業性ストレス簡易調査票尺度一覧．事業所におけるメンタルヘルスサポートページ．https://mental.m.u-tokyo.ac.jp/a/87.（2023年4月19日アクセス）

54) Kouvonen A, et al. Work-place social capital and smoking cessation: the Finnish Public Sector Study. Addiction. 2008; 103: 1857-1865.

55) Gao J, et al. Does workplace social capital associate with hazardous drinking among Chinese rural-urban migrant workers? PLoS One. 2014; 9: e115286.

56) Pattussi MP, et al. Workplace social capital, mental health and health behaviors among Brazilian female workers. Soc Psychiatry Psychiatr Epidemiol. 2016; 51: 1321-1330.

57) Han S, et al. Does Organization Matter for Health? The Association Between Workplace Social Capital and Self-Rated Health. J Occup Environ Med. 2020; 62: 331-336.

58) Oksanen T, et al. Workplace social capital and risk of chronic and severe hypertension: a cohort study. J Hypertens. 2012; 30(6): 1129-36.

59) Kouvonen A, et al. Low workplace social capital as a predictor of depression: the Finnish Public Sector Study. Am J Epidemiol. 2008; 167: 1143-1151.

60) Eguchi H, et al. Association of workplace social capital with psychological distress: results from a longitudinal multilevel analysis of the J-HOPE Study. BMJ Open. 2018; 8: e022569.

61) Strömgren M, et al. Social capital among healthcare professionals: A prospective study of its importance for

job satisfaction, work engagement and engagement in clinical improvements. Int J Nurs Stud. 2016; 53: 116-125.

62) Omori M, et al. Effect of Psychological Distress on the Association of Workplace Social Capital with Presenteeism and Sickness Absence. J uoeh. 2021; 43: 293-303.

63) Zhu Y, et al. Association Between Workplace Social Capital and Absolute Presenteeism: A Multilevel Study in a Chinese Context. J Occup Environ Med. 2018; 60: e543-e547.

64) Hansen AK, et al. Does workplace social capital protect against long-term sickness absence? Linking workplace aggregated social capital to sickness absence registry data. Scand J Public Health. 2018; 46(3): 290-296.

65) Schaufeli WB, Bakker AB. Job demands, job resources, and their relationship with burnout and engagement: A multi - sample study. Journal of Organizational Behavior: The International Journal of Industrial, Occupational and Organizational Psychology and Behavior. 2004; 25: 293-315.

66) Fujino Y, et al. Development and validity of a work functioning impairment scale based on the Rasch model among Japanese workers. J Occup Health. 2015; 57: 521-531.

67) Brouwer WB, et al. Productivity losses without absence: measurement validation and empirical evidence. Health Policy. 1999; 48: 13-27.

68) Shimazu A, et al. Work engagement in Japan: validation of the Japanese version of the Utrecht Work Engagement Scale. Applied Psychology. 2008; 57: 510-523.

69) Kwon Y, Marzec ML. Unpacking the Associations Between Perceived Cultural Support and Employee Health: The Approach of Social Capital. J Occup Environ Med. 2019; 61: 910-915.

70) Andersen LL, et al. Effect of physical exercise on workplace social capital: Cluster randomized controlled trial. Scand J Public Health. 2015; 43: 810-818.

第 6 章

▼

健康経営と
事業価値創造

健康経営と経営指標

　福利厚生や企業の社会的責任（CSR）としての産業保健活動とは異なり、企業価値向上を目指して経営戦略として実施する産業保健活動が健康経営と言えます。このため、健康経営は従業員だけでなく、企業経営にとってもメリットをもたらすはずです。それでは、健康経営は具体的に経営指標とどのような関係性があるのでしょうか。本節では、健康経営と企業価値の関係性を概念的に整理した上で、健康経営を実施することで実際に企業業績が向上するのか、また、健康経営を通じた健康状態の改善によって企業業績も改善するのかといった点について、実証分析結果を踏まえて検討していきます。

1.1 ▶ 経済学から見た健康経営の重要性と研究動向

　まず、経済学から見た健康経営の重要性について整理してみたいと思います。簡略化した経済学のモデルでは、企業はインプットを使ってアウトプットをつくる経済主体と定義します。ここでアウトプットとは付加価値、具体的には製品やサービスのことです。このアウトプットをつくるためには、企業は生産要素、すなわち、労働（人）や資本といったインプットを使うことになります。ただし、同じインプットの量でも、アウトプットの量には違いがあり、その違いを生み出すのが生産効率、あるいは生産性ということになります。当然、多くのインプットを入れればたくさんのアウトプットを産出することができますが、生産性を高めることで、限られたインプットでもたくさんのアウトプットをつくることは可能です。そのためには、インプットの量ではなく、質を高めていく必要があります。

　この点について、労働（人）に注目すると、労働というインプットの質を高めるには2つの方法があります。1つは、スキル（技能）を高めることです。同じ労働でも、高いスキルをもって働くことができれば多くのアウトプットが産出できるので、生産性は高まります。もう1つは、健康状態をよくすることです。たとえ高いスキルを有する労働者がいても、健康を害してしまうとスキルを発揮することができず、生産性は低くなってしまいます。健康経営はまさにこの部分に関連しており、企業が積極的に従業員の健康に介入し、健康維持・増進を図ることで生産性を高める戦略と言えます。

　ただし、企業にとって従業員の健康維持・増進に取り組むことが、必ず企業価値の向上につながるかというと、そうとも限りません。例えば、米国や英国のように雇用の流動性が非常に高く、1つの企業にそれほど長く従業員が勤めないような労働市場に置かれている企業にとっては、従業員の健康やスキルの向上を図ろうとして何らかの投資をしても、投資のリターンを回収する前に、投資をした従業員が他の企業に移ってしまうリスクがあります。このリスクが大きいと、企業は従業員に対して人的投資をしても、リターンが回収できず損失しか生じないため、そのような行動は企業価値をむしろ下げかねません。これに対し、日本のように雇用の流動性が低く、1つの企業に従業員が比較的長く勤めるような労働市場に置かれた企業にとっては、従業員の健康やスキルの向上に投資をしても、

その後に長く勤めてもらえるので、その間に健康維持・増進やスキル向上を通じた生産性の向上といったリターンを回収できます。この場合、従業員への人的投資を積極的に行うことが企業価値向上につながるはずです。

　さらに、雇用の流動性だけでなく、人口動態、あるいは高齢化の状況も企業による健康経営の是非に影響してきます。例えば、かつての日本のように、健康な若い従業員をたくさん労働力として確保できる状況では、健康よりも、いかに高いスキルを習得させるかという点が重要であり、人的投資の中心はスキルの向上になります。これに対し、現在の日本のように従業員の高齢化が生じている状況では、これまでに身につけた高いスキルをいかに長く健康な状態で発揮してもらえるかという点が重要であり、人的投資の中心は健康の維持・増進になります。

　つまり、企業が健康経営に取り組むべきかどうかは、その企業の置かれた環境によって異なり、雇用の流動性が低く、従業員の高齢化が進んでいる企業においてこそ、健康経営の実施が企業価値の向上につながりやすいと言えます。そのように考えると、日本の労働市場は他国と比べると雇用の流動性は低く、また、少子高齢化が進行しているため、日本の多くの企業で健康経営の実施が求められていると言えます。

　健康経営に取り組むことで、従業員の健康状態がよくなり、欠勤や離職が減ってアブセンティーイズムが小さくなるほか、出勤していても健康状態がよくないためにフル稼働できずに生産性が低下するといったプレゼンティーイズムも小さくなることが期待されます。その結果、組織のレベルでも生産性や業績の向上、ひいては企業価値の向上にもつながる可能性が高いでしょう。

　このように、概念的に考えると健康経営は、ある一定の条件下で企業業績を高めると考えられます。ただし、研究動向を見ると、健康経営により経営指標で見た企業業績がよくなることを明確に示した研究は、必ずしも多くはありません。関連する研究としては、産業保健分野で損失費用の分析を行ったNagataらの論文[1]などが挙げられます。例えば、Nagataらの論文では、医療やアブセンティーイズム、プレゼンティーイズムによる労働損失額を算出し、医療費は全体の25%、アブセンティーイズムは11%であるのに対して、プレゼンティーイズムは64%と大きいことが示されています（p.75、図3-16参照）。ただし、これらの損失費用の分析では、必ずしも利益率や株価などの客観的な企業の経営指標への影響を明らかにしているわけではありません。

　客観的な企業の経営指標への影響を検証した研究としては、米国での健康経営に関連した企業表彰が株価を高める可能性があることを示した、Fabiusらの論文[2]などがあります。例えば、Fabiusらの論文では、CHAA（Corporate Health Achievement Award）という健康経営に関する企業表彰の受賞企業の13～15年間の株価に注目し、米国の代表的な株価指数であるS&P500のそれよりも高く推移していることが示されています。

　しかし、こうした研究は非常に少なく、特に、日本のデータを用いた実証研究はほとんどありませんでした。そこで、我々は様々なデータをもとに、日本において健康経営を実施したり、従業員の健康状態がよくなったりすることで、企業業績が向上するかについて検証を繰り返してきました。以下、そうした実証研究の結果を3つ紹介します。

1.2 ▶ 健康経営施策の効果測定

1.2.1 健康経営の実施と企業業績

　まず、健康経営施策の効果測定の一貫として、健康経営を実施することで企業業績がよくなるという効果が本当にあるのかを検証した研究を紹介します[3,4]。この研究は、日本経済新聞社グループによる「日経スマートワーク経営」プロジェクトの一貫で、私が行ったものです。このプロジェクトでは、働き方改革を通じて生産性を高め、持続的に成長する先進企業を「日経SmartWork大賞」として表彰しています。その際に、表彰企業を選定するための基礎データとして「日経スマートワーク経営調査」というアンケート調査を、主に上場企業向けに実施しており、研究ではそのデータを利用しています。同調査では、働き方改革や健康経営について、組織をつくるなど明示的に取り組んでいるか、取り組んでいるとしたら何年からか、といったことを調査しています。

　そこで、図6-1では、健康経営を実施していない企業、2011年までに健康経営を実施し始めた企業、2013年までに実施し始めた企業に分けて、利益率（ROA：総資産利益率）の推移を示しています。図を見ると、2011年までに健康経営を実施し始めた企業の利益率は、2012年はむしろ減少していますが、2013年には健康経営を実施していない企業よりも高くなっており、その後も同じような水準が続いていることがわかります。同様に、2013年までに実施し始めた企業の利益率は、2014年に実施していない企業よりも高くなり、その後もその状態が続いています。つまり、健康経営を実施してすぐに利益率がよくなるわけではないものの、少し時間的なラグを伴って利益率が上昇する傾向があると言えます。

　こうした傾向は、様々な交絡要因を統御した固定効果モデルの推計といった多変量解析を実施しても確認できます。具体的には、健康経営の実施は、同年の利益率（ROA）には影響しないものの、1年後の利益率を統計的に有意に高めることがわかりました。この検証では、変化に注目することで、観察されない時間によって変わらない企業特性などの

図6-1　健康経営の実施と利益率（ROA）の関係 （文献4より）

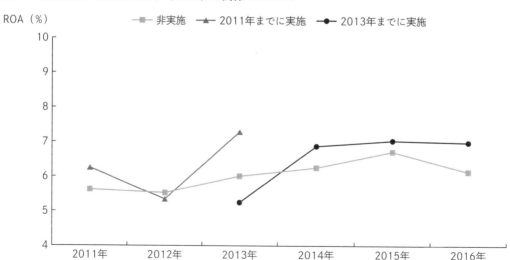

要因を取り除く形で因果推論を行っています。例えば、もともと経営基盤がよかったり経営理念がしっかりしていたりすることで業績が常に良好であり、それによって健康経営施策が導入できるといった、逆方向の因果関係もあることが想定されます。しかし、この推計ではそうした時間不変の要因による逆の因果関係は取り除いているため、その点において、健康経営の実施は企業の経営指標の1つである利益率を高める影響をもつと解釈できます。

なお、同様の多変量解析を、ダイバーシティ推進や柔軟な働き方推進についても実施してみたところ、統計的に有意な利益率への影響は見出せませんでした。これはおそらく、分析に用いたデータが上場企業のものなので、ダイバーシティ推進や柔軟な働き方推進は比較的多くの企業が実施しており、差がつきにくくなっていることが原因と考えられます。これに対して、健康経営の実施には企業間の差がつきやすく、先行して実施した企業でプラスの影響が出やすくなっていたと解釈できます。

また、健康経営の実施が同年でなく1年後の利益率を高めるという結果は、企業が頑張って健康経営を開始しても、なかなかすぐには経営指標にはプラスの効果があらわれにくいことも意味します。しかし、この結果は、継続して実施すればいずれ効果が生じることを示しているため、健康経営は長い期間取り組むことこそ重要とも言えます。

1.2.2 健康経営施策と企業業績

次に、健康経営を実施することで業績がよくなることをもう少し詳細に検証した、我々の研究を紹介します[5]。この研究は、独立行政法人経済産業研究所のDiscussion Paperとして発表したもので、経済産業省ほかが選定している「健康経営銘柄」において、企業選定の基礎データを収集するための「健康経営度調査」のデータを用いています。

健康経営度調査は、健康経営に関する多様な施策の有無を知ることができるため、施策ごとの企業業績への影響を検証することができます。また、健康経営施策の実施によって企業業績が向上するメカニズムとして、施策実施が健康アウトカムをどう変化させ、さらに、健康アウトカムの変化によって企業業績がどう変化するかという点も検証することができます。検証では、前述した固定効果モデルの推計を行っており、時間によって変わらない要因を取り除く形での因果推論を実施しています。

健康経営施策に関しては、3種類の合成変数を作成しています。具体的には、主成分分析によって、経営理念、データ把握、ワークライフバランス施策に関する複数の指標を束ね、それらの平均的な状況を示す3つの合成変数に集約しています。健康アウトカムについても同様に、健診・検査の受診（定期健康診断やストレスチェック、精密検査の受診率）に関する合成変数と、健康診断の問診結果（適正体重維持者比率、非喫煙者率、運動習慣者率、十分な睡眠者率）に関する合成変数の2種類を作成しています。

表6-1（次頁）は多変量解析の結果を要約したものです。これを見ると、経営理念に関しては、どのサンプルを用いても、ラグを伴わずに利益率（ROA）をよくするという結果が出ています。つまり、経営理念に関する施策が充実すると、企業の経営指標が高まると言えます。ただし、データ把握やワークライフバランス施策については、明確な影響は必ずしも見られないこともわかります。

表6-1　健康経営施策と健康アウトカム、企業業績の関係 (文献5より)

			全企業	平均年齢40歳以上	上場企業
健康経営施策→業績	①経営理念		+の影響	+の影響	+の影響
	②従業員の健康状態のデータ把握				
	③ワークライフバランス施策				
健康経営施策→健康アウトカム（検査・問診結果）	(a)検査スコア ※各種健康診断の受診率	①経営理念	+の影響		+の影響
		②従業員の健康状態のデータ把握			
		③ワークライフバランス施策	+の影響	+の影響（時間を要する）	+の影響
	(b)問診結果スコア ※適正体重維持者率や十分な睡眠者率等	①経営理念	+の影響（時間を要する）	+の影響（時間を要する）	+の影響（時間を要する）
		②従業員の健康状態のデータ把握			
		③ワークライフバランス施策	+の影響（時間を要する）	+の影響（時間を要する）	+の影響（時間を要する）
健康アウトカム→業績	(a)健診スコア ※各種健康診断の受診率				
	(b)問診結果スコア ※適正体重維持者率や十分な睡眠者率等		+の影響		+の影響

　また、健康経営施策が健康アウトカムに与える影響について見ると、上場企業を中心に、健康経営理念やワークライフバランス施策が充実すると、従業員の意識が変わり、各種の健診を受診しやすくなることがわかります。同様に、もう1つの健康アウトカム指標である問診結果スコアを見ると、健康経営理念やワークライフバランス施策の実施によって高まることが示されていますが、時間的には1年のラグを伴うことが示されています。つまり、健康経営理念やワークライフバランスに関する施策が充実すると、健康に対する意識が変わって健診等はすぐに受けるようになるものの、受診をするからといって健康状態がすぐによくなるわけではなく、問診結果にあらわれる健康状態はそうした施策を継続することでじわじわと改善すると解釈できます。

　さらに、健康アウトカムの改善が利益率に与える影響を見ると、受診は影響がないものの、問診結果スコアは利益率を高める影響があることが、上場企業を中心に示されています。このように、健康経営施策から健康アウトカム、健康アウトカムから企業業績といった効果のパスが見えてきたと言えます。

1.2.3　健康経営の従業員の理解・評価と企業業績

　最後に、健康経営を単に実施するというよりも、健康経営の取り組みが従業員に理解・評価されていること、つまり、社内や従業員に健康経営が浸透していることが、企業業績を向上させる上で重要であることを示した、私の研究を紹介します[6]。

　この研究で利用したデータは、前述した「スマートワーク経営調査」に回答した上場企業のものになりますが、さらにここでは上場企業に勤務する従業員に対して実施したウェブ調査「ビジネスパーソン1万人調査」も利用しています。「ビジネスパーソン1万人調査」では、健康経営の理解・評価として「健康経営の制度・取り組みがない（1点）」「制度・

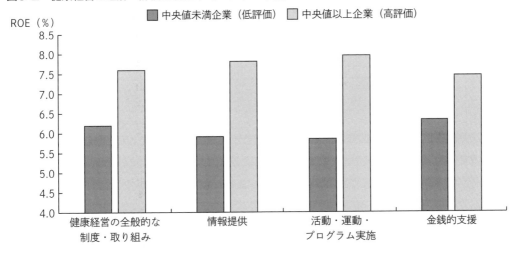

図6-2　健康経営の理解・評価と利益率（ROE）の関係〈文献6より〉

ROE（%）

■ 中央値未満企業（低評価）　□ 中央値以上企業（高評価）

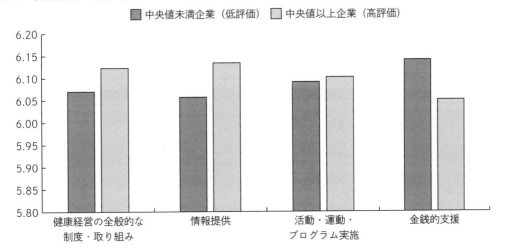

図6-3　健康経営の理解・評価と労働生産性（売上高÷従業員数）の関係〈文献6より〉

■ 中央値未満企業（低評価）　□ 中央値以上企業（高評価）

取り組みはあるが、活用されていない（2点）」「制度・取り組みが十分に活用されている（3点）」の3択から1つを回答してもらっています。また、この調査は勤務先の上場企業名を調査しているため、名寄せすることで、健康経営に関する制度・取り組みに対する従業員の理解・評価について、企業ごとの平均値を算出することができます。

　そこで、図6-2と図6-3では、健康経営の全般的な制度・取り組みや個別の制度・取り組み（情報提供、活動・運動・プログラム実施、金銭的支援）のそれぞれについて、従業員の理解・評価の得点平均値が中央値以上の企業と中央値未満の企業業績の平均値を棒グラフで示しています。企業業績指標として利益率（ROE：自己資本利益率）を用いた図6-2を見ると、どの項目でも、従業員の理解・評価の平均点が高いほど、利益率が高い傾向にあることがわかります。同様の傾向は、企業業績指標を労働生産性（売上高÷従業員数）に変えた図6-3でも確認できます。これらの結果は多変量解析でも確認できますが、健康経営を実施する際には、きちんと従業員に理解・評価してもらえるような実施の仕方

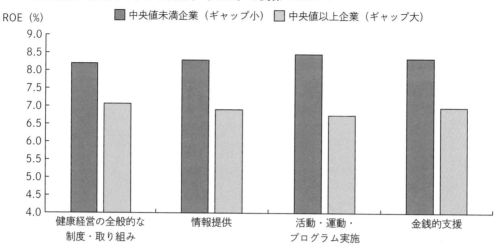

図6-4　健康経営の認識ギャップと利益率（ROE）の関係 （文献6より）

図6-5　健康経営の認識ギャップと労働生産性（売上高÷従業員数）の関係 （文献6より）

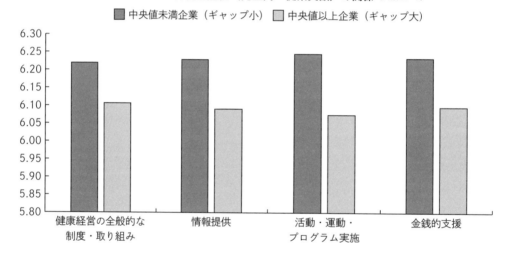

をすることが重要であることを示唆していると言えます。

　さらに、**図6-4**と**図6-5**では、健康経営を実施している企業に限定して、「制度・取り組みはあるが、活用されていない」と従業員が多く回答している企業ほど、健康経営の制度・取り組みに関する認識ギャップが大きくなるギャップ変数を作成し、その値が中央値以上と未満の企業ごとに、企業業績指標の平均値を示しました。利益率を用いた**図6-4**、労働生産性を用いた**図6-5**のいずれにおいても、ギャップ変数が小さい企業で利益率がより高くなる傾向があることがわかります。また、この傾向は、多変量解析によっても統計的に確認できます。これらのことから、せっかく健康経営を実施しても、企業主導で従業員の認識や評価が追いついていないと業績向上にはつながらず、制度・取り組みの従業員への浸透が重要であると言えます。

1.3 ▶ 健康改善の効果測定

1.3.1 ワーク・エンゲイジメントと企業業績

　健康状態がよくなることで企業業績が向上する可能性は先にも少し紹介しましたが、健康指標として近年注目されているワーク・エンゲイジメントの向上も、企業業績の向上につながる可能性があることを示した研究を紹介します。

　ワーク・エンゲイジメントは、ポジティブメンタルヘルスとも言われており、従業員がいきいきと働いている状態を示すものです。ワーク・エンゲイジメントが個人のパフォーマンスを高めるという研究は、産業保健や心理学の分野で存在します。しかし、組織や売り場、企業といった単位のパフォーマンスを高めるかについては、実はあまり研究蓄積がありません。

　そこで、我々は、独立行政法人経済産業研究所のプロジェクトにおいて、日本の大手小売業1社に協力していただき、従業員満足度調査の中に、ワーク・エンゲイジメント指標、具体的にはユトレヒト大学のUWES尺度の質問項目を含めて、売り場ごとの従業員のワーク・エンゲイジメントの状態によって、売上高がどのように異なるかを検証しました[7]。その際には、売り場ごとの従業員のワーク・エンゲイジメントの平均値だけではなく、「ばらつき」にも着目しました。つまり、一部の人だけがワーク・エンゲイジメントが高くて売り場の平均値が高い状態と、売り場の従業員のワーク・エンゲイジメントが平均的に高い状態のいずれが企業業績の向上につながりやすいかを確認しました。

　分析の結果、平均的にワーク・エンゲイジメントが高い売り場では、売上高（予測対比対前期変化率）がより高まる傾向が明確にありました。さらに、売り場内のワーク・エンゲイジメントのばらつきの影響を見てみると、ばらつきが大きく、ワーク・エンゲイジメントが顕著に高い人や顕著に低い人がいる状態だと、売上高はむしろ落ちてしまうということもわかりました。つまり、ワーク・エンゲイジメントが平均的に高い状態の中でも、職場のメンバー間で温度差がなく、全員がいきいきと働いているような状態をつくることが、企業業績向上にとって重要であると言えます。

　なお、売り場内のワーク・エンゲイジメントのばらつきが大きいと、チームワークや結束力、主体性などの様々な中間的な組織内のアウトカム指標が悪くなる関係性があることも確認できています。逆に言えば、ワーク・エンゲイジメントのばらつきが小さくなっていけば、こうした組織内のアウトカム指標がよくなっていき、それが売上高の増加につながると推察されます。

1.3.2 睡眠と企業業績

　最後に、健康状態を示す指標として睡眠に注目した、私の研究を紹介します[8]。この研究は、前述した「日経スマートワーク経営」プロジェクトで実施したもので、上場企業に勤める従業員を対象にした「ビジネスパーソン1万人調査」をメインで用いています。この調査では、従業員の平日の睡眠時間と睡眠の質（10段階で主観的に回答してもらったもの）を調査しており、これらを企業ごとに集計することで、企業単位の従業員の睡眠時間や睡眠の質指標の平均値を算出することができます。なお、この調査に参加している1

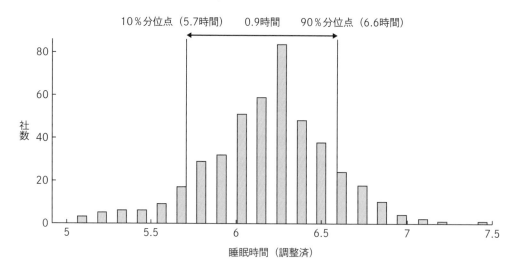

図6-6　企業単位の従業員の睡眠時間の分布（文献8より）

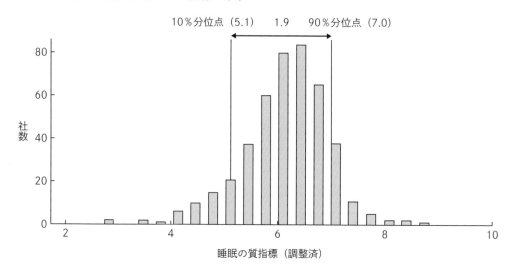

図6-7　企業単位の従業員の睡眠の質指標の分布（文献8より）

上場企業あたりの人数が5人未満の場合は集計から除外するとともに、性別や年齢による睡眠時間の違いを統計的に補正した調整済みの睡眠指標を用いています。

　こうした6,992人の従業員データを用いた、447社の企業単位の従業員の平日の睡眠時間と睡眠の質指標の平均値の分布を示したものが、**図6-6**と**図6-7**です。睡眠時間を示した**図6-6**を見ると、平日の睡眠時間の最頻値が6.3時間になっており、水準自体かなり短いことがわかります。さらに、睡眠時間のばらつきが大きく、睡眠時間の長さの下位10％の企業と上位10％の企業の間で、0.9時間と約1時間の違いがあることもわかります。単に企業が違うだけで、そこで働いている人たちの睡眠時間がこれだけ変わってしまうことは興味深いと言えます。さらに、睡眠の質指標を示した**図6-7**を見ても、質指標の下位10％と上位10％を比べると、1.9と約2段階の違いがあることがわかります。

図6-8　企業単位の従業員の睡眠時間と利益率（ROS）の関係（文献8より）

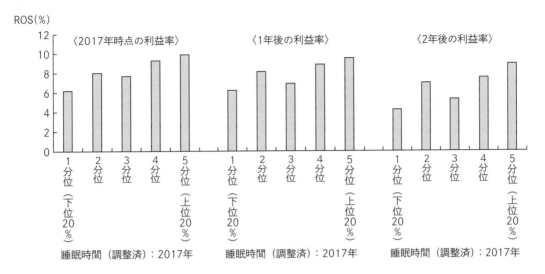

図6-9　企業単位の従業員の睡眠の質指標と利益率（ROS）の関係（文献8より）

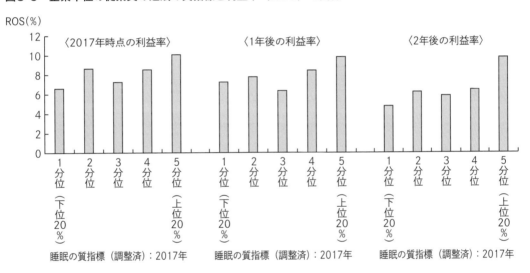

　次に、こうした企業間での従業員の睡眠の違いが業績と関係しているかを確認するため、**図6-8**と**図6-9**では、横軸に睡眠時間（あるいは睡眠の質指標）をとり、5分位で企業を分類し、それぞれについて利益率（ROS：売上高利益率）の平均値を棒グラフで示しています。睡眠時間について示した**図6-8**の左側のグラフを見ると、2017年時点で、第1分位から第5分位になるほど、すなわち、睡眠時間が長い企業ほど利益率が高くなる傾向があることがわかります。さらに、**図6-8**の真ん中のグラフは、横軸の企業分類はそのままにして、1年後の2018年の利益率の平均値を棒グラフで示していますが、同じように右上がりの形状が確認できます。また、右のグラフは同様に2年後の2019年の利益率を示していますが、やはり右上がりになっています。つまり、睡眠時間の長さは同年の利益率と正の相関関係があり、その関係は2年後まで持続することがわかります。

睡眠の質指標を使った**図6-9**を見ても、こうした関係性は変わらず、睡眠の質が高い企業ほど利益率が高い傾向が確認できます。

さらに、前述した固定効果モデルと類似する差分モデルという推計モデルを用いた多変量解析で因果推論を行ってみると、睡眠時間が利益率を高めること、特に睡眠時間が上位10%の企業の利益率は、下位10%の企業の利益率よりも1.8〜2.0ポイント高いことが示されます。また、こうした関係は1年後まで続いており、ある年の睡眠時間が長いと翌年の利益率が高まることが言えます。こうしたラグを伴った影響は、時点の差で判断しても、因果関係としては、睡眠時間の長さによって利益率が高まる関係があると言えます。なぜならば、ある年の利益率が高いから前年の睡眠が長くなるというのは、時点が逆になっていて論理的に考えにくいからです。

睡眠の質については、同様の多変量解析を行ったところ、同年の利益率との関係性は統計的に有意なものはあまり見られませんが、翌年の利益率を有意に高める影響は確認できました。

以上のことからから、睡眠で測った健康状態は、企業業績にプラスの影響を与えている可能性があると言えそうです。睡眠科学や医学の研究において、個人のレベルでは、睡眠の状態がよくなると、様々なパフォーマンスや生産効率が高まることが指摘されてきました。ここで紹介した研究の結果は、そうしたことが個人レベルだけでなく、組織レベルでも当てはまることを示していると言えます。

1.4 ▶ 企業にとっての健康経営の位置付け

以上、本節では、低い雇用の流動性や従業員の高齢化に直面する多くの日本の企業にとって、健康経営は企業価値を高める重要な経営戦略になりうることを概念的に示すとともに、実際に企業や従業員のデータを用いた実証研究においても、健康経営や健康状態が企業業績を高める可能性があることを紹介してきました。

従業員の健康状態をよくしていく取り組みは、決して従業員のためだけでなく、企業にとってもメリットのあるものになりえます。従業員のニーズを捉え、それに即した取り組みを継続的に進めることで、健康経営に対する理解・評価が従業員に浸透し、健康状態がよくなり、個々の従業員だけでなく職場や企業全体のパフォーマンス向上が実現できる可能性があります。健康経営を重要な経営戦略に位置付け、従業員の健康の維持・増進と企業価値の向上の両立を目指すことの重要性が増していると言えるでしょう。

（山本勲）

2 ESG投資、SDGsと健康経営

本節では、ESGや以前よく使われていたCSR、それからSDGsの概念を整理し、情報開示に関するガイドラインや良好事例を紹介します。また、機関投資家がどのようなことに関心をもっているのかについてまとめています。労働安全衛生という文脈ですが、ここで

は労働安全衛生と健康経営を対比しながら、健康経営とESGはどのような関係性があるのか、考えていきたいと思います。さらに、中小企業の情報開示についても触れます。

2.1 ▶ CSR、ESG、SDGsの概念整理

2.1.1　CSRとは

　CSRとはcorporate social responsibilityを略したものであり、「企業の社会的責任」と言われています。CSRの考え方は、近年になって出てきたものではありません。江戸時代、近江商人は、ビジネスを長期的に安定して継続するために、「売り手よし、買い手よし、世間よし」ということを言っていました。売り手である企業は、利益を得なければいけない。また、買い手であるお客にとっても、利益がないといけない。ただ、この2つだけでは不十分で、その取り組みが社会的にもよい取り組みでないと、そのビジネスは発展しないと考えていたようです。つまり、「世間よし」がビジネスに不可欠というわけです。

　事例を通して、CSRについて具体的に考えてみましょう。ハンバーガー店での架空の事例です。この店では、顧客の待ち時間を短縮するために、フライドポテトをあらかじめ揚げています。しかし、時間の経過とともに味が劣化するため、揚げてから20分経過するとポテトを廃棄しています。フードロス問題にもつながり、社会的にはよい取り組みとは言えません。この取り組みをCSRの観点から改善するとした場合、どのようなアイデアがあるでしょうか。考える枠組みは、CSRの「売り手よし、買い手よし、世間よし」の視点です。もちろん正解はありません。一例として、次のようなアイデアを取り上げて検討してみます。

・揚げてから20分経過したポテトを半額で販売する
・そこで得た利益の半分を、社会貢献活動に寄附する

　売り手の観点では、今まで廃棄していたポテトから半額とはいえ売上が得られます。さらに、廃棄コストを削減することも可能です。それ以上に、このような取り組みを積極的に社外に広報することにより、企業イメージが向上するかもしれません。

　買い手の観点では、揚げたてのポテトと、揚げたてではないが安いポテトとを選択することができ、選択肢が広がります。もし後者を選択した場合は、自分が支払った代金の一部が社会貢献活動の寄附に回るため、客にとっては自分が寄附した気持ちにもなります。

　世間の観点では、廃棄物の削減や社会貢献活動への寄附の増額と、いいこと尽くめです。

　このように、CSRは、企業が単にボランティアに参加するとか慈善活動に参加するなど、事業以外で社会的によい取り組みをするということではなく、社会的責任を果たすことを企業戦略の一環として考え、実施するものと捉えることができます。

2.1.2　ESGとは

　ESGとは、environmental, social and governanceの略です。つまり環境・社会・企業統治です。CSRが企業視点の概念であったのに対して、ESGは投資家視点です。投資家の視点では、社会的責任を果たしている企業に積極的に投資をしようという動きは以前か

らあり、社会的責任投資とかサステナブル投資と言われていました。最近では、「ESG投資」という言葉がよく使われています。

　この背景には、PRIによるESG投資の推進が大きく影響しています。2006年に、国連がサポートしてPRI（Principles for Responsible Investment：責任投資原則）のイニシアティブを立ち上げ、次の6つの原則を表明しました[9]。これは、世界の年金基金や運用会社などの機関投資家が、資産運用の意思決定の中で、ESG課題を組み込む姿勢・方針を表明し、実践していくための原則です。

　1　私たちは、投資分析と意思決定のプロセスにESGの課題を組み込みます
　2　私たちは、活動的な所有者となり所有方針と所有習慣にESGの課題を組み入れます
　3　私たちは、投資対象の企業に対してESGの課題について適切な開示を求めます
　4　私たちは、資産運用業界において本原則が受け入れられ実行に移されるよう働きかけを行います
　5　私たちは、本原則を実行する際の効果を高めるために協働します
　6　私たちは、本原則の実行に関する活動状況や進行状況に関して報告します

　多くの機関投資家がこの原則に賛同し、現在では機関投資家の投資はPRIに則り行うことが主流となっています。

　健康経営とESG投資の関わりという点からは、ESGの「S（Social）」の中に「health and safety」が含まれているので、労働安全衛生、健康経営はここに該当すると考えます。

2.1.3　SDGsとは

　SDGsは、Sustainable Development Goalsの略です。これまでのCSR、ESGと、SDGsはその潮流が少し異なります。

　SDGsの前に、MDGs（Millennium Development Goals）というものがありました。これは、2000年に国連で採択され、2015年までの世界の共通目標として設定されたものです。SDGsは、このMDGsに引き続いて2030年までに達成すべき17の持続可能な開発目標として、国連で採択されました。目標の達成に向けて、国のほか、企業、NGOも含め、様々な組織すべてが連携して取り組むことが期待されています。

　MDGsと比較して、SDGsは広く社会で認知されました。それには、デザインも大きく影響しています。17の開発目標のそれぞれにピクトグラムがつくられ、その優れたデザイン性により一気に広まりました。

　17の開発目標のうち、健康を扱うのは「3　すべての人に健康と福祉を」です。公衆衛生の問題は、この目標3「あらゆる年齢のすべての人々の健康的な生活を確保し、福祉を促進する」に該当します。一方で、健康経営や労働安全衛生は「8　働きがいも経済成長も」が主となります。目標8は、「包摂的かつ持続可能な経済成長及びすべての人々の完全かつ生産的な雇用と働きがいのある人間らしい雇用（ディーセント・ワーク）を促進する」です。

2.2 ▶ 労働安全衛生・健康経営に関する情報開示

2.2.1　情報開示のためのガイドライン

　CSRやESGでは、企業は単に取り組みを行えばよいのではなく、地域社会や顧客、投資家など社外の様々な関係者に対して情報開示をし、説明責任を果たすことも、重要な社会的責任と考えられています。

　そこで、どのような内容を開示すべきかについて、様々な基準やガイドラインがつくられています。これらには法的拘束力はありませんが、多くの企業が情報開示の参考にしています。その中でも広く参考にされているものに、GRI（Global Reporting Initiative）が設定した基準があります。一般開示事項やマネジメント手法を定めた「共通スタンダード」とともに、業種別「セクター別スタンダード」、また経済・環境・社会（これらは「トリプルボトムライン」と呼ばれています）の「項目別のスタンダード」が定められています。労働安全衛生は、この項目別スタンダードのうちの「社会」に含まれており、「GRI 403：労働安全衛生 2018」が該当します（**図6-10**）。危険源（ハザード）を特定し、リスク評価した上で管理ができているか、労使で協議する場があるか、労働安全衛生の研修が行われているか、アウトカムとして労働災害に関連する指標の開示が推奨されています。

2.2.2　日本企業の情報開示の実際

　日本の上場企業における、情報開示の状況を明らかにするため、我々は2012年と2020年に、東証一部上場企業（現在はプライム市場等と名称が変更となっています）すべてのホームページを確認し、CSR関連報告書や統合報告書の有無および内容について調査しました（**図6-11**、次頁）。2012年には、CSR関連報告書は全企業の38.6％が発行していましたが、2020年には20.3％と発行率が減少しています。一方で、近年では財務諸表などの財務報告に加えて、ESGに関わる社会・環境の活動内容などの非財務内容を合わせて（統合して）報告する、統合報告書という新たな形式で開示する企業が増えてきており、2020年には28.1％が同報告書を発行しています。そこで、2020年にCSR関連報告書または統合報告書のいずれかを発行していた企業の割合を見てみると、40.5％でした。2012

図6-10 「GRI 403：労働安全衛生 2018」（文献11より）

```
1. マネジメント手法の開示事項
   開示事項 403-1 労働安全衛生マネジメントシステム
   開示事項 403-2 危険性（ハザード）の特定、リスク評価、事故調査
   開示事項 403-3 労働衛生サービス
   開示事項 403-4 労働安全衛生における労働者の参加、協議、コミュニケーション
   開示事項 403-5 労働安全衛生に関する労働者研修
   開示事項 403-6 労働者の健康増進
   開示事項 403-7 ビジネス上の関係で直接結びついた労働安全衛生の影響の防止と緩和

2. 項目別の開示事項
   開示事項 403-8 労働安全衛生マネジメントシステムの対象となる労働者
   開示事項 403-9 労働関連の傷害
   開示事項 403-10 労働関連の疾病・体調不良
```

図6-11　CSR/ESG関連の報告書を発行している企業の割合（文献12より）

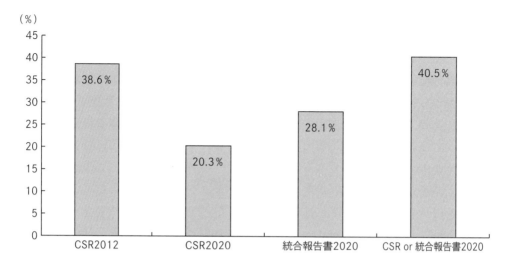

図6-12　CSR/ESG関連の報告書の中で労働安全衛生に関する記載をしていた企業の割合（文献12より）

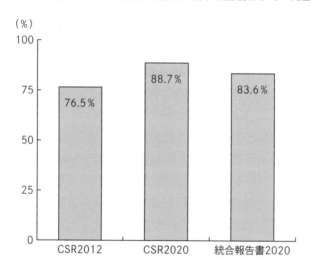

年と比較して微増しているものの、情報開示を行う企業、しない企業に分かれる傾向が見て取れます。

　これらの報告書の中で、労働安全衛生に関する記載をしていた企業は、2020年で8割を超えていました（**図6-12**）。つまり、多くの企業は労働安全衛生をCSR、ESGの一部と認識していることがわかります。

2.2.3　情報開示の良好事例

　労働安全衛生に関する情報開示において、私が様々な企業の報告書を確認した中でも特に優良であると思う企業を紹介します。それは、Unilever plc.（ユニリーバ）という企業の労働安全衛生に関する情報開示です。これらの情報は当該企業のホームページに公開されており、誰でも閲覧することができます（https://www.unilever.com/）。

表6-2　企業における労働安全衛生に関する情報開示の好事例 （文献13より）

Accident rates

Year	Total Recordable Frequency Rate per million hours worked
2021	0.55
2020	0.63
2019	0.76
2018	0.69
2017	0.89
2016	1.01
2015	1.12
2014	1.05
2013	1.03
2012	1.16
2011	1.27
2010	1.63

　まず、労働安全衛生（Health & safety）は、人権に関する項目の1つとして位置付けられています。その中の、アウトカム指標の開示が特に優れています。**表6-2**は、「Accident rates」であり、日本では度数率と呼ばれている指標です。ポイントを以下に列挙します。

・定義が明確に記述されている（どのような労働災害をカウントするかを明確に定義している）。
　「すべての休業災害、不就労災害、医療機関受診の災害を含む（ファーストエイドは含まない）（100万労働時間あたり）」と定義されています。
・どの範囲の従業員を対象としているか、明確に記述している。
　社員、期間労働者、直接指揮命令する社員を含む（製造部門および非製造部門を含む）と記述されています。また、総労働時間（2021年）は341,718,207時間であると明記されています。
・経年変化がわかるよう、12年間のデータが開示されている。
・直近の変化について要因が分析されており、必要に応じてその対応も記載されている。
　製造部門では転倒災害と上腕の負傷、非製造部門では転倒災害と交通災害が多いこと、また、Accident ratesが経年で低下した要因は、在宅勤務が導入されたことが考えられることが記述されています。

　また、労働安全衛生に関することが、組織の最も高いレベルで議論されている（取締役会での議題となっている）ことが記述されており、その責任者や具体的に議論されている内容についても掲載されています。
　これらの開示内容を見ると、ユニリーバという企業の中で、労働安全衛生がどのように

マネジメントされているかをよく理解することができます。

2.3 ▶ 投資家の関心

　では、こうした情報を受け取る側である投資家は、どのようなことに関心をもっているのでしょうか。我々は、2021年11月に、「責任ある機関投資家の諸原則（日本版スチュワードシップ・コード）」の受け入れを表明した機関投資家（2021年9月30日時点での316機関）のESG投資部門担当者に、アンケート調査を行いました[14]。有効回答は24機関であり、その結果を以下に示します。

　まず、ESGの「S（Social）」の中に労働安全衛生あるいは健康経営が含まれていることについては、70%の機関投資家が「よく知っている」、または「知っている」と回答しています。投資判断や企業との対話で重視する健康経営の項目では、「健康経営の基本方針」とともに、「長時間労働の状況」や「メンタルヘルス対策に関すること」、また、アウトカム指標となる「私傷病休業者数」が上位を占めています（**図6-13**）。

図6-13　機関投資家が企業との対話で重視している健康経営の項目（文献14より）

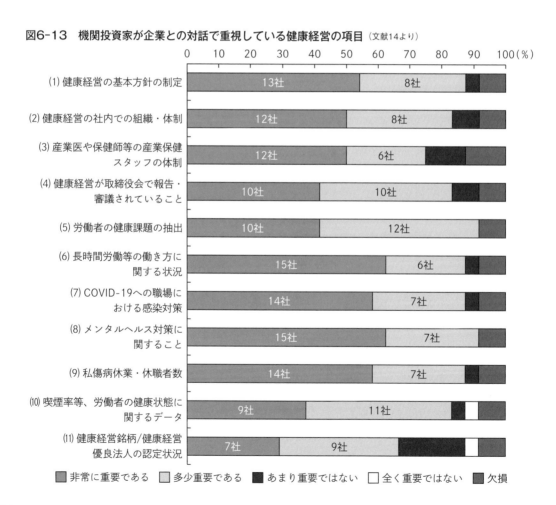

2.4 ▶ 情報開示の効果と活用

2.4.1　健康経営度調査における情報開示の評価

　健康経営度調査における評価項目には、「社外への情報開示」が含まれています。健康経営の推進に関して企業全体の目的または体制を社外に公開しているか、また、投資家との対話の中で健康経営をどのように話題にしているかについて評価されます。

　健康経営度調査の評価結果は、「開示可能」と回答した企業の結果がホームページで公開されています。情報開示の評価が高い企業のホームページを閲覧することで、開示されている内容や工夫を学ぶことができます。

2.4.2　中小企業における情報開示の効果

　中小企業においても、健康経営の情報開示をすることは重要です。健康経営優良法人（2020年の中小規模法人部門）に認定された企業のホームページを確認したところ、健康経営優良法人の認定を受けたことを社外に公開していた企業は、約半数でした。残り半数は、社外に広報していないことになります。開示を行わなければ、社外の人は知ることができません。積極的に開示をすることで、企業の雰囲気が伝わり、新規人材の採用につながる可能性が高まります。どのように開示し、広報するかも、健康経営の戦略の1つです。

　本節の執筆に当たり、荒井勝氏（NPO法人 日本サステナブル投資フォーラム（JSIF）会長）に貴重な助言をいただきました。感謝申し上げます。

（永田智久）

3　中小企業における健康経営

　本書の最後に、中小企業の健康経営について取り上げます。それは、中小企業の方が健康経営の成果が出やすい、健康経営の必要性も高いのではないかと考えられるからです。

　ここまでの章で、健康経営と無形資源について触れてきました。健康経営により、職場の無形資源が増強されるのではないかということや、無形資源の1つとして知覚された組織的支援（POS）を取り上げ、健康経営は組織に大変ポジティブな影響を与えるのではないかということについて検討しました。また、第5章では、POSの上昇と業績に正の相関があること、POSが高い企業では創造的な提案を行っている管理職が多いことを示しました。

　経営者のリーダーシップによりPOSが上がり、従業員の健康指標も上がり、様々な経営指標の改善がされるのであれば、やはり経営層から従業員へ直に思いが伝わる中小企業の方が、大企業のように中間管理職の層があるところに比べ成果は出やすいと考えられます。

　我々は、中小企業の方が「健康経営の成果が出やすい」という仮説をもっていますが、現時点では量的調査にまでは至っていませんので、ここでは良好事例を収集するための調

査等で出会った2つの企業の取り組みと経営者の実感、それから現在我々が関わっている健康経営を推進する取り組みをいくつか紹介します。大企業に所属する読者の方には、子会社に応用できるか、あるいは部門や支店に応用する際の参考資料と考えていただければと思います。

3.1 ▶ 健康経営の成果を出している中小企業

我々は、健康経営を推進している中小企業に訪問して、経営者にインタビュー調査を行ってきました。その調査を通じて、中小企業における健康経営の必要性と、中小企業の方が健康経営の成果が出やすいことを教えていただきました。

1つ目は、愛知県瀬戸市にある大橋運輸という運送業の会社です。社長が「従業員にとって"いい会社"にしたいのだ」と強く思われ、様々な取り組みを行ってこられた企業です。そうした取り組みに、後から「健康経営」という名前が付いたという印象です。

社長は、「地域にとって"存在価値が高い会社"にしていきたい」と本気で思われていて、本気で健康経営と地域貢献に取り組まれています。管理栄養士による栄養指導、従業員への食育として野菜や果物の提供、8020運動（「80歳になっても自分の歯を20本以上保とう」という運動）などに取り組まれています。"本気"だと我々が実感したのは、社長自らが健康経営を語ることができ、取り組みが継続されていて、一貫性があるというところからです。従業員100人規模の会社ですが、管理栄養士を採用し、担当者を配置して体制を整え、社員を巻き込む工夫をしています。

「健康経営は投資対効果がありますか」と社長にお尋ねすると、「地域と密着したことで個人部門の売上が上がったこと、離職が減少したこと、優秀な人材が入ってくること」などの効果について教えていただきました。そして、健康経営にかける費用も増えているけれども、回収できていることを教えていただきました。

次に紹介するのは、株式会社熊本ドライビングスクールです。この会社も、経営者の強い思いとリーダーシップで、健康経営を推進されています。現在の社長の就任後、生活習慣病を起因とした病気を理由に、2人の従業員が相次いで亡くなられたそうです。従業員が資本のサービス業であるのに「これではいけない」と思われ、禁煙推進活動や昼食の改善、産業医の面談など、様々な活動に取り組まれています。

中でも、目に見える形で驚くべき成果が出ているのが、禁煙推進活動です。当初は、喫煙所を外部に移すことや、休憩時間を除いた勤務時間中の喫煙禁止などだったようですが、その後、敷地内全面禁煙に踏み切られました。全社員の協力を仰ぐために、喫煙の健康への悪影響、家族への影響、禁煙治療への補助、禁煙成功者の表彰などを実施されたとのことです。このような活動の積み重ねにより、もともと81%だった喫煙率が今では0%です。こうした取り組み自体は、他にも実施している企業はあるでしょう。しかし、これらの取り組みを一つひとつ実施し、継続し、取り組みの必要性を社員と社員の家族の健康を願う社長自らの言葉で伝えることで、社長の"本気"が社員一人ひとりに届いたのではないかと思います。

「健康経営は投資対効果がありますか」と社長にお尋ねすると、「十分あります」と即答

いただきました。採用コストの大幅減、イノベーションを起こせる従業員の増加、売上の
のび、従業員のやる気の向上といった効果について教えていただきました。「うちの会社
で働くのは大変だと思う。すごく新しいことをたくさん求めるし。でも、それができる環
境がある」とおっしゃっていたことが強く印象に残っています。

　紹介した2つの企業は、社会通念上正しいから、健康が大事と思われているから健康経
営を始めたというよりも、それぞれの企業の存続や社会に対する価値、事業の発展などを
真剣に考えた際に、従業員の価値や従業員の健康の確保の重要性を改めて認識したことに
より、健康経営につながる取り組みが始まり、継続されている印象です。

3.2 ▶ 健康経営を中小企業に普及させる取り組み

　経営者自らがこのように気づく場合もありますが、そのような企業ばかりではないと思
われます。特に、従業員50人未満の事業場は、産業医の選任義務がありません。法令上
の枠組みでは、健康経営の必要性や取り組み方を説明する専門家が、すべての事業場に関
与することは難しいと考えられます。とはいえ、現在でも、従業員50人未満の事業場へ
の健康管理サービスを提供する主体として、公的には全国に約340か所ある地域産業保健
センターや市町村、協会けんぽ、民間では労働衛生機関や保険会社などがあります。これ
らの既存のサービスにより、中小企業への健康経営のさらなる普及が期待されます。

　そこで、我々が実施したり関与したりしている取り組みを2つ紹介します。第2章でも
紹介したように、健康経営を進めていくためにはしっかりした「土台（基本的な健康管理
や安全衛生活動）」が大事です。健康増進活動に取り組み、イベントはうまくいったとし
ても、やはり「土台」がしっかりしていないと定着は難しいと考えられます。ここで紹介
する取り組みは、「土台づくり」を意識した活動です。

3.2.1　地域経済団体を基点とした取り組み

　1つ目は、地域経済団体を基点とした労災疾病臨床研究費補助金の一環で行った取り組
みです。地域経済団体は、中小企業の経営上の課題、法令や財務問題、労務問題などの相
談に応じ、中小企業にとって身近な相談先です。

　北九州の商工会議所の協力を得て、従業員10〜50人ぐらいの小規模の製造業、運輸業、
建設業の企業に対し、健康管理のモデル事業を行いました。職場の健康づくりセミナーと
して講演会を開催して、個別説明会、職場訪問、レポート報告と、希望に応じて段階的に
サービスを提供する形で行いました。講演会の内容は、中小企業で始める健康経営、中小
企業が健康経営に取り組むメリット、健康経営の最初の取り組みとしての健康管理、働き
方改革と活用可能な助成金、というものでした。募集は商工会議所にお願いし、ダイレク
トメールを900社、FAXを1,500社、電話連絡を数百件していただきました。

　しかし、参加を希望した企業は17社で、そのうち個別説明会は6社、さらにそのうち職
場訪問は2社という結果に終わり、健康管理に関する顕在化したニーズはほとんどないこ
とがわかりました。健康経営や健康管理で解決できる課題をわかりやすく提示するなど、
ニーズを惹起する必要性がありそうです。

3.2.2　生命保険会社が提供する取り組み

　もう1つは、生命保険会社の取り組みです。紹介するのは、健康増進型保険も販売している大同生命保険株式会社（以下、大同生命）の取り組みです。大同生命の顧客は、従業員が5人未満など、小規模の企業の経営者の方が多いようです。

　大同生命は、中小企業の健康管理に資するプログラム、具体的には、健康経営に必要な情報や健康経営導入のコンサルトなどをすでに提供していました。さらに、2023年からは、健康経営の「土台」である健康管理を担うサービスとして、健康診断に基づき就業判定が必須と思われる人へのアラートや、従業員の健診結果や生活習慣の調査結果の総合評価を盛り込んだレポートの送付、就業判定を受けた人が医師や保健師にオンラインで相談できる仕組みを提供しています。就業判定とは、労働安全衛生法第66条の四で求められる、健康診断の結果についての医師等からの意見聴取に該当するものです。法令で求められているにもかかわらず、小規模の事業場での実施割合は低いため、大同生命の上記のようなサービスが普及することを期待します。

　大同生命のその他の取り組みとして、営業担当者やセミナーを通じた顧客企業への、健康管理の進め方や健康経営の進め方といった具体的なノウハウなどの情報提供、企業の健康経営の取り組みの社会認知を目的とした独自の表彰制度（DAIDO KENCO AWARD）の実施などがあります。表彰対象となった企業は、特設ホームページで案内され、具体的な活動を紹介される予定です。他の中小企業が健康経営を始める契機となり、参考事例となることが期待されます。

3.3 ▶ まとめ

　中小企業における健康経営の良好事例と健康経営を推進する取り組みを紹介しました。「中小企業にはそんな余裕はないよ」という声を耳にすることもあるでしょう。そのような時に、私は次の話を紹介しています。前述した2つの良好事例の経営者の方々に、「まだ健康経営に取り組まれていない中小企業の経営者の方に何と言えば、健康経営に取り組んでくれますか」という質問を投げかけたところ、2人からは同様の返答をいただきました。「健康経営に取り組まないで、人がよく集まりますね。たぶん、逆に余裕がある会社ですよ」というものです。

　紹介した良好事例の経営者の方々は、すでに健康経営の成果を実感しておられましたが、まだまだ量的データとはなっていません。したがって、今後、中小企業における健康経営は本当に成果が出やすいのか、どのような要素が成果と関連するのかということに関して検証していく必要があります。

（永田昌子）

参考文献

1) Nagata T, et al. Total Health-related Costs Due to Absenteeism, Presenteeism, and Medical and Pharmaceutical Expenses in Japanese Employers. J Occu Environ Med. 2018; 60（5）: e273-e280.
2) Fabius R, et al. Tracking the market performance of companies that integrate a culture of health and safety: An assessment of Corporate Health Achievement Award applicants. J Occu Environ Me. 2016; 58（1）: 3-8.

3) 山本勲. 働き方改革の経済分析：企業パネルデータと労働者・企業マッチデータを用いた検証. 宇井貴志, 他.（編）. 現代経済学の潮流 2020. 東洋経済新報社. 2020: 87-111.

4) 山本勲. 上場企業における働き方改革と利益率—「スマートワーク経営調査」データを用いた検証. スマートワーク経営研究会・中間報告書：働き方改革と生産性、両立の条件. 日本経済研究センター. 2018: 51-75.

5) 山本勲, 他. 健康経営銘柄と健康経営施策の効果分析. RIETI Discussion Paper Series 21-J-037. 2021.

6) 山本勲. 従業員レベルでの健康経営の認識・評価・理解と企業業績の関係. 日経スマートワーク経営研究会報告. 2021: 50-55.

7) 黒田祥子, 他. 従業員のポジティブメンタルヘルスと生産性との関係. RIETI Discussion Paper Series 21-J-043. 2021.

8) 山本勲. 睡眠—睡眠からみた健康経営とウェルビーイング. 日経スマートワーク経営研究会報告 2022. 2022: 52-64.

9) 国連環境計画・金融イニシアティブ（UNEP FI）と国連グローバル・コンパクトと連携した投資家イニシアティブ. 責任投資原則. 2021. https://www.unpri.org/download?ac=14736.（2023年5月12日アクセス）

10) Global Reporting Initiative. GRI STANDARDS. 2016. https://www.globalreporting.org/.（2023年5月12日アクセス）

11) Global Reporting Initiative. GRI 403: 労働安全衛生 2018. 2018.

12) Shimizu T, et al. Occupational safety and health aspects of corporate social responsibility reporting in Japan: comparison between 2012 and 2020. BMC Res Notes. 2022; 15（1）:260.

13) Unileverホームページ. Safety at work. https://www.unilever.com/planet-and-society/responsible-business/safety-at-work/.（2023年5月12日にアクセス）

14) 厚生労働科学研究「労働災害防止対策の推進とESG投資の活用に資する調査研究」（研究代表者：永田智久）報告書. 2022.

付　録

▼

ベンチマーク
データ集

本文をお読みいただいた方は、健康施策・健康経営のPDCAを回すことが重要であることをご理解いただけたかと思います。しかしながら、自組織の健康度を評価する際、また、計画段階で目標を設定する際に、ベンチマークとなるデータが少ないのが現状です。国が行う調査の統計データは有用ですが、一般住民（働いていない人も含む）が対象であることが大半であり、労働者を対象とした集団のベンチマークではありません。

　そこで本データ集では、健康施策の立案時に活用いただくために、ベンチマークデータを公開します。健康度は、性別・年齢の影響を受けるため、層別化して結果を示しています。また、従業員規模別のデータも示しています。提示する指標は、健康経営戦略マップの作成やそれに基づく取り組みを考える上で、有効な指標です。

- ・健康関連の最終的な目標指標　ワーク・エンゲイジメント　プレゼンティーイズム
- ・人的健康資源の健康状態　　　K6、仕事に影響を与えている健康問題
- ・環境健康資源の無形資源　　　SPOS

情報源について

　公開するデータは、産業医科大学産業保健経営学研究室が2022年3月に実施した調査（W2S-Ohpm Study）から算出しています。本調査は、インターネット調査会社に登録されたパネルに対して行いました。パネルに登録している者という偏りはありますが、2020年労働力調査をもとに、性別、年代、地域の人口割合が日本全体と同一となるようサンプリングを行っています。そのため、日本の標準的な労働者集団がほぼ抽出できていると考えます。

情報源となるデータの詳細（27,693人）

	すべての従業員規模		個人事業主等（1人）		2〜49人規模		50〜999人規模		1,000人以上規模	
	男性	女性	男性	女性	男性	女性	男性	女性	男性	女性
総数	15,201	12,492	1,309	917	5,760	6,371	5,836	4,036	2,296	1,168
20〜29歳	2,366	2,188	69	52	743	959	1,026	814	528	363
30〜39歳	2,896	2,355	133	123	1,005	1,176	1,240	808	518	248
40〜49歳	3,721	3,159	255	207	1,479	1,653	1,451	1,044	536	255
50〜59歳	3,237	2,724	311	251	1,214	1,413	1,211	835	501	225
60歳以上	2,981	2,066	541	284	1,319	1,170	908	535	213	77

　なお、最新の情報は、産業保健経営学研究室のホームページ（https://www.ohpm.jp/）でアップデートしていく予定です。

こころの状態

質問票：K6

　ハーバード大学（米国）教授のKesslerらが開発した、心理的ストレスを含む何らかの精神的な問題の程度を表す質問票です[1]。日本語での妥当性・信頼性も検証されており[2]、うつ病や不安障害などの精神疾患をスクリーニングすることに利用されることがあります。ストレスチェックの3つの質問領域のうち「心身のストレス反応」と類似しています。

【質問文】

質問番号	質問文
	過去30日の間にどのくらいの頻度で次のことがありましたか。もっともあてはまる選択肢を選んでください。
1	神経過敏に感じましたか
2	絶望的だと感じましたか
3	そわそわ、落ち着かなく感じましたか
4	気分が沈みこんで、何が起こっても気が晴れないように感じましたか
5	何をするのも骨折りだと感じましたか
6	自分は価値のない人間だと感じましたか

【選択肢】

選択肢	点数
全くない	0点
少しだけ	1点
ときどき	2点
たいてい	3点
いつも	4点

【点数化の方法】

　6つの質問の合計得点で評価します。合計点が高いほど、精神的な問題がより重い可能性があるとされています。5点以上が心理的ストレス反応相当[2]、9点以上が中等度以上、13点以上が重症、という提案があります[3]。「国民生活基礎調査」で同じ設問が使われており、0−4点、5−9点、10−14点、15点以上で分類していますので、ここではそれに合わせてデータを示します（なお、国民生活基礎調査は、国が実施する一般住民を対象とした調査です）。

すべての従業員規模

男性		0〜4点	5〜9点	10〜14点	15点以上		女性		0〜4点	5〜9点	10〜14点	15点以上
総数	人数	9,916	3,262	1,423	600		総数	人数	7,449	3,099	1,323	621
	%	65	21	9	4			%	60	25	11	5
20〜29歳	人数	1,261	603	341	161		20〜29歳	人数	1,078	595	351	164
	%	53	25	14	7			%	49	27	16	7
30〜39歳	人数	1,619	723	377	177		30〜39歳	人数	1,255	638	295	167
	%	56	25	13	6			%	53	27	13	7
40〜49歳	人数	2,319	853	384	165		40〜49歳	人数	1,785	858	338	178
	%	62	23	10	4			%	57	27	11	6
50〜59歳	人数	2,230	710	220	77		50〜59歳	人数	1,736	641	261	86
	%	69	22	7	2			%	64	24	10	3
60歳以上	人数	2,487	373	101	20		60歳以上	人数	1,595	367	78	26
	%	83	13	3	1			%	77	18	4	1

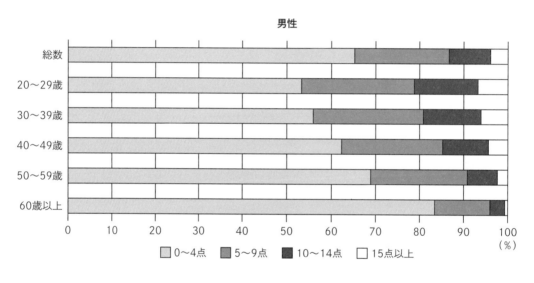

男性

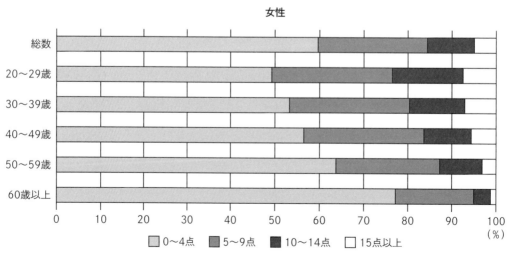

女性

個人事業主等（1人）

男性		0〜4点	5〜9点	10〜14点	15点以上
総数	人数	932	234	99	44
	%	71	18	8	3
20〜29歳	人数	37	12	10	10
	%	54	17	14	14
30〜39歳	人数	64	34	22	13
	%	48	26	17	10
40〜49歳	人数	159	62	25	9
	%	62	24	10	4
50〜59歳	人数	217	61	25	8
	%	70	20	8	3
60歳以上	人数	455	65	17	4
	%	84	12	3	1

女性		0〜4点	5〜9点	10〜14点	15点以上
総数	人数	558	235	82	42
	%	61	26	9	5
20〜29歳	人数	21	19	6	6
	%	40	37	12	12
30〜39歳	人数	61	36	15	11
	%	50	29	12	9
40〜49歳	人数	108	64	24	11
	%	52	31	12	5
50〜59歳	人数	157	64	19	11
	%	63	25	8	4
60歳以上	人数	211	52	18	3
	%	74	18	6	1

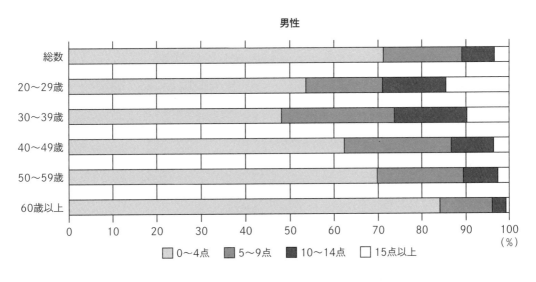

男性

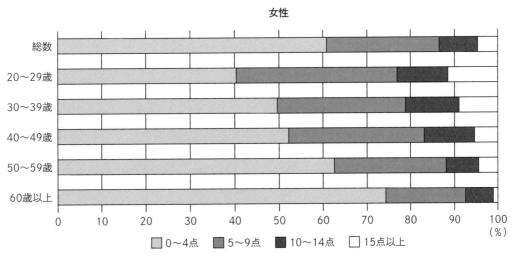

女性

2～49人規模

男性		0～4点	5～9点	10～14点	15点以上
総数	人数	3,772	1,218	552	218
	%	65	21	10	4
20～29歳	人数	397	187	119	40
	%	53	25	16	5
30～39歳	人数	536	260	140	69
	%	53	26	14	7
40～49歳	人数	903	340	168	68
	%	61	23	11	5
50～59歳	人数	838	269	75	32
	%	69	22	6	3
60歳以上	人数	1,098	162	50	9
	%	83	12	4	1

女性		0～4点	5～9点	10～14点	15点以上
総数	人数	3,869	1,574	622	306
	%	61	25	10	5
20～29歳	人数	466	254	161	78
	%	49	26	17	8
30～39歳	人数	619	337	134	86
	%	53	29	11	7
40～49歳	人数	942	462	163	86
	%	57	28	10	5
50～59歳	人数	915	329	128	41
	%	65	23	9	3
60歳以上	人数	927	192	36	15
	%	79	16	3	1

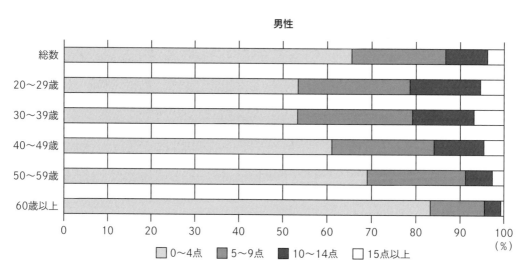

男性

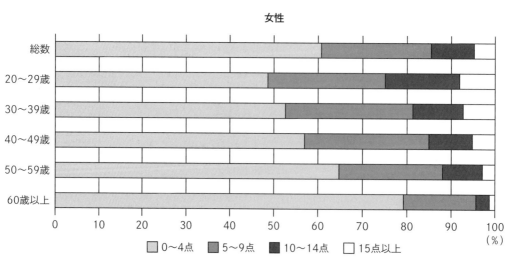

女性

50～999人規模

男性

男性		0～4点	5～9点	10～14点	15点以上
総数	人数	3,693	1,342	550	251
	%	63	23	9	4
20～29歳	人数	520	284	144	78
	%	51	28	14	8
30～39歳	人数	714	307	149	70
	%	58	25	12	6
40～49歳	人数	893	344	147	67
	%	62	24	10	5
50～59歳	人数	808	288	84	31
	%	67	24	7	3
60歳以上	人数	758	119	26	5
	%	83	13	3	1

女性

女性		0～4点	5～9点	10～14点	15点以上
総数	人数	2,338	1,019	478	201
	%	58	25	12	5
20～29歳	人数	395	226	134	59
	%	49	28	16	7
30～39歳	人数	437	214	106	51
	%	54	26	13	6
40～49歳	人数	581	279	123	61
	%	56	27	12	6
50～59歳	人数	523	195	95	22
	%	63	23	11	3
60歳以上	人数	402	105	20	8
	%	75	20	4	1

男性

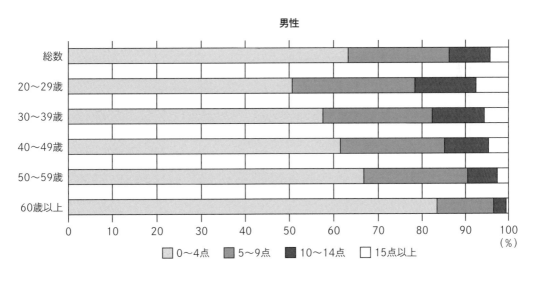

女性

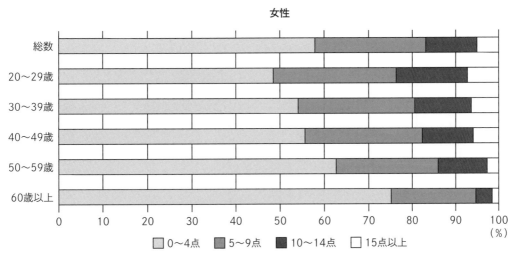

1,000人以上規模

男性		0〜4点	5〜9点	10〜14点	15点以上	女性		0〜4点	5〜9点	10〜14点	15点以上
総数	人数	1,519	468	222	87	総数	人数	684	271	141	72
	%	66	20	10	4		%	59	23	12	6
20〜29歳	人数	307	120	68	33	20〜29歳	人数	196	96	50	21
	%	58	23	13	6		%	54	26	14	6
30〜39歳	人数	305	122	66	25	30〜39歳	人数	138	51	40	19
	%	59	24	13	5		%	56	21	16	8
40〜49歳	人数	364	107	44	21	40〜49歳	人数	154	53	28	20
	%	68	20	8	4		%	60	21	11	8
50〜59歳	人数	367	92	36	6	50〜59歳	人数	141	53	19	12
	%	73	18	7	1		%	63	24	8	5
60歳以上	人数	176	27	8	2	60歳以上	人数	55	18	4	0
	%	83	13	4	1		%	71	23	5	0

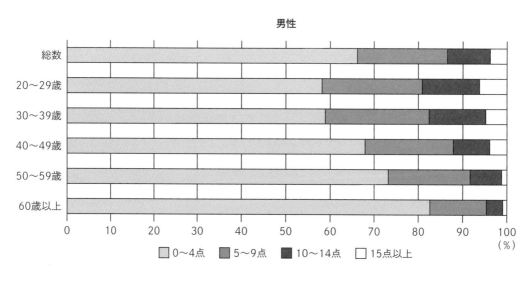

男性

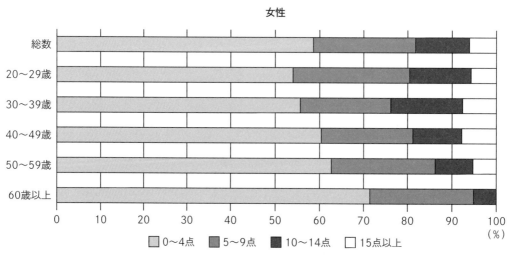

女性

2 ワーク・エンゲイジメント

質問票：ユトレヒト・ワーク・エンゲイジメント尺度
（Utrecht Work Engagement Scale：UWES）

　ワーク・エンゲイジメントとは、仕事に関連するポジティブで充実した心理状態とされています。UWESは、ユトレヒト大学（オランダ）教授のSchaufeliらによって開発されました。日本語版は、慶應義塾大学教授の島津明人氏が妥当性・信頼性を検証しています。17項目版、9項目版、3項目版がありますが、実務での活用場面を考え、ここでは9項目版と3項目版のデータを示します[4,5]。なお、使用に際しては島津明人氏のウェブサイト[6]を確認の上、ご利用ください。

【質問文】

質問番号		質問文
9項目版	3項目版	
		「仕事に関してどう感じているか」について伺います。もっともあてはまる選択肢を選んでください。
活力1	活力1	仕事をしていると、活力がみなぎるように感じる
活力2		職場では、元気が出て精力的になるように感じる
熱意1	熱意1	仕事に熱心である
熱意2		仕事は、私に活力を与えてくれる
活力3		朝に目がさめると、さあ仕事へ行こう、という気持ちになる
没頭1		仕事に没頭しているとき、幸せだと感じる
熱意3		自分の仕事に誇りを感じる
没頭2	没頭1	私は仕事にのめり込んでいる
没頭3		仕事をしていると、つい夢中になってしまう

【選択肢】

選択肢	点数
全くない	0点
ほとんど感じない（1年に数回以下）	1点
めったに感じない（1ヵ月に1回以下）	2点
時々感じる（1ヵ月に数回）	3点
よく感じる（1週間に1回）	4点
とてもよく感じる（1週間に数回）	5点
いつも感じる（毎日）	6点

【点数化の方法】

　9つ、または、3つの質問の合計得点、または、平均点で評価します。合計点または平均点が高いほど、ワーク・エンゲイジメントが高いことを意味します。

9項目版（平均点）

	すべての 従業員規模		個人事業主等 （1人）		2～49人規模		50～999人規模		1,000人以上 規模	
男性	平均	標準偏差	平均	標準偏差	平均	標準偏差	平均	標準偏差	平均	標準偏差
総数	2.43	1.36	2.81	1.42	2.46	1.35	2.34	1.35	2.42	1.33
20～29歳	2.22	1.43	2.40	1.67	2.24	1.44	2.15	1.42	2.29	1.40
30～39歳	2.19	1.37	2.35	1.58	2.15	1.37	2.15	1.36	2.30	1.30
40～49歳	2.31	1.37	2.63	1.52	2.28	1.37	2.26	1.34	2.38	1.33
50～59歳	2.49	1.29	2.65	1.32	2.53	1.28	2.40	1.29	2.50	1.26
60歳以上	2.95	1.22	3.15	1.28	2.94	1.20	2.85	1.20	2.89	1.26
女性										
総数	2.52	1.37	3.12	1.38	2.54	1.36	2.39	1.35	2.43	1.37
20～29歳	2.07	1.38	2.79	1.66	2.15	1.40	1.94	1.37	2.06	1.28
30～39歳	2.26	1.40	2.72	1.57	2.26	1.40	2.17	1.36	2.34	1.41
40～49歳	2.51	1.35	3.04	1.48	2.52	1.35	2.39	1.30	2.54	1.37
50～59歳	2.64	1.27	3.18	1.25	2.59	1.26	2.55	1.26	2.70	1.25
60歳以上	3.14	1.21	3.37	1.20	3.09	1.23	3.13	1.14	3.26	1.42

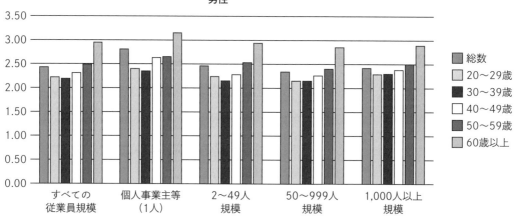

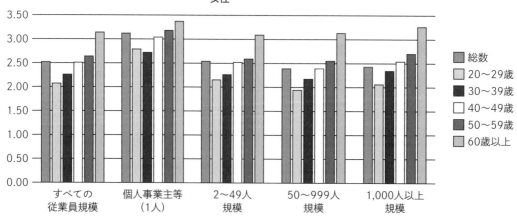

3項目版（平均点）

男性	すべての 従業員規模		個人事業主等 （1人）		2～49人規模		50～999人規模		1,000人以上 規模	
	平均	標準偏差	平均	標準偏差	平均	標準偏差	平均	標準偏差	平均	標準偏差
総数	2.51	1.39	2.82	1.44	2.51	1.37	2.43	1.38	2.51	1.36
20～29歳	2.35	1.48	2.46	1.71	2.37	1.48	2.28	1.48	2.44	1.46
30～39歳	2.31	1.42	2.43	1.63	2.27	1.43	2.28	1.41	2.42	1.34
40～49歳	2.40	1.41	2.69	1.57	2.37	1.40	2.37	1.39	2.44	1.38
50～59歳	2.55	1.31	2.67	1.31	2.57	1.30	2.48	1.32	2.58	1.28
60歳以上	2.92	1.23	3.12	1.29	2.90	1.21	2.83	1.20	2.89	1.27
女性										
総数	2.59	1.39	3.15	1.41	2.59	1.37	2.47	1.38	2.55	1.40
20～29歳	2.22	1.44	2.79	1.73	2.29	1.46	2.10	1.43	2.22	1.35
30～39歳	2.37	1.45	2.79	1.61	2.36	1.43	2.29	1.43	2.46	1.45
40～49歳	2.58	1.37	3.11	1.51	2.59	1.36	2.45	1.34	2.65	1.39
50～59歳	2.69	1.29	3.22	1.30	2.63	1.27	2.61	1.29	2.81	1.27
60歳以上	3.12	1.22	3.34	1.24	3.04	1.23	3.15	1.14	3.28	1.47

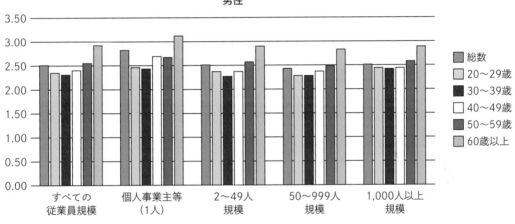

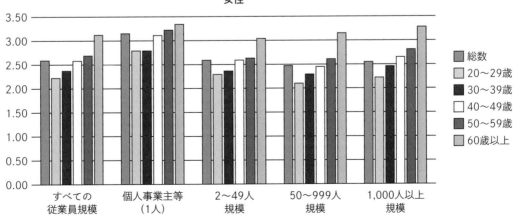

171

3 仕事に影響を及ぼしている健康問題

質問票：産業医科大学（産業保健経営学）独自の質問項目

　仕事に影響を及ぼしている健康問題が何かを聴取するために開発しました。症状のリストは、国民生活基礎調査（健康票で42種類の自覚症状を聴いています）や先行研究[7]をもとに、34種類の症状リストを作成しました[8]。その中から、頻度の低い症状を除外し、14症状に絞っています。

【質問文】

質問番号	質問文
1	この1ヵ月における、あなたの健康上の問題や不調について、あてはまる選択肢を選んでください。（いくつでも）
2	前問で選択いただいた1～14のうち、仕事に"1番影響を及ぼしている健康問題"を選んでください。症状のいずれも仕事に影響を及ぼすほどではない方は、「0」とご入力ください。

【選択肢】

	選択肢
0	健康上の問題や不調はない
	アレルギーによる不調
1	アレルギーによる疾患（花粉症・アレルギー性結膜炎など）
2	皮膚の病気・かゆみ（湿疹やアトピー性湿疹など）
3	感染症による不調（風邪、インフルエンザ、胃腸炎）
4	胃腸に関する不調（繰り返す下痢、便秘、胃不快感）
	主に痛みに関する不調
5	手足の関節の痛みや不自由さ（関節炎など）
6	腰痛
7	首の不調や肩のこりなど
8	頭痛（偏頭痛や慢性的な頭痛など）
9	歯の不調（歯痛など）
10	精神に関する不調（うつ症状（気分の落ち込みなど）、不安感）
11	睡眠に関する不調（寝ようとしても眠れないなど）
12	全身の倦怠感、疲労感
13	眼の不調（視力低下・眼精疲労・ドライアイ・緑内障など）
14	その他の不調

【集計の方法】

　質問1で、症状の有無を聴いた上で、質問2で「仕事に1番影響を及ぼしている健康問題」を聴いています。「症状なし」とは、質問1で症状なしの場合、または、質問1で症状を選択したが質問2で症状なしと選択した場合です。複数の症状がある場合は、仕事に1番影響を及ぼしている健康問題のみに限定して集計しています。

すべての従業員規模

男性	20～29歳		30～39歳		40～49歳		50～59歳		60歳以上		総数	
	人数	%	人数	%	人数	%	人数	%	人数	%	人数	%
症状なし	1,650	69.7	1,836	63.4	2,361	63.5	2,135	66.0	2,210	74.1	10,192	67.0
症状あり	716	30.3	1,060	36.6	1,360	36.5	1,102	34.0	771	25.9	5,009	33.0
アレルギー疾患	150	(20.9)	157	(14.8)	182	(13.4)	143	(13)	106	(13.7)	738	(14.7)
皮膚疾患	58	(8.1)	62	(5.8)	79	(5.8)	55	(5.0)	28	(3.6)	282	(5.6)
感染症	19	(2.7)	29	(2.7)	38	(2.8)	22	(2.0)	19	(2.5)	127	(2.5)
胃腸症状	30	(4.2)	40	(3.8)	42	(3.1)	37	(3.4)	39	(5.1)	188	(3.8)
関節症状	40	(5.6)	47	(4.4)	75	(5.5)	96	(8.7)	91	(11.8)	349	(7.0)
腰痛	83	(11.6)	195	(18.4)	279	(20.5)	255	(23.1)	182	(23.6)	994	(19.8)
首の不調	66	(9.2)	110	(10.4)	156	(11.5)	85	(7.7)	61	(7.9)	478	(9.5)
頭痛	56	(7.8)	83	(7.8)	77	(5.7)	51	(4.6)	13	(1.7)	280	(5.6)
歯の不調	9	(1.3)	11	(1.0)	26	(1.9)	22	(2.0)	30	(3.9)	98	(2.0)
精神の不調	82	(11.5)	133	(12.5)	148	(10.9)	81	(7.4)	23	(3.0)	467	(9.3)
睡眠問題	50	(7.0)	80	(7.5)	90	(6.6)	57	(5.2)	39	(5.1)	316	(6.3)
全身倦怠感	27	(3.8)	56	(5.3)	60	(4.4)	61	(5.5)	27	(3.5)	231	(4.6)
眼の不調	38	(5.3)	49	(4.6)	94	(6.9)	117	(10.6)	91	(11.8)	389	(7.8)
その他	8	(1.1)	8	(0.8)	14	(1.0)	20	(1.8)	22	(2.9)	72	(1.4)

（　）内は「症状あり」の者の中での割合（%）

女性	20～29歳		30～39歳		40～49歳		50～59歳		60歳以上		総数	
	人数	%	人数	%	人数	%	人数	%	人数	%	人数	%
症状なし	1,232	56.3	1,215	51.6	1,718	54.4	1,574	57.8	1,447	70.0	7,186	57.5
症状あり	956	43.7	1,140	48.4	1,441	45.6	1,150	42.2	619	30.0	5,306	42.5
アレルギー疾患	110	(11.5)	138	(12.1)	166	(11.5)	124	(10.8)	66	(10.7)	604	(11.4)
皮膚疾患	79	(8.3)	66	(5.8)	66	(4.6)	42	(3.7)	29	(4.7)	282	(5.3)
感染症	27	(2.8)	35	(3.1)	45	(3.1)	18	(1.6)	23	(3.7)	148	(2.8)
胃腸症状	41	(4.3)	44	(3.9)	59	(4.1)	32	(2.8)	24	(3.9)	200	(3.8)
関節症状	21	(2.2)	47	(4.1)	108	(7.5)	165	(14.3)	120	(19.4)	461	(8.7)
腰痛	89	(9.3)	128	(11.2)	184	(12.8)	163	(14.2)	125	(20.2)	689	(13.0)
首の不調	135	(14.1)	182	(16.0)	187	(13.0)	152	(13.2)	46	(7.4)	702	(13.2)
頭痛	120	(12.6)	161	(14.1)	165	(11.5)	82	(7.1)	23	(3.7)	551	(10.4)
歯の不調	12	(1.3)	4	(0.4)	18	(1.2)	18	(1.6)	15	(2.4)	67	(1.3)
精神の不調	137	(14.3)	111	(9.7)	126	(8.7)	77	(6.7)	22	(3.6)	473	(8.9)
睡眠問題	69	(7.2)	72	(6.3)	64	(4.4)	59	(5.1)	29	(4.7)	293	(5.5)
全身倦怠感	47	(4.9)	65	(5.7)	92	(6.4)	60	(5.2)	23	(3.7)	287	(5.4)
眼の不調	59	(6.2)	69	(6.1)	132	(9.2)	138	(12.0)	66	(10.7)	464	(8.7)
その他	10	(1.0)	18	(1.6)	29	(2.0)	20	(1.7)	8	(1.3)	85	(1.6)

（　）内は「症状あり」の者の中での割合（%）

個人事業主等（1人）

男性	20〜29歳		30〜39歳		40〜49歳		50〜59歳		60歳以上		総数	
	人数	%	人数	%	人数	%	人数	%	人数	%	人数	%
症状なし	50	72.5	81	60.9	162	63.5	194	62.4	406	75.0	893	68.2
症状あり	19	27.5	52	39.1	93	36.5	117	37.6	135	25.0	416	31.8
アレルギー疾患	3	(15.8)	8	(15.4)	9	(9.7)	17	(14.5)	9	(6.7)	46	(11.1)
皮膚疾患	2	(10.5)	3	(5.8)	4	(4.3)	6	(5.1)	6	(4.4)	21	(5.0)
感染症	0	(0)	1	(1.9)	1	(1.1)	1	(0.9)	6	(4.4)	9	(2.2)
胃腸症状	0	(0)	1	(1.9)	3	(3.2)	3	(2.6)	11	(8.1)	18	(4.3)
関節症状	1	(5.3)	0	(0)	9	(9.7)	8	(6.8)	16	(11.9)	34	(8.2)
腰痛	5	(26.3)	9	(17.3)	21	(22.6)	31	(26.5)	30	(22.2)	96	(23.1)
首の不調	3	(15.8)	3	(5.8)	5	(5.4)	8	(6.8)	10	(7.4)	29	(7.0)
頭痛	1	(5.3)	4	(7.7)	3	(3.2)	5	(4.3)	0	(0)	13	(3.1)
歯の不調	0	(0)	1	(1.9)	4	(4.3)	1	(0.9)	5	(3.7)	11	(2.6)
精神の不調	2	(10.5)	10	(19.2)	13	(14)	8	(6.8)	8	(5.9)	41	(9.9)
睡眠問題	0	(0)	4	(7.7)	4	(4.3)	4	(3.4)	3	(2.2)	15	(3.6)
全身倦怠感	0	(0)	3	(5.8)	5	(5.4)	7	(6.0)	5	(3.7)	20	(4.8)
眼の不調	0	(0)	4	(7.7)	8	(8.6)	14	(12.0)	20	(14.8)	46	(11.1)
その他	2	(10.5)	1	(1.9)	4	(4.3)	4	(3.4)	6	(4.4)	17	(4.1)

（　）内は「症状あり」の者の中での割合（%）

女性	20〜29歳		30〜39歳		40〜49歳		50〜59歳		60歳以上		総数	
	人数	%	人数	%	人数	%	人数	%	人数	%	人数	%
症状なし	29	55.8	57	46.3	118	57.0	139	55.4	195	68.7	538	58.7
症状あり	23	44.2	66	53.7	89	43.0	112	44.6	89	31.3	379	41.3
アレルギー疾患	2	(8.7)	5	(7.6)	10	(11.2)	12	(10.7)	7	(7.9)	36	(9.5)
皮膚疾患	2	(8.7)	6	(9.1)	6	(6.7)	2	(1.8)	8	(9.0)	24	(6.3)
感染症	0	(0)	1	(1.5)	2	(2.2)	1	(0.9)	4	(4.5)	8	(2.1)
胃腸症状	1	(4.3)	2	(3.0)	2	(2.2)	3	(2.7)	2	(2.2)	10	(2.6)
関節症状	0	(0)	1	(1.5)	9	(10.1)	14	(12.5)	10	(11.2)	34	(9.0)
腰痛	2	(8.7)	6	(9.1)	11	(12.4)	25	(22.3)	15	(16.9)	59	(15.6)
首の不調	1	(4.3)	11	(16.7)	9	(10.1)	10	(8.9)	6	(6.7)	37	(9.8)
頭痛	6	(26.1)	6	(9.1)	7	(7.9)	8	(7.1)	2	(2.2)	29	(7.7)
歯の不調	1	(4.3)	0	(0)	1	(1.1)	3	(2.7)	3	(3.4)	8	(2.1)
精神の不調	5	(21.7)	11	(16.7)	14	(15.7)	8	(7.1)	4	(4.5)	42	(11.1)
睡眠問題	2	(8.7)	4	(6.1)	3	(3.4)	8	(7.1)	7	(7.9)	24	(6.3)
全身倦怠感	0	(0)	4	(6.1)	6	(6.7)	5	(4.5)	6	(6.7)	21	(5.5)
眼の不調	1	(4.3)	4	(6.1)	8	(9.0)	13	(11.6)	14	(15.7)	40	(10.6)
その他	0	(0)	5	(7.6)	1	(1.1)	0	(0)	1	(1.1)	7	(1.8)

（　）内は「症状あり」の者の中での割合（%）

2〜49人規模

男性	20〜29歳		30〜39歳		40〜49歳		50〜59歳		60歳以上		総数	
	人数	%	人数	%	人数	%	人数	%	人数	%	人数	%
症状なし	520	70.0	611	60.8	934	63.2	776	63.9	978	74.1	3,819	66.3
症状あり	223	30.0	394	39.2	545	36.8	438	36.1	341	25.9	1,941	33.7
アレルギー疾患	47	(21.1)	60	(15.2)	65	(11.9)	58	(13.2)	47	(13.8)	277	(14.3)
皮膚疾患	25	(11.2)	26	(6.6)	39	(7.2)	22	(5.0)	11	(3.2)	123	(6.3)
感染症	3	(1.3)	12	(3.0)	8	(1.5)	7	(1.6)	7	(2.1)	37	(1.9)
胃腸症状	10	(4.5)	16	(4.1)	19	(3.5)	16	(3.7)	15	(4.4)	76	(3.9)
関節症状	19	(8.5)	22	(5.6)	28	(5.1)	38	(8.7)	40	(11.7)	147	(7.6)
腰痛	22	(9.9)	84	(21.3)	122	(22.4)	113	(25.8)	88	(25.8)	429	(22.1)
首の不調	17	(7.6)	36	(9.1)	60	(11)	36	(8.2)	23	(6.7)	172	(8.9)
頭痛	21	(9.4)	24	(6.1)	36	(6.6)	12	(2.7)	6	(1.8)	99	(5.1)
歯の不調	2	(0.9)	5	(1.3)	9	(1.7)	9	(2.1)	17	(5.0)	42	(2.2)
精神の不調	22	(9.9)	44	(11.2)	54	(9.9)	27	(6.2)	6	(1.8)	153	(7.9)
睡眠問題	10	(4.5)	28	(7.1)	38	(7.0)	24	(5.5)	15	(4.4)	115	(5.9)
全身倦怠感	9	(4.0)	20	(5.1)	22	(4.0)	24	(5.5)	11	(3.2)	86	(4.4)
眼の不調	13	(5.8)	14	(3.6)	40	(7.3)	43	(9.8)	45	(13.2)	155	(8.0)
その他	3	(1.3)	3	(0.8)	5	(0.9)	9	(2.1)	10	(2.9)	30	(1.5)

（　）内は「症状あり」の者の中での割合（%）

女性	20〜29歳		30〜39歳		40〜49歳		50〜59歳		60歳以上		総数	
	人数	%	人数	%	人数	%	人数	%	人数	%	人数	%
症状なし	512	53.4	607	51.6	904	54.7	814	57.6	818	69.9	3,655	57.4
症状あり	447	46.6	569	48.4	749	45.3	599	42.4	352	30.1	2,716	42.6
アレルギー疾患	53	(11.9)	73	(12.8)	82	(10.9)	68	(11.4)	37	(10.5)	313	(11.5)
皮膚疾患	35	(7.8)	40	(7.0)	27	(3.6)	23	(3.8)	15	(4.3)	140	(5.2)
感染症	15	(3.4)	19	(3.3)	18	(2.4)	10	(1.7)	18	(5.1)	80	(2.9)
胃腸症状	20	(4.5)	21	(3.7)	30	(4.0)	15	(2.5)	17	(4.8)	103	(3.8)
関節症状	11	(2.5)	18	(3.2)	63	(8.4)	83	(13.9)	68	(19.3)	243	(8.9)
腰痛	42	(9.4)	65	(11.4)	109	(14.6)	86	(14.4)	77	(21.9)	379	(14)
首の不調	58	(13.0)	92	(16.2)	96	(12.8)	85	(14.2)	22	(6.3)	353	(13)
頭痛	60	(13.4)	85	(14.9)	85	(11.3)	44	(7.3)	18	(5.1)	292	(10.8)
歯の不調	3	(0.7)	2	(0.4)	12	(1.6)	6	(1.0)	11	(3.1)	34	(1.3)
精神の不調	63	(14.1)	57	(10.0)	62	(8.3)	37	(6.2)	11	(3.1)	230	(8.5)
睡眠問題	29	(6.5)	29	(5.1)	34	(4.5)	31	(5.2)	11	(3.1)	134	(4.9)
全身倦怠感	19	(4.3)	30	(5.3)	42	(5.6)	30	(5.0)	9	(2.6)	130	(4.8)
眼の不調	33	(7.4)	32	(5.6)	76	(10.1)	67	(11.2)	34	(9.7)	242	(8.9)
その他	6	(1.3)	6	(1.1)	13	(1.7)	14	(2.3)	4	(1.1)	43	(1.6)

（　）内は「症状あり」の者の中での割合（%）

50〜999人規模

男性	20〜29歳		30〜39歳		40〜49歳		50〜59歳		60歳以上		総数	
	人数	%	人数	%	人数	%	人数	%	人数	%	人数	%
症状なし	701	68.3	796	64.2	886	61.1	804	66.4	668	73.6	3,855	66.1
症状あり	325	31.7	444	35.8	565	38.9	407	33.6	240	26.4	1,981	33.9
アレルギー疾患	73	(22.5)	67	(15.1)	82	(14.5)	44	(10.8)	40	(16.7)	306	(15.4)
皮膚疾患	21	(6.5)	25	(5.6)	31	(5.5)	20	(4.9)	9	(3.8)	106	(5.4)
感染症	12	(3.7)	11	(2.5)	22	(3.9)	8	(2.0)	5	(2.1)	58	(2.9)
胃腸症状	13	(4.0)	18	(4.1)	17	(3.0)	15	(3.7)	11	(4.6)	74	(3.7)
関節症状	13	(4.0)	20	(4.5)	31	(5.5)	35	(8.6)	27	(11.3)	126	(6.4)
腰痛	36	(11.1)	87	(19.6)	116	(20.5)	88	(21.6)	52	(21.7)	379	(19.1)
首の不調	31	(9.5)	45	(10.1)	71	(12.6)	31	(7.6)	24	(10)	202	(10.2)
頭痛	24	(7.4)	40	(9.0)	28	(5.0)	29	(7.1)	6	(2.5)	127	(6.4)
歯の不調	5	(1.5)	2	(0.5)	9	(1.6)	10	(2.5)	6	(2.5)	32	(1.6)
精神の不調	45	(13.8)	45	(10.1)	56	(9.9)	34	(8.4)	7	(2.9)	187	(9.4)
睡眠問題	23	(7.1)	33	(7.4)	37	(6.5)	18	(4.4)	19	(7.9)	130	(6.6)
全身倦怠感	11	(3.4)	24	(5.4)	23	(4.1)	25	(6.1)	10	(4.2)	93	(4.7)
眼の不調	17	(5.2)	24	(5.4)	39	(6.9)	45	(11.1)	20	(8.3)	145	(7.3)
その他	1	(0.3)	3	(0.7)	3	(0.5)	5	(1.2)	4	(1.7)	16	(0.8)

（　）内は「症状あり」の者の中での割合（%）

女性	20〜29歳		30〜39歳		40〜49歳		50〜59歳		60歳以上		総数	
	人数	%	人数	%	人数	%	人数	%	人数	%	人数	%
症状なし	465	57.1	410	50.7	558	53.4	482	57.7	377	70.5	2,292	56.8
症状あり	349	42.9	398	49.3	486	46.6	353	42.3	158	29.5	1,744	43.2
アレルギー疾患	36	(10.3)	44	(11.1)	65	(13.4)	32	(9.1)	19	(12)	196	(11.2)
皮膚疾患	31	(8.9)	15	(3.8)	26	(5.3)	13	(3.7)	5	(3.2)	90	(5.2)
感染症	6	(1.7)	9	(2.3)	16	(3.3)	5	(1.4)	1	(0.6)	37	(2.1)
胃腸症状	11	(3.2)	18	(4.5)	22	(4.5)	13	(3.7)	4	(2.5)	68	(3.9)
関節症状	8	(2.3)	24	(6.0)	32	(6.6)	59	(16.7)	38	(24.1)	161	(9.2)
腰痛	36	(10.3)	51	(12.8)	55	(11.3)	43	(12.2)	29	(18.4)	214	(12.3)
首の不調	51	(14.6)	59	(14.8)	65	(13.4)	43	(12.2)	15	(9.5)	233	(13.4)
頭痛	41	(11.7)	57	(14.3)	60	(12.3)	25	(7.1)	3	(1.9)	186	(10.7)
歯の不調	7	(2.0)	2	(0.5)	5	(1.0)	5	(1.4)	1	(0.6)	20	(1.1)
精神の不調	50	(14.3)	33	(8.3)	39	(8.0)	26	(7.4)	7	(4.4)	155	(8.9)
睡眠問題	27	(7.7)	30	(7.5)	20	(4.1)	13	(3.7)	10	(6.3)	100	(5.7)
全身倦怠感	19	(5.4)	22	(5.5)	31	(6.4)	25	(7.1)	7	(4.4)	104	(6.0)
眼の不調	23	(6.6)	29	(7.3)	38	(7.8)	45	(12.7)	18	(11.4)	153	(8.8)
その他	3	(0.9)	5	(1.3)	12	(2.5)	6	(1.7)	1	(0.6)	27	(1.5)

（　）内は「症状あり」の者の中での割合（%）

1,000人以上規模

男性	20〜29歳		30〜39歳		40〜49歳		50〜59歳		60歳以上		総数	
	人数	%	人数	%	人数	%	人数	%	人数	%	人数	%
症状なし	379	71.8	348	67.2	379	70.7	361	72.1	158	74.2	1,625	70.8
症状あり	149	28.2	170	32.8	157	29.3	140	27.9	55	25.8	671	29.2
アレルギー疾患	27	(18.1)	22	(12.9)	26	(16.6)	24	(17.1)	10	(18.2)	109	(16.2)
皮膚疾患	10	(6.7)	8	(4.7)	5	(3.2)	7	(5.0)	2	(3.6)	32	(4.8)
感染症	4	(2.7)	5	(2.9)	7	(4.5)	6	(4.3)	1	(1.8)	23	(3.4)
胃腸症状	7	(4.7)	5	(2.9)	3	(1.9)	3	(2.1)	2	(3.6)	20	(3.0)
関節症状	7	(4.7)	5	(2.9)	7	(4.5)	15	(10.7)	8	(14.5)	42	(6.3)
腰痛	20	(13.4)	15	(8.8)	20	(12.7)	23	(16.4)	12	(21.8)	90	(13.4)
首の不調	15	(10.1)	26	(15.3)	20	(12.7)	10	(7.1)	4	(7.3)	75	(11.2)
頭痛	10	(6.7)	15	(8.8)	10	(6.4)	5	(3.6)	1	(1.8)	41	(6.1)
歯の不調	2	(1.3)	3	(1.8)	4	(2.5)	2	(1.4)	2	(3.6)	13	(1.9)
精神の不調	13	(8.7)	34	(20.0)	25	(15.9)	12	(8.6)	2	(3.6)	86	(12.8)
睡眠問題	17	(11.4)	15	(8.8)	11	(7.0)	11	(7.9)	2	(3.6)	56	(8.3)
全身倦怠感	7	(4.7)	9	(5.3)	10	(6.4)	5	(3.6)	1	(1.8)	32	(4.8)
眼の不調	8	(5.4)	7	(4.1)	7	(4.5)	15	(10.7)	6	(10.9)	43	(6.4)
その他	2	(1.3)	1	(0.6)	2	(1.3)	2	(1.4)	2	(3.6)	9	(1.3)

（　）内は「症状あり」の者の中での割合（%）

女性	20〜29歳		30〜39歳		40〜49歳		50〜59歳		60歳以上		総数	
	人数	%	人数	%	人数	%	人数	%	人数	%	人数	%
症状なし	226	62.3	141	56.9	138	54.1	139	61.8	57	74.0	701	60.0
症状あり	137	37.7	107	43.1	117	45.9	86	38.2	20	26.0	467	40.0
アレルギー疾患	19	(13.9)	16	(15.0)	9	(7.7)	12	(14.0)	3	(15.0)	59	(12.6)
皮膚疾患	11	(8.0)	5	(4.7)	7	(6.0)	4	(4.7)	1	(5.0)	28	(6.0)
感染症	6	(4.4)	6	(5.6)	9	(7.7)	2	(2.3)	0	(0)	23	(4.9)
胃腸症状	9	(6.6)	3	(2.8)	5	(4.3)	1	(1.2)	1	(5.0)	19	(4.1)
関節症状	2	(1.5)	4	(3.7)	4	(3.4)	9	(10.5)	4	(20.0)	23	(4.9)
腰痛	9	(6.6)	6	(5.6)	9	(7.7)	9	(10.5)	4	(20.0)	37	(7.9)
首の不調	25	(18.2)	20	(18.7)	17	(14.5)	14	(16.3)	3	(15.0)	79	(16.9)
頭痛	13	(9.5)	13	(12.1)	13	(11.1)	5	(5.8)	0	(0)	44	(9.4)
歯の不調	1	(0.7)	0	(0)	0	(0)	4	(4.7)	0	(0)	5	(1.1)
精神の不調	19	(13.9)	10	(9.3)	11	(9.4)	6	(7.0)	0	(0)	46	(9.9)
睡眠問題	11	(8.0)	9	(8.4)	7	(6.0)	7	(8.1)	1	(5.0)	35	(7.5)
全身倦怠感	9	(6.6)	9	(8.4)	13	(11.1)	0	(0)	1	(5.0)	32	(6.9)
眼の不調	2	(1.5)	4	(3.7)	10	(8.5)	13	(15.1)	0	(0)	29	(6.2)
その他	1	(0.7)	2	(1.9)	3	(2.6)	0	(0)	2	(10.0)	8	(1.7)

（　）内は「症状あり」の者の中での割合（%）

$\large{4}$ プレゼンティーイズム

質問票：WHO-HPQ（World Health Organization Health and Work Performance Questionnaire）

　ハーバード大学教授のKesslerらが開発した、健康と労働パフォーマンスに関する質問紙です。WHO-HPQは世界でも広く利用されているプレゼンティーイズムの指標です[9]。

【質問文】

質問番号	質問文
	次の0から10点までの数字は、仕事の出来（でき）を表したものです。 0点は、あなたの仕事を他の誰かがやって最悪だった時の出来、10点は一番仕事のできる人がやった場合の出来とします。
B9	あなたと同じような仕事をしているたいていの人たちの、普段の仕事の出来は何点くらいになるでしょうか。もっともあてはまる数字を選んでください。（あなたではなく、他の人の仕事の出来である点に注意ください。）
B11	同じく0から10点で表すと、最近4週間（28日間）の、あなたの全般的な仕事の出来は何点くらいになるでしょうか。もっともあてはまる数字を選んでください。（職務評定とは関係ありませんので、思った通りにお答えください。）

日本語版WHO-HPQ（短縮版）のうちプレゼンティーイズムを算出するための質問（B9、B11）のみを提示

【選択肢】

0（最悪の出来）　1　2　3　4　5　6　7　8　9　10　（最高の出来）

【点数化の方法】[10]

　得点は、①絶対的プレゼンティーイズムと②相対的プレゼンティーイズムの2つの方法で表示されます。それぞれの算出方法は以下の通りです。

　①絶対的プレゼンティーイズム ＝（B11の回答結果）× 10
　②相対的プレゼンティーイズム ＝（B11の回答結果）÷（B9の回答結果）

　①の絶対的プレゼンティーイズムは、0〜100％で評価します。一方で、②の相対的プレゼンティーイズムは、0.25〜2.0で評価します。計算式で0.25未満の場合は0.25とします。また、計算式で2.0より大きい数値の場合は、2.0とします。
※相対的プレゼンティーズムは、0.25＞は0.25に、2.0＜は2.0とするようです。

絶対的プレゼンティーイズム

	すべての 従業員規模		個人事業主等 （1人）		2〜49人規模		50〜999人規模		1,000人以上 規模	
男性	平均	標準偏差	平均	標準偏差	平均	標準偏差	平均	標準偏差	平均	標準偏差
総数	63.6	19.7	63.6	22.1	64.4	19.4	63.4	19.4	62.0	19.9
20〜29歳	58.1	20.1	59.7	24.2	58.8	19.7	57.4	20.2	58.0	20.2
30〜39歳	59.9	20.0	57.1	23.3	59.5	20.4	60.7	19.3	59.6	20.0
40〜49歳	62.5	19.2	60.2	20.8	63.2	18.5	62.1	19.0	62.4	20.4
50〜59歳	65.6	18.9	61.2	23.1	65.7	18.5	66.5	18.0	65.7	18.6
60歳以上	70.7	18.2	68.7	20.5	71.4	17.9	71.5	17.4	67.6	17.4
女性										
総数	66.0	19.7	65.2	21.3	66.8	19.4	65.7	19.5	63.8	19.9
20〜29歳	59.7	20.2	55.0	27.2	60.1	20.0	60.0	20.3	58.6	19.0
30〜39歳	62.3	19.7	60.0	23.1	63.1	19.9	62.0	18.9	61.0	19.4
40〜49歳	66.0	19.2	63.4	21.4	66.1	18.9	66.0	18.9	67.0	19.7
50〜59歳	69.0	19.2	67.3	20.2	69.4	18.7	68.7	19.7	69.0	19.3
60歳以上	73.1	17.3	68.9	19.0	73.7	17.1	74.1	15.9	71.9	19.7

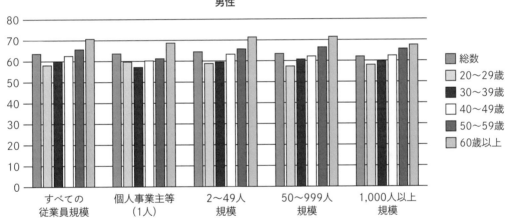

男性

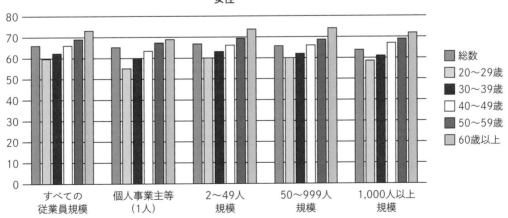

女性

5 無形資源

質問票：知覚された組織的支援に関する調査票
（Survey of Perceived Organizational Support：SPOS）

SPOSはPOSの唯一の測定尺度です（POSの詳細は第3章を参照）。SPOSは、1986年にEisenbergerらによって開発された指標です[11]。SPOSは、従業員が実感している組織的支援の度合い（従業員と会社との関係性の質）を測定する指標です。36項目からなる測定尺度ですが、実用性を考え、8項目版を作成し、日本語版として妥当性・信頼性を検証しました。

【質問文】

質問番号	質問文
	以下には、あなたが所属する組織で働くことについて、あなたが抱いている可能性のある意見が記載されています。各項目に対するあなたの同意または不同意の度合いについて、あなたの見解に最も近い選択肢を選んでください。
1	私が所属する組織は、私が自分の能力を最大限に発揮して仕事ができるように、積極的に支援をしてくれる
2	私が所属する組織は、私の意見を大切にしてくれる
3	私の組織は、私のウェルビーイング（仕事を通じて快適、健康、幸せであると感じている状態）を、本当に大切にしてくれる
4	私が所属する組織は、私が全般的に仕事に満足しているか、気にかけてくれる
5	たとえ私が最高の仕事をしたとしても、私が所属する組織はそのことに気づかない
6	私が所属する組織は、私の利益に対してほとんど関心を示してくれない
7	私が所属する組織は、私に影響を及ぼす決定を下す際に、私の一番の関心事を考慮してくれない
8	私が所属する組織は、私が求められている以上に努力しても評価してくれない

【選択肢】

選択肢	点数	
	質問項目1～4	質問項目5～8
全くそう思わない	0点	6点
そう思わない	1点	5点
あまりそう思わない	2点	4点
どちらとも言えない	3点	3点
少しそう思う	4点	2点
そう思う	5点	1点
非常にそう思う	6点	0点

【点数化の方法】

8つの質問の合計得点、または、平均点で評価します。ただし、質問項目5～8は逆転項目となっているため、点数が逆になっています（「全くそう思わない」が6点など）。

合計点または平均点が高いほど、知覚された組織的支援が高いことを意味します。

SPOS日本語版（8項目版）

男性	すべての従業員規模			個人事業主等（1人）			2〜49人規模			50〜999人規模			1,000人以上規模		
	人数	平均	標準偏差	人数	平均	標準偏差	人数	平均	標準偏差	人数	平均	標準偏差	人数	平均	標準偏差
総数	9,318	3.0	1.1	854	3.3	1.1	3,583	3.0	1.1	3,509	2.9	1.0	1,372	3.0	1.0
20〜29歳	1,042	3.0	0.8	24	2.7	1.1	313	3.0	0.9	459	3.0	0.8	246	3.0	0.9
30〜39歳	1,583	2.9	0.9	71	2.8	0.9	552	2.8	1.0	690	2.9	0.9	270	2.9	0.9
40〜49歳	2,414	2.9	1.1	169	3.3	1.1	972	2.8	1.1	918	2.9	1.1	355	3.0	1.0
50〜59歳	2,226	3.0	1.1	213	3.3	1.0	818	3.0	1.1	832	2.8	1.2	363	3.1	1.0
60歳以上	2,053	3.4	1.2	377	3.5	1.1	928	3.4	1.2	610	3.2	1.1	138	3.1	1.2
女性															
総数	6,719	3.0	1.1	469	3.3	1.0	3,432	3.0	1.2	2,201	2.9	1.1	617	3.0	1.1
20〜29歳	931	3.0	0.9	18	2.8	0.8	374	3.0	1.0	374	3.1	0.9	165	3.1	0.8
30〜39歳	1,112	2.9	1.1	53	3.1	1.1	551	2.9	1.1	379	2.9	1.0	129	2.9	1.0
40〜49歳	1,827	2.9	1.1	101	3.2	0.8	948	3.0	1.2	639	2.7	1.1	139	2.9	1.2
50〜59歳	1,620	2.9	1.2	136	3.3	1.1	866	2.9	1.2	479	2.8	1.1	139	2.9	1.3
60歳以上	1,229	3.3	1.2	161	3.5	1.0	693	3.3	1.2	330	3.1	1.2	45	3.0	1.3

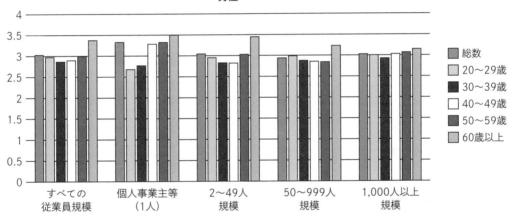

男性

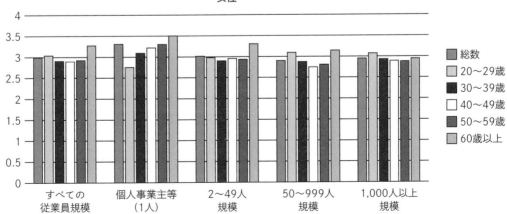

女性

SPOSのベンチマークは、W2S-Ohpm Studyの回答者に対して、2023年3月に実施したフォローアップ調査に回答した16,037人のデータを用いています。

SPOSは個人事業主等（1人）では想定しにくい概念ですが、参考値として提示しています。

参考文献

1) Kessler RC, et al. Short screening scales to monitor population prevalences and trends in non-specific psychological distress. Psychol Med. 2002; 32（6）: 959-76.
2) Furukawa TA, et al. The performance of the Japanese version of the K6 and K10 in the World Mental Health Survey Japan. Int J Methods Psychiatr Res. 2008; 17（3）: 152-8.
3) 川上憲人, 近藤恭子. うつ病・不安障害のスクリーニング調査票（K6/10）の信頼性・妥当性の検証自殺の実態に基づく予防対策の推進に関する研究. 平成16年度厚生労働科学研究費補助金（こころの健康科学研究事業）分担研究報告書.
4) Shimazu A, et al. Work engagement in Japan: Validation of the Japanese version of Utrecht Work Engagement Scale. Appl Psychol. 2008; 57: 510-523.
5) Schaufeli WB, et al. An ultra-short measure for work engagement: The UWES-3 validation across five countries. Eur J Psychol Assess. 2019; 35: 577-591.
6) 慶應義塾大学総合政策学部島津明人研究室HP. ワーク・エンゲイジメント（UWES）. https://hp3.jp/tool/uwes
7) Loeppke R, et al. Health and productivity as a business strategy: a multiemployer study. J Occup Environ Med. 2009; 51: 411-428.
8) Nagata T, et al. Total Health-Related Costs Due to Absenteeism, Presenteeism, and Medical and Pharmaceutical Expenses in Japanese Employers. J Occup Environ Med. 2018; 60（5）: e273-e280.
9) https://www.hcp.med.harvard.edu/hpq/info.php
10) https://www.hcp.med.harvard.edu/hpq/ftpdir/absenteeism%20presenteeism%20scoring%20050107.pdf
11) Eisenberger R, et al. Perceived organizational support. J Appl Psychol. 1986; 71: 500-507.

あとがき

　本書は、2022年11月から6回シリーズで開催した産業医科大学大学院医学研究科産業衛生学専攻の大学院講義を書籍化したものです。主題である健康経営は、企業が行う従業員への健康の取り組みが、従業員の健康のみでなく、企業経営へもプラスの効果があらわれることを期待するものです。これは従業員と企業のいずれもが利するものであり、実現すれば社会が変わるかもしれないと考えます。しかし、これが事実かを厳密に検証しなければいけません。そのため「健康経営を科学する」必要があるのです。

　この検証の過程の中で、健康経営の可能性を感じる場面に多く遭遇しました。従業員の健康への取り組みは、余裕のある大企業での話が中心であり、中小零細企業には無関係の話と思われがちです。しかし、本書3章で取り上げたPOS（知覚された組織的支援）の考え方に基づくと、企業規模が小さいほど、健康経営の効果が短期かつ容易にあらわれます。実際に、健康経営に取り組むことで社内のコミュニケーションや人材採用など経営面の効果があらわれている、と語る中小企業の社長に多く出会いました。

　もちろん、大企業では健康経営が益々、重要視されると予想しています。昨今、人的資本経営が注目されていますが、健康経営は人的資本の充実に貢献します。取締役会などの企業の経営層が、健康経営を経営課題として認識することが、企業の取り組みの本気度と質を高めることにつながります。健康経営度調査票の開発には投資家も参加しており、そのデータは一般に公開されているため、投資家による「健康経営の科学」も進むことが予想されます。

　私が医学部を卒業し、産業医学の道に進んだのは偶然の出会いの積み重ねでした。子供の頃から臨床医になることを夢見て医学部に入学し、入学した産業医科大学で輝いている産業医の先輩に多く出会いました。そして、いつしか自分も産業医を目指すようになりました。しかし、産業医の活動は予防医学であり、活動の効果が見えづらく、短期では効果があらわれないことが大半です。これは比較的結果が短期で見えやすい臨床医学とは対照的です。私が今、産業保健活動の評価を主要なテーマとして研究をしているのは、見えづらい効果を可視化したいという思いからの必然なのかもしれません。そして、健康経営を科学することは、私の研究テーマと密接に関連しています。

　本書の執筆者の多くは、産業医科大学産業生態科学研究所産業保健経営学研究室の教員および大学院生です。産業保健経営学は2012年にできた研究室であり、「産業保健」と「経営」を組み合わせた造語です。この名前には、2つの目的を含めています。働く人の健康と企業経営との関連を明らかにすること、そして、産業保健活動を効果的・効率的に運営する（＝経営する）方法を明らかにすることです。産業保健経営学の英語名は

"Occupational Health Practice and Management"です。Practiceが入っているのは、得られた学術的知見を実務・実践にまでつなげるという意図があります。本書によって、その目的の1つである、働く人の健康（産業保健）と企業経営との関連を学術面・実務面で考える出発点に立てたのではないかと思っています。ただし、産業保健と健康経営とは完全一致した概念ではありません。私は、この両者は相反するものではなく、良い影響を及ぼし合うものと捉えています。この両者の最適な融合のあり方は、今後、取り組むべき学術的課題と考えます。

　健康経営の科学は学際的な分野です。そのため第一人者の先生方のお力もお借りしました。日本で健康経営を先駆的に提唱し、実践してこられた岡田邦夫先生、経済産業省で健康経営の政策を立ち上げから主に関わってこられた藤岡雅美先生、経済学から健康経営と企業経営との関連を研究されている山本勲先生です。これらの先生方により、知見の深みが増したと思います。大修館書店の笠倉典和氏には、遅れ気味の原稿を辛抱強く待っていただき、精力的に編集作業を行っていただきました。健康経営の研究を行うためには、多くの研究協力者、研究参加者が必要です。これらの方々も含め、関係するすべての皆様に、心より感謝申し上げます。

　最後に、本書は「健康経営を科学する」出発点であると思います。本書がこの分野の発展に少しでも貢献できたなら、執筆者一同、これ以上の喜びはありません。そして、今後もこの分野の発展に貢献する決意とともに、筆を置きたいと思います。

2023年8月
編者を代表して
産業医科大学 産業生態科学研究所 産業保健経営学 准教授

永田智久

索引

〈編著者紹介〉

森 晃爾（もり　こうじ）

産業医科大学産業生態科学研究所産業保健経営学研究室　教授

博士（医学）、産業衛生専門医・指導医、社会医学系専門医・指導医、労働衛生コンサルタント

1986年産業医科大学医学部卒業、1990年同大学院医学研究科博士課程修了。13年間の専業での産業医経験を経て、2003年より産業医科大学産業医実務研修センター所長（教授）、2012年より現職。その間、2005年～2011年副学長。

2014年より次世代ヘルスケア産業協議会（現、健康・医療新産業協議会）健康投資ワーキンググループ主査となり、健康経営度基準検討委員会や健康経営優良法人認定委員会等の座長を務めるなど、国の健康経営の設計運用に携わる。その他の専門分野として、労働安全衛生マネジメントシステム、産業保健の統括マネジメントがある。

現在、公益社団法人日本産業衛生学会理事長、一般社団法人日本労働安全衛生コンサルタント会副会長等の関連団体の役職を務め、産業保健分野の発展に広く貢献している。

永田 智久（ながた　ともひさ）

産業医科大学産業生態科学研究所産業保健経営学研究室　准教授

博士（医学）、産業衛生専門医・指導医、社会医学系専門医・指導医、労働衛生コンサルタント

2002年産業医科大学医学部卒業。佐久総合病院、産業医科大学産業医実務研究センター、グローバル企業の専属産業医3年間を経て、2008年産業医科大学産業医実務研究センター助教、2012年産業医科大学産業生態科学研究所産業保健経営学研究室助教、2017年同講師を経て、2020年より現職。

2013年よりコラボヘルス研究会の活動を牽引し、健診・レセプト・疾病休業等の健康データの経年パネルを構築し、研究を主導している。専門分野は健康経営のほか、疫学、医療経済学。嘱託産業医活動も継続し、産業医実務に根差した研究もライフワークとしている。

小田上 公法（おだがみ　きみのり）

産業医科大学産業生態科学研究所産業保健経営学研究室　助教

産業衛生専門医・指導医、社会医学系専門医・指導医、労働衛生コンサルタント

2008年産業医科大学医学部卒業。横浜労災病院、産業医科大学産業医実務研究センターを経て、2012年よりグローバル企業の専属産業医（2018年より健康推進室長）として、企業グループ全体の健康管理に従事し、2021年4月より現職。上場企業の産業医や中央官庁の健康管理医を兼務している。公益社団法人日本産業衛生学会九州地方会代議員。

その他、慶應義塾大学看護医療学部非常勤講師（2013年～2020年）、慶應義塾大学医学部非常勤講師（2019年～2020年）として医療系学生の産業保健教育に従事してきた経験を持つ。

産業医としての実務経験をもとに、企業の健康経営に資する組織的要因を明らかにすることを目指している。

〈著者紹介〉

岡田 邦夫　　特定非営利活動法人健康経営研究会　理事長

藤岡 雅美　　経済産業省　商務・サービスグループ　ヘルスケア産業課　総括補佐

永田 昌子　　産業医科大学医学部両立支援科学　准教授

梶木 繁之　　産業医科大学産業生態科学研究所産業保健経営学研究室　非常勤講師
　　　　　　　広島大学大学院医系科学研究科公衆衛生学　客員准教授

森 貴大　　　産業医科大学産業生態科学研究所産業保健経営学研究室　非常勤講師
　　　　　　　住友電気工業株式会社　大阪本社

酒井 洸典　　産業医科大学産業生態科学研究所産業保健経営学研究室　非常勤助教
　　　　　　　住友電気工業株式会社　横浜製作所

楠本 朗　　　医療法人陽善会坂之上病院　医師

岡原 伸太郎　産業医科大学産業生態科学研究所産業保健経営学研究室　非常勤助教
　　　　　　　ジョンソン・エンド・ジョンソン日本法人グループ　統括産業医

大森 美保　　産業医科大学産業保健学部看護学科産業・地域看護学 助教

山本 勲　　　慶應義塾大学商学部　教授

（執筆担当章順・所属は執筆時）

けんこうけいえい か がく
健康経営を科学する！
──実践を成果につなげるためのエビデンス

© Koji Mori, Tomohisa Nagata, & Kiminori Odagami, 2023

NDC336／xvii, 189p／26cm

初版第1刷 ──── 2023年10月1日

もりこうじ なが た ともひさ お だ がみきみのり
編著者──────森晃爾, 永田智久, 小田上公法
発行者──────鈴木一行
発行所──────株式会社 大修館書店
　　　　　　　　〒113-8541 東京都文京区湯島2-1-1
　　　　　　　　電話03-3868-2651（販売部）　03-3868-2297（編集部）
　　　　　　　　振替00190-7-40504
　　　　　　　　[出版情報] https://www.taishukan.co.jp

装丁者──────山之口正和（OKIKATA）
組版所──────明昌堂
印刷所──────八光印刷
製本所──────難波製本

ISBN978-4-469-26967-3　　Printed in Japan